若手なのにプロ教師！
新学習指導要領をプラスオン

小学1年生

新・授業づくり&学級経営

365日サポートBOOK

監修：谷　和樹（玉川大学教職大学院教授）

・教室の365日が、輝く学習の場になるように！
・教室の子どもの姿が頼もしく眩しい存在となるように！
――向山洋一（日本教育技術学会会長／TOSS代表）

学芸みらい社
GAKUGEI MIRAISHA

まんがで読む！

1学年担任のスクールライフ

（井手本美紀）

わ〜
ドタ
バタ
……
倉田さん どうしたの? 誰かに いじわるされた?
げんた! 何で朝のしたくも しないで 走り回ってるんだ!
ゆいちゃんね
さみしかったんだって
…だって… 何をするのか 分からなかったんだ
この時 はじめて 思い知った
先生 明日から 遅刻せずに くるからね!
1年生にとって 学校で 頼りになるのは 担任だけであると

プロとしての資質・能力が身につく「教師のための教科書」／谷　和樹

（玉川大学教職大学院教授）

「教師の仕事はテクニックやスキルではない」
「子供との信頼関係が大切だ」

これはもちろん正しい考え方です。しかし、だからと言って、テクニックやスキルを学ばないのでは、いい授業はできません。楽しい学級経営もできません。心構えは大切ですが、それだけでは子供たちは動かない、それが教員時代の私の実感でした。

子どもをひきつける授業、魅力的な学級経営をするためには、やはり「プロとしての勉強」が必要です。あらゆるプロは、一人でプロになることはできません。必ずその道の「教科書」があり「指導者」があって、基礎から仕事を学んでいくのです。

教師の世界も同じです。そういった上達の道筋には「具体的なコツ」があります。

①子供と出会う前までのチェックリストをどうつくるの？
②1時間の授業の組み立て方にはどんな種類があるの？
③子供や保護者に響く通知表の所見の書き方に原則はあるの？
④トラブルが対応したときの対応の基本手順は？
⑤毎日の教科の授業で子供を惹きつける発問をするには？

右のような一つ一つに、これまでの先人が培った洗練された方法が存在します。それらをまず学び、教室で実際にやってみて、良さや問題点を実感し、修正していく……そうした作業こそが、まず必要です。

このシリーズでは、先生方にとって大切な内容を、座右に置く辞典のように学年別に網羅し、分かりやすく解説しました。

全国の学校で、若い先生が増えています。首都圏などでは20代教員が2割を超えました。一方、50代教員の大量退職は今後も続きます。子どもの変化、保護者の変化、情報の多様化、多忙な職場……ベテラン・中堅が若手にコツを伝授する機会も減っているといいます。新採の先生が1年もたずに退職する例も数多く報告されています。そもそも、ベテランでさえ、安定したクラスを1年間継続するのは難しい時代です。

本シリーズは、全国の若い先生方の上達のお手伝いになればと願って刊行されました。

若手なのにプロ教師！ 新学習指導要領をプラスオン

新・授業づくり＆学級経営 365日サポートBOOK 1年生

目次

Ⅷ 教科別・月別・学期別
対話でつくる学期別学習指導のポイント

本書の使い方ナビ

活用緊急度別カスタマイズ案内／村野聡・千葉雄二・久野歩

本書は、お読みいただくというより、〈実践の場にすぐ活用出来る〉を目指して刊行されました。活用のポイントは、先生の「現在の立ち位置がどこなのか」で、大きく変わると思っているからです。

そこで、新採か教職経験何年目かという状況別に、「どの章から入ると活用緊急度に応じたヒント記事に出会えるか」、BOOKナビ提案をしてみました。

学級経営ナビ

●新採の先生方へのメッセージ

Q．通学路で子どもに「おはよう」と声をかけたのに、返事がない。その時、どう対応しましたか？

・「先生から声をかけられたら返事をしなくちゃ」――と短く注意する。

・「今日はまだ眠いんだね」――とフォローする。

⬇BOOKナビ＝「時と場に応じて対応が異なる」という意見が出そうですが、正解は？　まずはⅡ章4からご活用いただけると「なるほどな～」となるのではないかと思います。

●教職経験が2～3年目の先生方へのメッセージ

Q．子どもの帰ったあと、教室の机を見て……

・今日、どんな発言をしたのか？　どうしても思い出せない子が5人以上いる。

・どんな姿だったか、イメージが湧かない子が2人以上いる。

⬇BOOKナビ＝Ⅰ・Ⅱ章からご活用いただければと思います。

●教職経験が5年以上の先生方へのメッセージ

Q．保護者対応――個人面談の臨機応変度

・教室では、琴線に触れるようなことまでは踏み込まない。

・廊下や挨拶場面など、さりげない時に大事な事をいう。

⬇BOOKナビ＝Ⅶ章からご活用いただければと思います。

新指導要領の授業づくりナビ

●新採の先生方へのメッセージ

Q．「主体的・対話的で深い学び」授業への疑問・不安を感じる……

・基礎基本が出来てないのに対話の時間などとれない？

・知識がない状態で思考など無理？

⬇BOOKナビ＝Ⅳ章からご活用いただければと思います。

●教職経験が2～3年目の先生方へのメッセージ

Q　道徳の教科化で何が変わるか？

・道徳授業で教室のモラルは良くなる気がしない。

・教科書を活用する腹案がある。

⬇BOOKナビ＝Ⅷ・Ⅺ章をご活用いただければと思います。

●教職経験が5年以上の先生方へのメッセージ

Q．英語の教科化で何をしなければならないのでしょうか？

・移行期にしておかなければならない対策とは

・教師の英語力―どう考えればいいのか

⬇BOOKナビ＝Ⅷ章（1年生からの指導ポイントあり）・Ⅺ章をご活用ください。

教育研究のディープラーニング

Q．特別支援

・今、最も重視しなければならない点はどこか

・特別支援計画づくりで最も大事なことは？

・授業のユニバーサル化って？

⬇BOOKナビ＝Ⅴ章からご活用ください。

Q．プログラミング教育って？

・思考力の育成ということだと言われているので、まだ準備しなくていい？

・民間では、プログラミング教材の開発が盛んになりつつあるようだけど授業と関係あるの？

⬇BOOKナビ＝附章が面白いです。

1年生の身体 心 行動 Data File

(吉田真弓)

入学間もない1年生の教室で発生！

小1プロブレムって

小学校の学習スタイルに緊張して引き起こされる不適応の状態です。

「話を聞かない」「集団行動が取れない」「授業中に座っていられない」などの状態が起こります。

環境の大きな変化にとまどっています！

1年生のハート ドキドキワクワク

相談相手はお母さん

困ったときに相談する相手の1位は男女ともに母親です。特に女子では圧倒的に母親です。

空想時代

容易に虫になったり雲になったりできます。

アニメ、動物物語、昔話などを好み、自然に触れて感性豊かに経験を満たしていく時期です。

1年生の行動

自己中心的な行動

集団遊びよりは、自分を中心にして母親（父親、教師）との1対1や小さい集団での遊びを好みます。

なぜなに時代

親や教師に、質問攻めをすることが多いのも特徴です。

身体はこう成長する！

4月初め	男子	116.5cm	21.4kg
	女子	115.6cm	20.0kg
↓			
3月終わり	男子	122.5cm	24.0kg
	女子	121.5cm	23.5kg

1年生のトリセツ

1年たってやっと小学生

「小学生になったのだから」と「出来ることが当たり前」と求めてしかりがちです。4月初めだけでなく、教科書の持ち方から机の運び方まで、幼稚園や保育園とは違うことを実際に演示したり絵を見せたりするなどして具体的に教えましょう。

ほめて育て、この1年を終えて初めて心も体も小学生になると考えて教えましょう。

善悪の判断は他律的

多くの場合、先生が言ったから、父母の言いつけだから守らなければならないと考えています。この時期にこそ、教師や保護者は、「ならぬことはならぬ」と明確に教えておくことが大切です。道徳の時間などに「弱い者いじめはいけない」「相手のことを思う」などを題材にした授業をして具体的な場面で教えましょう。

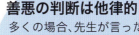

読んでもらいたい本を教室に置いている。

一押しは、『アタマげんき　どこどこ』（騒人社）のワーキングメモリを鍛えられる本である。１年生はこの本が大好きで、何度も何度も繰り返し読んでいる。

１人で黙って読んだり、友達と一緒に探したりできるのも、この本の特徴である。

多動傾向の児童が集中して読んでいる姿を見ると、この本があってよかったと感じる。

ミニ百玉そろばんを置いている。数図ブロックも並行して使っているが、ミニ百玉そろばんの方が、準備が簡単である。順唱から５とびまでの数唱が５分ぐらいでできるので、算数の授業の導入で使う時は便利である。終わったら机の横にすぐに立てて置けるため、学習の邪魔にならない。

また、自由に使っていいことにしているので、休み時間や隙間時間にも使って練習している児童もいる。繰り返し練習をしているので、数え方が上手になっている。計算が苦手な児童も、ミニ百玉そろばんがあると１人で数えながら取り組める。

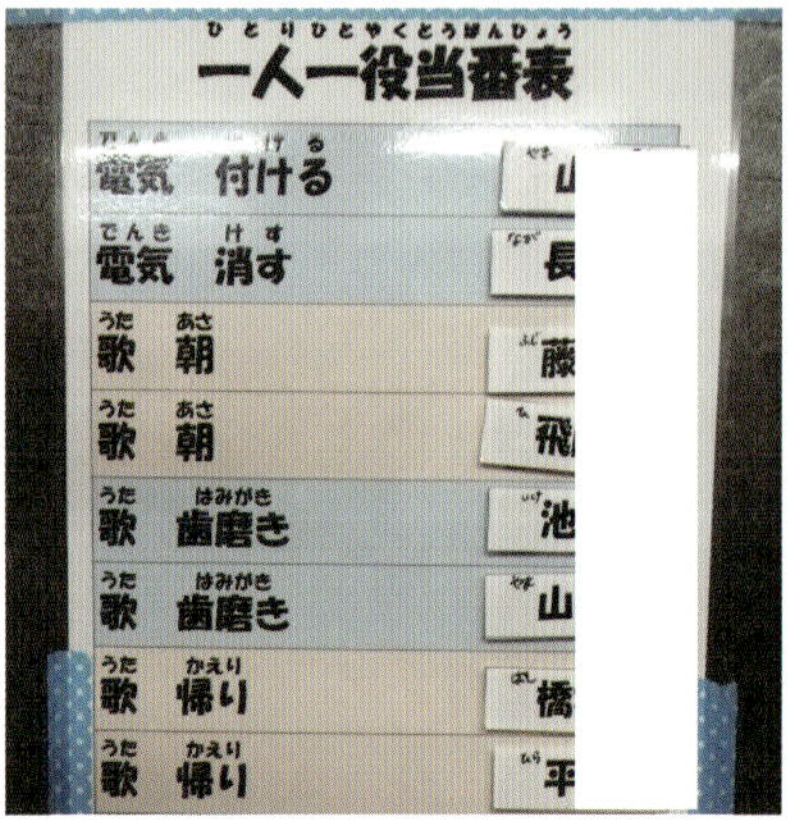

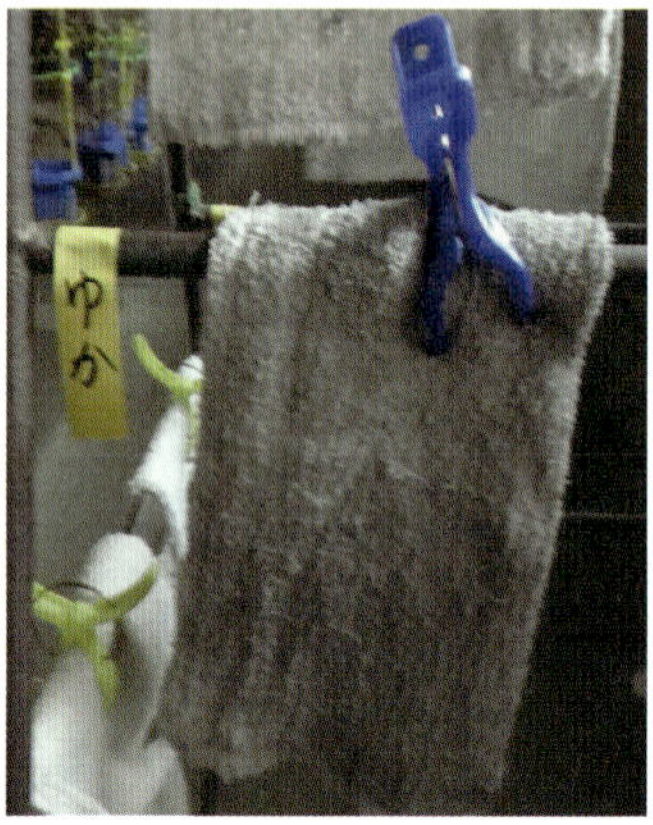

１人１役当番は、低学年なので２人で１つの仕事になるように設定した。細かく担当を振り分けているので、その時間に確実に仕事ができる。やり方がわかると、自分たちで声をかけあって仕事をしている。表は、窓ガラスに、子供たちの身長に合わせて掲示している。ラミネートに磁石を貼り、簡単に名前交換ができるように作成した。

掃除道具も取り合いにならないよう、掃除場所のシールを貼っている。こうすることで道具の取り合いでけんかになることがない。雑巾には担当者の名前を書いている。また、雑巾干しにもビニールテープでタグを付けることで、片付ける場所を明確にした。こうすると、給食をこぼすなどして床が汚れた時でも、どの雑巾で吹けばいいか分かり、どの児童も安心して使うことができる。

（尾池奈緒美）

教室レイアウト・環境づくり

基本とニューバージョン

前面掲示は、勤務校の決まりがある。

黒板上には、クラス目標、学びの３訓、時間割を、黒板左上にはホワイトボードを掲示している。ホワイトボードは、学習の流れが分かるよう、１時間の予定を記入する。

さらに、本日の日課と１週間の予定を示す黒板も設置されているので、予定を書き込んでいる。子供たちも、その黒板で１日の予定を確認している。

日程が分かると、子供たちも安定した１日を過ごすことができる。

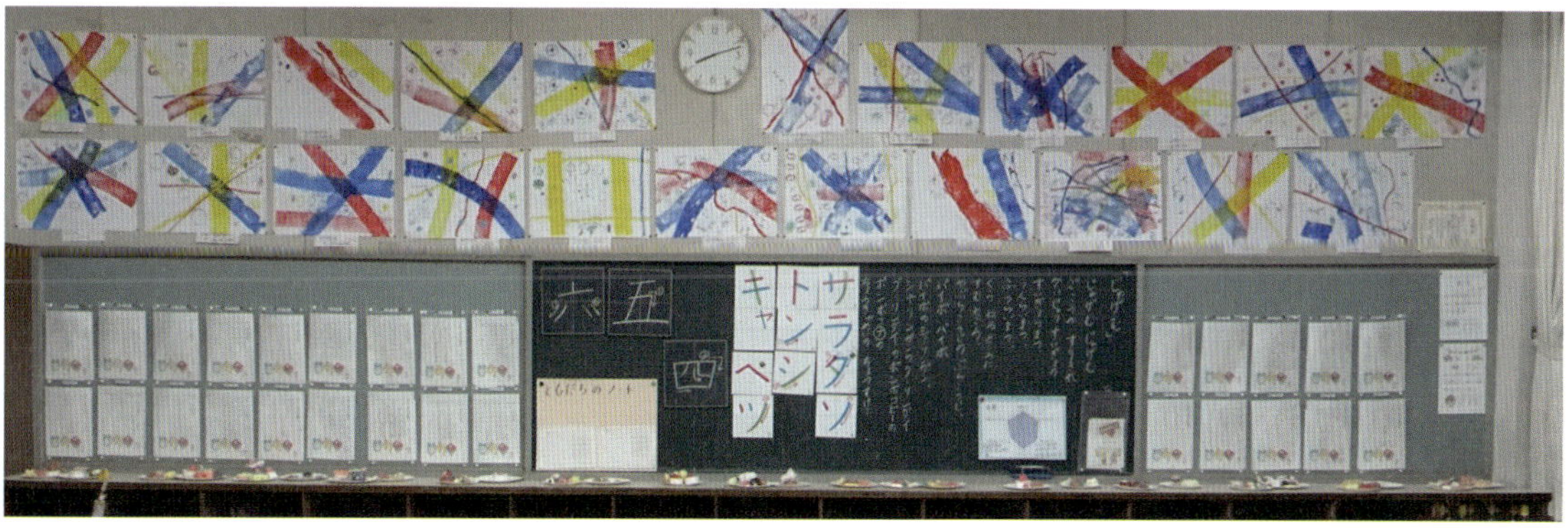

一方、背面には子供たちの作品を掲示している。

図工の作品、学習後のワークシートなどをクリアケースに入れてお互いの作品を鑑賞する。

背面黒板には、学習した漢字やカタカナを貼ったり、暗唱用の詩を書いたりしている。詩は授業中に唱えたり、休み時間にも見て覚えたりしている。

２学期になり、発表に使える札の作成と指示棒を用意した。

意見を発表するときに、友達の考えを受けて自分の考えを言えるように、４つの言葉を用意した。

どれを使うかを見せると、「私も同じで〜」というように、前の友達の意見につなげて発表ができるようになってきた。

指示棒も用意することで、前に出て発表したいという意欲が少しずつ高まっている。

1年間の生活習慣・学習習慣づくりの見通し——学期ごとの学習の栞

1学期 ペアを鍛える

（手塚明美）

ここがポイント

幼稚園、保育園とは違う新たな生活に慣れるため、まずは教師が安心感のある存在になりましょう。1つずつ具体的・細やかに教えながら、ペア活動を中心に友達とかかわる楽しさを体感させていきます。

ここがポイント

夏休みの宿題も初めての経験です。絵日記の書き方や読書感想文の書き方を1学期の授業で扱っておきましょう。

ドリルの丸付けを保護者にお願いする場合は、書面で伝えます。

学期末懇談会や通知表渡しの際に、自由研究や創意工夫工作の見本を展示しておくのもいいですね。

4月 出会い 学級開き

- 1学期始業式
- 組織づくり（当番）
- 学習・生活のルールづくり
- 下校グループづくり
- 学級目標の設定
- 年間、1学期の目標設定
- 授業参観、学級懇談会
- 新入生を祝う会
- 健康診断
- 平仮名の学習

5月 校外学習 家庭訪問

- 健康診断
- 学校探検（生活科）
- 朝顔の種植え（生活科）

6月 プール開き 体力テスト

- 衣替え
- 新体力テスト
- 歯磨き指導
- プール指導
- 給食試食会

7月 夏休み 暑中見舞い

- 絵日記指導
- 読書感想文指導
- 学期末お楽しみ会
- 夏休みの生活指導
- 夏休みの宿題配付

8月 登校日 水泳記録会

- 登校日
- 水泳記録会
- 宿題提出
- 運動会準備

自分のことは、自分でできる！友達って、いいな。

2学期へ！

1人1人に活躍の場を！

当番活動は、一斉に決めるのではなく、教師が行っている学級の仕事を1つずつ希望者に任せ、教えながら定着させていくと良いでしょう。学校生活に慣れる頃には全員に仕事が割り振られるよう計画します。

楽しい動きで行動を習慣化

1年生は、体を通して学ぶことが有効です。作業や動作化を入れたり、合言葉やオノマトペを取り入れたりして楽しく活動させましょう。楽しく活動を繰り返すうちに、ルールの意味理解や定着、自発的な行動につながっていきます。

45分授業も15分・15分・15分というように小さなパーツで組み合わせ、活動を変化させていきましょう。

おさえたい！【学習指導編】

○姿勢「ピンピタグー」
○返事「はいっ」
○手の挙げ方
○聞き方（相手を見て・最後まで）
○筆箱の中身
○鉛筆の持ち方
○教科書の折り目の入れ方・開き方
○机上の配置
○机の中の整理の仕方
○椅子の入れ方
○ノートの書き方
○声の大きさ
○学習準備
○忘れ物の報告、借りる時の頼み方

おさえたい！【生活指導編】

○靴箱の使い方
○ランドセルのしまい方
○提出物の出し方
○トイレの使い方（足の置き方、流し方、紙の使い方）
○整列の仕方（出席順、号車ごと）
○廊下の歩き方（幽霊歩き）
○教室以外の場所の使い方
○休み時間の過ごし方
○登下校の仕方（交通安全、時刻、班長の指示に従う、1列歩行、まっすぐ間隔を空けず、同じ方面でまとまって）

おさえたい！【クレヨン編】

○フタを後ろに回して重ねる
○箱に戻す
○交代に塗るときは、持ち替える
○折れても使えるので、同じ場所にしまう（ねかせて広く塗る・ひねる）

生活習慣・学習習慣づくりの見通し

学期ごとの学習の栞

2学期 班を鍛える

12月 冬休み 年賀状
・学期末作文
・年賀状の書き方指導
・学期末お楽しみ会
・冬休みの生活指導
・冬休みの宿題配付

11月 学習発表会
・学習発表会
・合唱コンクール（音楽会）
・新1年生の招待
・グループ練習
（音読、音楽科、体育科）
・グループ演奏（音楽科）

ここがポイント

夏休み中の生活が如実に表れる夏休み明けは、児童の行動に差があります。

1学期にできるようになったことを1つ1つ確認しながら進めていきます。これまでに習得した行動様式を確認し、ほめることを続けていきましょう。

ここがポイント

平仮名の学習を終えた時期から、板書指示を始めます。「でんきをつけます」「まどをあけます」などと指示を板書しておき、行った人を確認し、ほめます。「明日も聞くからね」と予告し確認を続けることで、良い行動を定着させていきましょう。

3学期へ！

他の人に迷惑をかけない！
グループで力を合わせるとすごいぞ！

10月 校外学習 幼保小交流会
・衣替え
・漢字学習開始
・朝顔のリースづくり（生活科）
・芋掘り
・絵画展
・読書週間

9月 運動会
・2学期始業式
・組織づくり（当番・生活班）
・夏休み作品展・発表会
・学習・生活のルール確認
・2学期の目標の設定
・片仮名の学習
・朝顔の種の採集（生活科）
・鍵盤ハーモニカ（音楽科）

ここがポイント

行事に学級全体で取り組む中で、協力する楽しさを体感させましょう。教師主導から徐々に、教師参加型に移行していきます。その際には、子どもたちに「なぜするのか」理由や目的を考えさせることで、ルールの必要性や行事の目的意識をもたせることが大切です。

係活動開始！

学校生活に慣れてきたら、係活動にも挑戦させましょう。「クラスが賢くなる・楽しくなる・仲良くなる」ための活動を考えさせます。最初は教師がいくつか提示すると良いでしょう。

2人1役で相互評価

当番活動では、2人で1つの仕事を設定してみるのもよいでしょう。声を掛け合って仕事をしたり互いの仕事を相互評価させたりすることで、仕事の創意工夫や人間関係の促進を図ります。

おさえたい！【水彩編】

○水入れの使い方（水は半分まで、置き場所、筆を洗う場所や順番）
○筆のタッチ（紙の上にそっと置く、一度ぬったところは重ねない、下書きの線を踏まないようにする）
○交代に塗るときは、持ち替えるパレットを使わず、絵の具は教師が用意する。

3学期 個を鍛える

ここがポイント

集団への帰属感を高めているこの時期は、折に触れて集団のルールを確認し合うことが大切です。教師はポイントを全体に問題提起するなど委任型でかかわります。また、互いの良さを認め合う活動や自分の長所を生かせる活動を意図的に設けていきましょう。集団の中で自分らしさを発揮する経験が、個の強さを鍛えます。

2月 卒業生を祝う会
- 冬と仲良し集会(生活科)
- できるようになったこと発表会(生活科)
- 卒業生を祝う会

3月 卒業式 修了式
- ポートフォリオや作品集の整理(生活科、図画工作科)
- 学年末作文
- 卒業式
- 学級解散パーティー
- 大掃除
- 春休みの生活指導
- 修了式

みんなの中の自分がおもしろい!
みんなの役に立っている!

2年生へ!

ここがポイント

4月には新入生が入学し、上級生となります。進級する喜びや成長の実感を味わえる活動を展開しましょう。また、クラス替えへの不安感を和らげるため、2年生での楽しい行事などの見通しをもたせます。

6年生との思い出を振り返りながら、卒業生への感謝の気持ちを表現させます。1年生は特にお世話になることの多かった学年です。言葉や態度による感謝の気持ちの表し方を経験させましょう。

1月 書初め大会 給食週間
- 3学期始業式
- 書初め大会
- 組織づくり(当番・係)
- 学習・生活のルール確認
- 3学期の目標の設定
- 縄跳び大会
- 給食週間

おさえたい!【ノート指導編】

○下敷きを敷く
○日付、ページ、タイトルを記入する
○定規の押さえ方(ネコさんの手)
○線の引き方(右利きならば、左から右へ引く)
○赤鉛筆で囲む
○書き進める方向(縦書きは右から左、横書きは左から右)
○赤鉛筆で囲む
○書き進める方向(縦書きは右から左、横書きは左から右)

おさえたい!【学習指導編②】

○音読:教科書がすらすらと読める
○視写:教師の板書を同じスピードでノートに写せる

おさえたい!【生活指導編②】

○時間を守る(勉強する時刻、準備をする時間)
○聞こえる(伝わる)声であいさつをする
「行って来ます」「おはよう」「こんにちは」
「失礼します」「ありがとう」「さようなら」
○借りた物は、返す
○自分がされて嫌なことは、人にしない
○順番を守る
○困っている人を助ける

１学年の学期別年間計画

新指導要領の発想でつくる　スクールプラン入り

４月

スタートカリキュラムの実施
幼保と連携、児童の様子を把握
学校生活に慣れさせる

・入学式
集中して参加する。
・学活
学校生活のルールを知る。
・生活
幼保と同じ活動を取り入れ、児童の安心感につなげる。
・国語
挨拶・返事の仕方、教科書の学習、鉛筆の持ち方を知る。
・算数
教科書の学習を知る。
・給食開始
給食の決まりを理解し、当番活動ができるようにしていく。
・保護者会
児童の様子を詳しく伝え、安心感・信頼感につなげる。

５月

学習規律を知る
挨拶や返事の徹底
ソーシャルスキルを知る

・１年生を迎える会
上級生と共に交流しながら、入学した喜びを味わう。
・春の遠足
春の生き物に親しみ、教師・友達・訪問先の人達と交流する。
・縦割り班活動開始
異年齢集団活動を通じて、多様な上級生と共によりよく活動する。
・国語
絵本の読み聞かせを行い、語彙力の向上・読書活動の推進。
・生活
スタートカリキュラムを重視。
・学活
ソーシャルスキルかるたで遊びながらスキルを学ぶ。

６月

学習規律の確立
イベントや係活動開始
ソーシャルスキルの徹底

・読み聞かせ
地域や保護者のボランティア等と連携し、読み聞かせをする。
・プール清掃
体を使う清掃活動を行い、安全できれいな学校にしていく。
・愛校作業
校庭を全校で安全できれいにする意識を持たせる。
・アニマシオン
町の図書館と連携して行い、本に触れる楽しさを味わわせる。
・体育
楽しく水泳をできるようにする。
・算数
足し算ひき算のお話作りをし、説明できるようにする。

7・8月

1学期のまとめ
夏休みの準備
クラスの仕組み作り

・音楽集会
上級生の歌声を聴き、歌声のイメージを作り、見通しを持たせる。

・1学期終業式・2学期始業式
節目となる終業式・始業式の趣旨を知り、儀式参加の態度を培う。

・夏季休業
家庭や地域と連携・協働し、有意義な夏季休業にする。

・水泳記録会
夏季休業中の頑張りを発表し、互いに認め合う機会とする。

・国語
夏休みの思い出を作品等を元に話し、伝える。ショー&テル。

・学活
当番・係活動を責任をもってできるようにする。

9月

運動会に向けて、力を合わせる
楽しい授業で生活のリズムの取り戻し

・防災訓練
関東大震災の教訓を知る。

・運動会
多様な他者と協働し、集団活動に自主的に取り組むようにする。

・国語
五色名句百選かるたをし、日本文化に親しみ、語彙を増やす。

・学活
ソーシャルスキルかるたをし、生活リズムを取り戻す。

・生活
植物の成長で気付いたことを、伝え合い表現する。

・防犯教室
事故の防止のために、外部機関と連携し、防犯意識を高める。

10月

進んで学習に取り組む
保護者との連携
個人差への対応

・芸術鑑賞教室
外部団体と連携し、音楽・演劇等芸術に触れ、豊かな情操を培う。

・縦割り班読書
上級生が、下級生に読み聞かせ。読書推進活動の1つの機会。

・音楽集会
和楽器を含む我が国や郷土の音楽に親しむ。

・読み聞かせ
地域や保護者のボランティア等と連携し、読み聞かせをする。

・国語
漢字文化に触れ、漢字を覚え、語彙を増やす。

・算数
百玉そろばんを用い、確実な計算力の定着をはかる。

11月

進んで学習や読書に取り組む
基礎学力の保証
体力作りに励む

・図書集会
読書ビンゴ・ビブリオバトル等、読書推進につなげる。

・持久走大会
体力の向上を目指し、最後まで自分のペースで走りきる。

・避難訓練
年に数回地震や火事を想定して訓練を実施し、防災意識を育てる。

・アニマシオン
本に触れる楽しさを味わわせる。

・秋祭り
積極的に仕事を行い、班員と協働する。客との交流をはかる。

・生活
試行・予測・工夫等を行い、秋のおもちゃを作り、交流する。

12月

2学期のまとめをする
日本の文化や伝統に触れる
スポーツの多様な楽しみ方を知る

・スケート教室
スポーツの多様な楽しみ方を共有することを味わう機会とする。
・縦割り班遊び
運動会で交流が深まった班で遊び、いじめのない風土作り。
・2学期終業式
節目となる終業式の趣旨を知り、儀式に参加する態度を培う。
・冬季休業
家庭や地域と連携・協働し、有意義な冬季休業にする。
・国語
昔話を読み、日本文化に触れ、語彙を増やす。
・学活
年末・年始の年中行事を知り、冬休みの計画を立てる。

1月

日本の文化や伝統に触れる
新年を新たな気持ちでスタート
お手伝いで生活経験を豊かに

・書き初め大会
日本の文化の書き初めで、字を上達できるようにする。
・縦割り班遊び
異年齢集団で遊ぶことを通じ、いじめのない風土作りにつなげる。
・実践的防災訓練
予告せずに、休み時間に防災訓練を行い、これまで学んだ避難方法を活用する。
・昔の遊び集会
日本の伝統的な遊びを、地域の方から教わる集会。地域の方と遊びを通して交流する。
・キャリア教育・生活
家庭の仕事を調べ、家族の一員としてお手伝いを行う。

2月

基礎学力の保証
1年間のまとめをする
保護者との連携

・授業参観
できるようになったことを保護者に発表し、成長を喜び合う。
・国語
ノートの字を丁寧に書く。
1人で読書ができる。
ひらがな・カタカナ・漢字を正しく書くことができる。
・算数
20までの加減計算ができる。
・生活
1人で後片付けができる。
挨拶ができる。
・学活
毎日鉛筆を削ることができる。
次の日の準備ができる。
・家庭生活
家で机に向かうことができる。

3月

1年間の生活を振り返る
自分の成長に気づく
2年生へ向けて準備

・6年生を送る会・キャリア教育
祝福と感謝の気持ちで仕事を責任もってやり遂げる。
・縦割り班遊び
世話になった6年生に感謝し、楽しんで遊んでもらう。
・卒業証書授与式
意義を知り卒業生を祝福する。
・大掃除
感謝の気持ちで仕事を行う。
・修了式
小学校生活の節目であることを理解し、進級への希望をもつ。
・国語
自分の成長を伝え合う。
・生活
学習の記録を元に、自分の成長をまとめる。

（小林淳子）

月別プラン・ドゥ・シー〈1〉

新学期前日までの担任実務チェックリスト

チェック　春休み中に行うこと

□前年度の資料を分けてもらう
□名簿作成（ルビつき）
☆就学通知書などの書類で正しい読み方、漢字を確認する
□子どもの名前を正しく覚える
□名札の注文・作成
□名前シールの作成
☆机、ロッカー、廊下の物かけ、靴箱、傘立て等。出席番号も書いておく
□児童氏名印をクラスごとに分ける
□家庭環境、健康状態のチェック
□幼稚園・保育所からの引き継ぎ
□教材選定
□ノート、文房具類の注文
□「入学のしおり」作成
□学年だより第1号作成
□学級通信第1号作成
□出席簿印押し
□健康記録簿作成
□指導要録確認
□集金袋用意

チェック　入学式までに行うこと①～事務仕事編～

□学年の打ち合わせ
□配付資料の確認、作成
□登下校班の確認
□入学式の教師分担確認
□1週間の指導計画作成
□1カ月の指導計画作成
□道具箱の中身を確認
☆色鉛筆、クレヨン、のり、はさみ、セロテープなど
□筆箱の中身を確認
☆鉛筆2B5本、赤青鉛筆、ミニ定規、消しゴム、油性ペンなど
□特別教室使用割り当ての確認
□時間割作成
□週案作成

チェック　入学式までに行うこと②～教室環境、授業準備編～

□掃除
□名前シール貼り付け
☆机、ロッカー、廊下の物かけ、靴箱、傘立て等
□教室掲示物準備
☆ひらがな名簿、飾りなど
□学級文庫の用意
□1年生に関する情報の収集
（書籍、TOSSランド http://www.tos-land.net/）
□教科書確認
□副教材確認
□フラッシュカードの準備
☆ひらがな、ドッツ、時計など
□教具の準備
☆百玉そろばん、算数セット、マス目黒板など
□学習プリント印刷
☆初めて書いた字、色塗り、運筆練習など

チェック　入学式直前チェック

□入学式の教師分担確認
□入学式場、受付場所の点検
□教室の点検
☆配付物、名札、黒板、生花など
□廊下、トイレ、昇降口の点検
□子どもたちとの出会いの場面での担任の話、小道具の準備
☆口の開く人形が人気
□保護者への話の確認
☆原稿を作成し、大切なことを全て伝える
□呼名の練習
□入学式の1日のシミュレーション

（金崎麻美子）

月別プラン・ドゥ・シー〈２〉

新学期担任実務チェックリスト【一週間】

【入学式前日】

1　入学式のチェック
①式場の点検
☆いすの数や表示など
②受付
☆名簿の確認
　漢字の間違い、読み方の間違いがないかどうか、再度確認する。もしも、間違いがあったときには、保護者の信頼をなくしてしまうことにつながる。
☆急な転入、欠席などへの対応
③式の時程の確認
④自分や子どもたちが動く位置の確認
⑤朝の職員打ち合わせで連絡すべきこと

2　準備物チェック
①配付物の確認
②教科書
③受付名簿、筆記用具
④名札の確認
☆机、ロッカー、物かけ、靴箱など
※準備物の予備を用意できるものは、用意しておく。

3　教室チェック
①掲示物確認
②机、いすの数
☆予備を用意しておく。
③タオル、ティッシュの用意
☆入学式は、正装のため、持っていない子が多い。教室の後方に、カゴを用意しておき、タオルとティッシュを入れておく。

4　子ども、保護者との出会いに向けて
①子どもの名前を覚える
②子どもに話す内容やゲームなどを考える
☆人形を使って、「みんなに会えるのを楽しみにしていた」などと楽しく伝える。
☆百玉そろばん、漢字輪郭フラッシュカードなどの教材・教具を用意しておく。入学式から、楽しく学習を始める。
③褒め言葉を10通り以上考える
④保護者へ話す内容、連絡事項の確認

5　各係の先生方との連携
①配慮を要する子への対応
②児童係の先生と役割分担

入学式【1日目】

1　担任の身だしなみチェック
①服装、髪型、靴
☆明るい色の洋服、清潔な髪型、歩きやすい靴
②持ち物確認
☆式次第、学級旗、ハンカチ、ティッシュなど

2　入学式後
①欠席児童への連絡
②確定児童数の報告、書類の整理保存
☆入学式の写真を印刷し、引き継ぎのファイルへ入れる。

月別プラン・ドゥ・シー〈2〉

新学期担任実務チェックリスト【一週間】

③学年会での打ち合わせ
☆1週間の指導内容を確認
☆必要なプリントの印刷
☆下校指導
方面別下校指導の分担をする。

【2日目】

1　挨拶

☆始業時刻になったら、朝の挨拶をする。進行は教師。
①「みなさん立ちましょう」
②「気をつけ」
③「○○さん上手です」
☆いい姿勢の子たちを褒める。
④「おはようございます」
全員「おはようございます」
⑤「座りましょう」
☆係や日直が決まるまでは、教師が進行する。

2　ランドセルの片付け方

☆朝、学校に来たら、ランドセルを机の上に置いたままにさせる。
①「朝、学校に来たら、最初にやることは、ランドセルを片付けることです」
②「まず、ランドセルの中に入っているものを全部出します」
③「毎朝、先生に出してほしいものがあります。連絡帳です。手紙が入っていたときは、出してください」
☆連絡帳、手紙の提出用の箱を用意しておく。毎朝提出させる。
④「机の中に入れる引き出しは左右に分かれています」
⑤「右の引き出しは『持ち帰りの部屋』と言います。言ってごらん」
子「持ち帰りの部屋」
⑥「ここに入っているものは、毎日持って帰ります」
⑦「左の引き出しは『お泊りの部屋』と言います。言ってごらん」
子「お泊りの部屋」
⑧「ここに入っているものは、普段は、学校に置いておくものを入れておきます」
⑨「今日持って来たものを引き出しに入れます」
⑩「持ち帰りの部屋に○○、△△を入れます」
⑪「お泊りの部屋に××、□□を入れます」
☆全員が出来ているかどうか、見て回り確認をする。
⑫「帰りになったら、『持ち帰りの部屋』にあるものを全てランドセルの中に入れます。やってごらん」
⑬「もう一度、持ってきたものを引き出しにしまってごらん」
☆口で伝えるだけでは、難しいので、何度も作業をしながら、やり方を教える。
☆1つ指示を出すごとに、教師が全体を見て回り、出来ているかどうか確認をする。
☆引き出しの使い方が分かる掲示物を作る。

3　ロッカーの使い方

ランドセル、粘土、算数セットなど

月別プラン・ドゥ・シー〈2〉

新学期担任実務 チェックリスト【一週間】

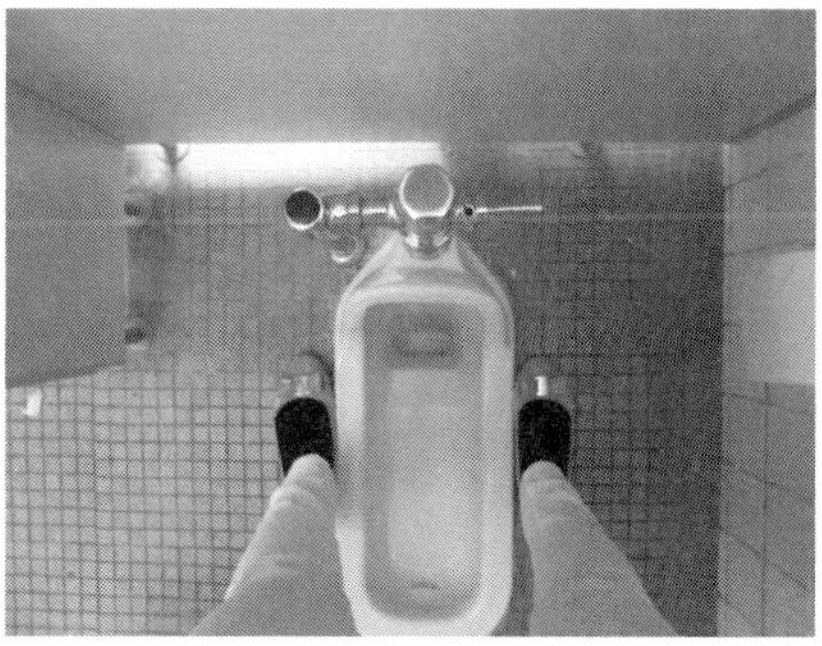

の片付け方を指導する。

☆お手本を見せる。

☆列ごとに呼んで、ロッカーに入れる。

☆「合格」「不合格」を伝える。

4　トイレの使い方

和式トイレの使い方について、写真を使って説明する。

①「足は1歩前」

②「トイレットペーパーは2巻」

③「水は手で流す」

☆音読しながら、確認する。

☆男女別に、トイレに連れていき、実際に和式トイレに入って、「足の位置」「トイレットペーパー2巻」「水は手で流す」の3つを行う。

☆教室で待っている間にやることを指示しておく。「自由帳に絵を描く」「本を読む」など。

5　靴箱の使い方

①「靴箱は2つの部屋があります」

②「上は上履き、下は靴を入れます。どうして分けていると思いますか？」

子「分けないと、学校がよごれちゃう」

③「学校をきれいにするために、分けています。みんなも分けて使いましょう」

④「靴を片付けるときには、靴の先を壁にぴったりつけます。やってみます」

☆数人ずつ呼んで靴を片付ける。

☆他のクラスの靴を直している子がいたときには、大いに褒める。1人のことを褒めると、良い行動があっという間に広がっていく。

6　傘立ての使い方

①「（傘を閉じただけで傘立てに入れる）傘の片付け方は、これでいいよね？」

子「絶対だめ。くるくる巻いてない」

②「どうしたらいいか、近くの子と相談します」

子「くるくる巻いてから入れます」

③「そうだね。くるくる巻いてから入れようね」

④「エアー傘でやってみます」

☆雨が降っていない場合は、傘を巻く練習を空中でやらせる。

後日、雨が降った日に傘立てを全員で見にいく。

「上手に片付けている子がいるね。すごいね」と褒めると、傘を巻いていなかった子が大慌てで直す。

【3～5日目】

1　椅子の座り方

①「正しく座ると、お勉強したことが頭に入りやすくなります。いい姿勢の勉強をします」

②「背筋をピンと伸ばします。背が高くなるように座ります。○○さん、とても上手」

月別プラン・ドゥ・シー〈2〉

新学期担任実務チェックリスト【一週間】

③「足を床の上にピタとつけます」
☆足がつかない子がいた場合は、机、椅子の高さが合っていないので、休み時間などに高さ調整をする。
④「机とおへその間はグー1つ分です。椅子を動かしてごらん」
⑤「背筋ピン。足をピタ。おへそグー。3秒でできる座り名人」
⑥「今から『座り名人テスト』をします。合格と言われた人は立ちましょう」
⑦「合格」「不合格」
☆端から、「合格」「不合格」を告げる。全員の評定が終わったら、最初の位置に戻り、「不合格」だった子をもう一度評定する。全員合格させる。

2　着替えの仕方

①「体操服に着替えます。脱いだ服は、洋服屋さんのようにきれいにたたみます」
☆きれいにたためている子には「合格」やり直しの場合は「不合格」と告げる。
☆「合格」した子は、「不合格」の子を手伝う。
②「たたんだ服は体操服袋に入れます。廊下の物かけへかけてきます」

3　校内、校庭探検

☆2列に並ばせて連れていく。入ってはいけないところ、危険なところなどを伝える。

4　校歌の練習

①「学校の歌を『校歌』と言います」
②「絶対に声を出さずに聞きましょう」
☆CDで校歌の一番を流す。
③「歌える人は小さい声で歌いましょう」
☆CDで校歌の一番を流す。
④「大きな声で歌いましょう」
☆CDで校歌の一番を流す。
☆毎日続けていると、だんだん歌えるようになる。

5　給食、清掃指導

☆授業の時間に給食（給食セットを借りる）、掃除の練習をする。

6　手紙配付

4月は、毎日のように手紙が配付される。列ごとに回し、丁寧に折ってしまわせる。
①「手紙を配ります。1枚取ったら、すぐ後ろの子に渡します」
②「『お手紙は　両手をそろえてはいどうぞ』言ってごらん」
子「お手紙は　両手をそろえてはいどうぞ」
③「1枚取って、手紙を両手で持って、『はいどうぞ』と言ってわたします」
④「エアーでやってみるよ。手紙を1枚取ります。はいどうぞ」
子「はいどうぞ」
☆手紙は配らずに、持った真似をしながら練習させる。
⑤「○○さん、やってごらん」
子「（1枚取って）はいどうぞ」
⑥「上手だね。みんなもやってみるよ」

7　学習指導

☆教科書、ドリルなどの道具を確認する練習をする。
☆休み時間のうちに、道具の準備をする練習をする。

（金崎麻美子）

月別プラン・ドゥ・シー〈3〉

特別活動の仕組みづくり【係・当番】

向山洋一氏は、学級内の仕事を３つの分野に分けている。

一　学級を維持するため、毎日定期的にくり返される仕事で、一定の人数が必要なもの。
（例）掃除当番、給食当番
二　定期・不定期にかかわらずくり返される行動で、少人数でよいもの（創意工夫をあまり必要としないもの）。
（例）黒板係、配付物の係など
三　学級生活を豊かにするために必要な組織（＝文化・スポーツ・レクリエーション三分野の係）。

二の当番活動、三の係活動について取り上げる。

当番活動

1　当番活動の種類

２人で１つの当番活動を行うようにした（32人学級）

①電気
②窓、カーテン
③黒板　1、2時間目
④黒板　3、4、5時間目
⑤朝の会、帰りの会（朝と帰りの会の司会進行）
⑥配達
⑦デジタル（パソコン、テレビ、ラジカセなどの準備、片付け）
⑧給食　配膳台用意
⑨給食　配膳台片付け
⑩給食　チェックリスト（給食当番のチェックリストの準備と片付け）
⑪給食　挨拶（「いただきます」「ごちそうさま」の挨拶）
⑫保健
⑬朝自習
⑭文房具
⑮学習
⑯手紙

2　当番決めはじゃんけんで！

当番活動を決めるときには、じゃんけんで決めている。

①立候補できるのは1回。
②立候補が多かった場合は、じゃんけんをする。じゃんけんで負けてしまったら、2巡目になるまで立候補できない。
③負けても文句を言わない。文句が出たときには、先生が決める。
④①～③の約束を守れるかどうか挙手で確認する。

3　忘れずに活動するための工夫

向山氏は当番活動のイメージを、「教師が1週間休んでも子どもたちが快適な学校生活を送っている」状態と述べている。

そのためにも、忘れずに活動するための工夫が必要。

①教師がチェックをする
帰りの会の話のときに、次のように確認をする。

「今日、係の仕事をやった人、これからやる人、起立。さようなら」

「まだやっていなかった人は、これからやります。仕事がなかった人は、ゴミを3個拾って帰ります。さようなら」

②確認システム
「当番活動」の掲示を工夫する。

当番分担表をホワイトボードに作成する

月別プラン・ドゥ・シー〈3〉

特別活動の仕組みづくり【係・当番】

両面使えるマグネットの両面に名前を書く。

仕事が終わったら、裏返す。帰りの挨拶までに終わっていない仕事があったら、日直が行う。日直は、給食、清掃後などに「係の仕事をお願いします」と声をかける。

帰りの挨拶が終わったときに、残っている仕事は、日直が行う。

最後は、両面マグネットを全て元に戻して帰る。

③褒める

毎日係の仕事を欠かさずにやっている子が必ずいる。そのような子たちの努力を褒めるようにする。

☆全体の場で褒める。

「○○さんは、毎朝忘れずに手紙を取りに行っています。クラスのためにきちんと仕事をしていて、すばらしいです」

☆一筆箋で褒める。保護者の方に一筆箋で子どもの頑張りを伝える。

「○○さんの保護者様

いつもお世話になっております。

毎朝忘れずに手紙ＢＯＸへ手紙を取りに行っています。係の仕事に責任をもって取り組んでいるところがすばらしいです。お家でも是非褒めてあげてください。

1年1組担任　金崎麻美子」

☆全体で褒め、一筆箋を渡し、ダブルで褒めると、子どもたちはやる気を持続して取り組む。

係活動

1　もっと楽しい学級を作ろう！

係活動を始めるときには、子どもたちに趣意説明をしている。

「今日から『係活動』を始めます。もっと楽しいクラスにするために、『会社』を作ってもらいます」

子どもたちは、イメージが湧かないので、ポカンとしていることが多い。そこで、具体的な活動を伝える。

「例えば、『遊び会社』は、クラス皆で楽しめる遊びを企画します。『工作会社』は、工作を作って、みんなに披露します」

2　会社設立に向けて

「どんな『会社』があったら、クラスが楽しくなるか、考えます。ノートに一つ書いたら持っていらっしゃい」

黒板には、次の内容が書かれた。

・コンクール
・おばけやしき
・めいろ
・どうぶつ

「自分がやりたい活動に1つ手を挙げます。2人以上手が挙がれば、会社ができます」

1年生なので、始めは1つの会社に取り組ませた。

もしも、1人しか手が挙がらないところがあったら……

「探検会社は1人です。これでは、会社が作れません。探検会社をやりたい人はいませんか？」

手を挙げた子がいたときには、会社設立。いない場合は、第2希望の会社を考えさせる。

1人1つの会社に所属する。

3　会社名＆社長を決める

係活動を盛り上げるために、会社名を工夫させる。

例えば、迷路は「ぐにゃぐにゃ会社」、

月別プラン・ドゥ・シー〈3〉

特別活動の仕組みづくり【係・当番】

お化け屋敷は「ビクビク会社」などの名前にする。

社長を決める。会社なので、社長が必要。社長に任せるわけではないが、役職があった方が、子どもたちは責任をもって取り組む。

会社活動の様子を保護者の方にも知っていただきたいと思い、学級通信に掲載した。

会社活動の様子や、子どもたちが作ったものなどがあったときにも、学級通信に載せるようにしていた。

平成２８年度○　　　小１年１組　金崎学級通信

H28. 9. 28

にこにこ

社名＆社長決定！

クラスをもっともっと楽しくする「会社活動」を学級活動の時間を中心に行っています。

先日は、会社の名前と社長を決定しました。ご紹介します。

①社名　②社長　③社員　④やりたいこと

①ものづくり会社
②○○　○○
③△△　△△
④いろいろなものをつくる。
ロケット、とけい、フリスビーなど

①たんけんまん会社
②○○　○○
②△△　△△
③がっこうたんけん
そとたんけん、こうえんたんけん

【次号へ続く】

①コンクールマン会社
②○○　○○
③△△　△△、××　××
④コンクールをする。
ポスターを貼る。

①こわこわ会社
②○○　○○
③△△　△△
④こわいことをする。
みんなをこわがらせる。

①ビクビク会社
②○○　○○
③△△　△△
④隠れてみんなをおどろかす。

①ぐにゃぐにゃ会社
②○○　○○
③△△　△△、××　××
④めいろをつくる。
チャレランをつくる。

「会社活動」は、創造的な活動です。何かを創りだすことは、とても難しいです。しかし、今の社会に必要とされています。子どもたちのアイディアをどんどん生かしていきたいです。

4　場所・時間・物を確保

会社活動を継続的に取り組んでいくためには、活動する場所、活動する時間、必要な物を用意することが大切。

週に1回ある学級活動の時間は、会社活動に使うことが多かった。

会社ごとに、今週やることを決めさせて、それを発表させた。

「月曜日の昼休みに、クイズ大会をやります」

「水曜日の昼休みに、男子対女子のドッジボール大会をやります」

その後、準備の時間とする。

クイズを作る、ドッジボールのルールを確認し、誰が伝えるのかを相談する。

準備した物を保管する場所が必要なときには、空き教室、準備室などを使わせてもらい、普段の学習には、邪魔にならないところに置くようにする。

画用紙、コピー用紙、ペン、折り紙、飾りなどを用意しておく。必要なときにいつでも使えるようにしておいた。

また、買って欲しいと言われたものがあったときには、学級の予算を見ながら、購入した。

5　活性化の鍵！　質問をする

週に1回、会社活動の報告の時間を取る。

「今週やったことを発表してもらいます。まだ発表したことがない人が発表しましょう」

発表が得意な子ばかりが活躍することがないように、配慮する。

5分ほどの相談時間を取る。

「発表する人、立ちましょう」

端から指名して、発表させる。

「月曜日の昼休みにクイズ大会をやりました」

教師は、必ず質問をする。

「何人の人が来てくれましたか？」

「分かりません」

次の企画では、人数を数えたり、整理券を配ったりしていた。

次の週には、別の質問をする。

「たくさんの人に来てもらうために、どんなことをしましたか」

「やっていません」

考えた子どもたちは、給食の時間に宣伝をしたり、新しい企画を考えたり、様々な工夫をしていた。

（金崎麻美子）

月別プラン・ドゥ・シー〈4〉

4月の学級経営のポイント【1学期】

入学式で全員の名前を呼んで握手

緊張した表情で入学式にやってくる子たちが多い。

そんな子どもたちを、安心させることができるように、名前を呼び、握手をする。

名簿を見ずに、子どもたちの名前を呼ぶことができるように、何度も何度も練習しておく。

向山洋一全集4巻「最初の3日で学級を組織する」に詳しく書かれている。

> 今から、返事の勉強をします。先生が名前を呼んだら、「はい」と言います。そしたら、今度は「金崎先生」と呼んでください。そしたら、先生も返事をします。そして、握手をしましょう。1回やってみましょう。

教師「○○くん」
子「はい」
教師「金崎先生、と言ってください」
子「金崎先生」
教師「はい。握手をしましょう。
　このようにやっていきます」
教師「○○くん」
子「はい、金崎先生」
教師「はい、よろしくね（握手）」
教師「△△さん」
子「はい、金崎先生」
教師「はい、よろしくね（握手）」

子どもたちの座席の中に入っていきながら、名前を呼び握手をする。

後日、保護者の方から、「入学式の日に、先生が名前を呼んで握手をしてくれたので、子どもがとても安心していました」と言ってくださった。

たくさんの生活習慣を身につける

小学校に入学するとすぐに、たくさんの生活習慣について指導する。

- □挨拶の仕方
- □ランドセルの片付け方
- □ロッカーの使い方
- □連絡帳・手紙などの提出の仕方
- □トイレの使い方
- □靴箱の使い方
- □傘立ての使い方
- □椅子の座り方
- □着替えの仕方
- □手紙の回し方
- □並び方、集合の仕方
- □給食、清掃指導

1年生には、説明しただけでは、伝わらないことが多い。

そこで、実物を見せたり、教室にある大型テレビで写真を見せたりするなどの工夫が必要。

学級通信に書くことで、学校での様子を保護者の方に知っていただくことができる。

指導したときの様子、子どもの反応、写真などを載せると、とても喜ばれる。

子どもたちの良かったところ、頑張ったことをたくさん伝えられるように記録しておく。

「和式トイレの使い方」の指導の後には、「お出かけしたときに、トイレの練習をしたよ」と子どもが嬉しそうに報告してくれた。家庭でも協力してくれる。

（金崎麻美子）

平成２８年度○　　小１年１組　金崎学級通信

にこにこ 2

H28. 4. 11

元気な挨拶からスタート

入学式翌日、子どもたちの元気な挨拶からスタートしました。
○○○○さん、○○○○さん、○○○○さん、○○○○さん、○○○○さん、○○○○さん、○○○○さん、○○○○さん、○○○○さん、○○○○さん、○○○さんは、教室に入ってくるときに、とても元気な挨拶ができました。
入学式の日の最後に、朝、教室に入るときの挨拶の練習をしました。翌朝、一人でできる子が多くて、とても驚きました。

挨拶、返事、席を離れるときは椅子を入れる、などの基本的な生活習慣は、１年かけてできるようになってほしいと思っています。

継続的に、指導をしていきます。

トイレの使い方

トイレの使い方の学習をしました。

学校は、ほとんどが和式トイレです。

和式トイレに慣れていないせいか、苦手意識を持っている子が多かったです。

そこで、写真を見せながらトイレの使い方を確認していきました。

１．足は前 ２．トイレットペーパーは２まき ３．最後は流す

「トイレットペーパーは２まきにしよう」と話をしたときに、なぜかを考えさせました。

すると、「もったいないから」「つまってしまうから」などと子どもたちから意見が出てきました。
○○○○さんは自分の意見を言うときに、手を挙げて発表することができました。
学習のときに、手を挙げて発表するということは、とても大切なことです。

写真で確認したあとは、男女別にトイレに行って実際に練習しました。

「このトイレ（和式トイレ）苦手・・・」と不安そうにしている子がいましたが、「練習だよ」と声をかけてやってみました。

この流れで練習することができました。

もし、和式トイレを使う機会がありましたら、様子を見ていただけると嬉しいです。

お詫び

入学式の日にお渡しした書類の提出日が１３日（水）です。
１、緊急時児童引き渡しカード　２、児童環境調査票
３、児童救急カード　４、保健調査票　５、学校心臓検診調査
６、日本スポーツ振興センター申込書　７、結核健康診断問診票
封筒裏面に提出物の記載があるのですが、提出物に「結核健康診断問診票」が抜けておりました。

大変申し訳ありませんでした。宜しくお願い致します。

月別プラン・ドゥ・シー〈4〉

5月の学級経営のポイント【1学期】

時間割を見える化

5月末に運動会が行われる。

1年生にとって初めての運動会。学年や学校全体で動くことが多いので、時間割が不規則になる。

特別支援が必要な子にとっては、不安な日々が続く。

少しでも不安を取り除いてあげることができるように、朝の時間に日程を黒板に書いておく。

着替えに時間がかかる子も多い時期なので、朝来た子から、体操服に着替えさせる。すると、練習時間をしっかり確保することができる。

保護者への連絡は早めに！

準備物など、保護者への連絡は、できるだけ早めに行う。土日をはさんだ1週間前には、手紙を配付する（臨時学年通信などを発行する）。

その際に一緒に掲載して、喜ばれたことがある。

それはダンスや競技の位置だ。

保護者の方の多くは、子どもたちの様子を写真やビデオに撮りたいと考えている。そのため、あらかじめ位置を伝えておくことで、子どもたちの頑張りを確実にカメラにおさめることができる。

ダンスは、隊形を図示し、どこのクラスがどこの場所にいるのかを明記する。

徒競走は、走順を一覧にしたものを載せる場合と、個別に知らせる場合がある。

個別に知らせる場合には、連絡帳に次のような紙を貼らせる。

> わたしは、○レースの○レーンです。

団体競技は、赤白ごとに、どのような隊形に並ぶのかを図示する。

また、親子競技が行われる場合は、参加依頼、ルール、注意事項などを明記しておく。

楽しく個別評定

運動会の練習中には、個別評定を行う。それにより、短い練習時間で上達する。

徒競走の並び方を練習しているときには……

> ○レース、○レース合格！

きれいに速く並ぶことができたレースを取り上げてほめるようにする。

ダンスの練習のときには、毎回、短いフレーズを踊らせる。足が揃っているかどうか、など評定するポイントを1つに絞る。

> 今日の合格は「3点」です。

子どもたちが踊る（8～10人ほど）。

> （端から点数を伝える）2、2、3、3、2、2、4、2点

3点以上だった子は、「合格」なので、教師の後ろに行く。「不合格」の子は、もう一度列に並び直して、テストを受ける。翌日から、合格点を1点ずつ上げて取り組む。

（金崎麻美子）

平成２８年度こてはし台小１年１組　金崎学級通信

にこにこ 25

H28．5．18

運動会の練習本格化！

運動会まで、残り数日。

練習が本格化しています。

今週からは、全校での練習を行っています。

月曜日は、開閉会式の練習をしました。

１年１組には、全校の場での活躍の場があります。

開会式後の準備体操で、１年１組の赤の女の子が基準になります。

○○○○○さんが先頭なので、返事をすることになりました。

精一杯の声を出して返事をしていました。

周りで聞いていた先生方も、「いい返事だね」と言ってくださいました。

また一つ、１年１組の子が全校の場で活躍します。

当日も楽しみです。昨日は、応援合戦の練習を行いました。

あいにくの雨だったので、体育館で行いました。

「フレーフレー赤組」
「フレーフレー白組」
「おせおせおせおせ赤組」
「おせおせおせおせ白組」
第一応援歌「ゴーゴーゴー」
第二応援歌
（赤白ごとに歌があります）
一拍子・二拍子・三三七拍子

子どもたちの元気な声、拍手、歌が体育館に響いていました。

１年生にとっては、初めての応援合戦の練習ですが、応援団の真似をして、必死に声を出していました。

かっこいい応援団の姿を見て、「応援団やりたいな～」と言っている子もいました。

すばらしい頑張りを見せてくれている５，６年生が憧れのようです。

ご連絡

運動会「ニャティティソーラン」の衣装についての補足です。

ズボンは体操服のままです。

ですから、衣装は次のようになります。

①黒系のＴシャツ　②体操服のズボン

③バンダナ（首、手首、頭など好きなところにつける）

④腰みの（学校で作りました）

※①③を名前を書いた大きな（スーパーの）袋に入れて、金曜日までに持たせてください。（椅子の足に結ぶので）

月別プラン・ドゥ・シー〈4〉

６月の学級経営のポイント【１学期】

プール開きに向けての準備

プール開きの役割分担を学年内で相談しておく。

①司会進行
②始めの言葉
③めあての発表
④お清め（塩、お酒）
⑤終わりの言葉

諸注意で伝えること

命に関わる学習「水泳」。

楽しく安全な学習を進めることができるように、諸注意での話の内容を考えておく。

1年生は、集中できる時間が短い。たくさんのことを一度に注意しても覚えていられない。

2つのことを話した。

①水泳学習中は、話をしない。
②プールサイドを走らない。

入水時の工夫

水泳学習の始めの時間は、水慣れの時間を取る。一度にできるだけたくさんの子どもたちが入水することができるようにする。

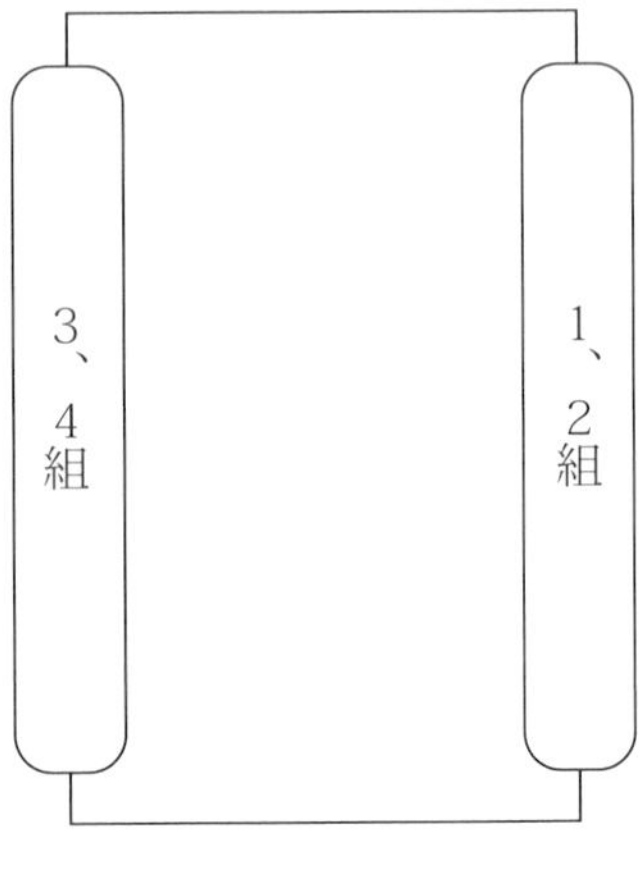

片側のプールサイドには、2クラスほど座ることができる。水が深くなっている場所もあるので、身長などを考慮して、並び方を工夫する。できるだけ、水に入る時間を多く取ることによって、水に慣れることができる。

水泳学習中は、声を出したらやり直し

水泳学習中は、笛を鳴らすことによって、子どもたちを動かす。

1回笛を鳴らすごとに、次のように動くように指導する。

①（プールサイド）1段上にあがる。
②（プールサイド）1段下にさがる。
③座る。
④バタ足
⑤水を顔、身体にかける。
⑥おへそを壁につけるようにして、水の中に入る。
⑦水慣れを数種類行う。

このように指導していくが、途中で声が出てしまうときがある。

例えば、「③座る」の場面。

身体に水がつくので、「冷たい～」「キャー」などと声があがる。

その場合は、全員を一度プールサイドに上がらせる。

何度もやり直しをさせることによって、次第に声が出なくなってくる。そうすることによって、いざというときに、教師の指示がすぐに伝わる。

（金崎麻美子）

平成２８年度〇〇〇〇〇〇小１年１組　金崎学級通信

にこにこ 47

H28. 6. 15

天気は良かったのですが・・・

とても良い天気だったのですが・・・

水温、気温ともに低かったため、入水することができませんでした。

「今日は気温と水温が足りないので、水泳学習をすることができません」と伝えると、がっかりしていました。

プールサイドに行って、「プール開き」を行いました。

プール開きでは、子どもたちに役割分担をしました。

「司会」２人

「めあての発表」１人

人の前に立つということは、緊張します。

その緊張感が人を成長させます。

これまで、人前で発表やお仕事をしたことがない人だけ立候補させました。

「やりたい人？」と聞くと、たくさんの子どもたちが一斉に、

「はーーーーい！！！！！」と力強く手を挙げました。

やる気があれば、誰でもできることです。

じゃんけんで決めました。

その結果・・・

司会は、〇〇〇〇さん、□□□□さん。

めあての発表は、◎◎◎◎さんに決まりました。

司会の〇〇さんと□□さんは、何度も原稿を読んで練習していました。

めあての発表の◎◎さんは、自分のめあてを自由帳に書いてから、暗記するまで何度も練習をしていました。

練習の成果を発揮して、本番でも立派に行っていました。

子どもたちは、水泳学習をとても楽しみにしている子が多いようです。

次のようなことを話していました。

「昨日の夜、お風呂でもぐる練習してきたよ」

「お湯の中なら、目を開けられたよ」

「今日もお風呂でもぐる練習する！」

子どもたちは目を輝かせながら、話してくれました。

また、プールに行ったときの子どもたちの反応がとても素直で可愛かったです。

「こんな大きなプールに入れるなんて、夢みたい」

「キラキラしてる～」

「大きいな～」

水泳は命に関わる大切な勉強です。

入水したときには「話をしない」「プールサイドを走らない」という２つの約束をしました。

やる気いっぱいの子どもたちと安全に学習を進めることができるようにします。また、今もっている力を少しでも伸ばすことができるように頑張ります。

月別プラン・ドゥ・シー〈4〉

7月の学級経営のポイント【1学期】

学校生活に慣れてきた子どもたち。様々なトラブルが起こる。1つずつのトラブルに的確に対応していくことが、学級作りのために、大切である。

喧嘩はいつの時代も両成敗。どちらかが一方的に悪いと決めつけると、しこりが残る。そうなると、次のトラブルにつながってしまう。そうならないための対応が必要である。

絶対に謝らない子が謝った喧嘩対応術

小野隆行氏の著書『喧嘩・荒れ　とっておきの学級トラブル対処法』（学芸みらい社）の喧嘩対応を追試した。

①喧嘩を止める。
②座って話を聞く（お互いに1回ずつ）。
③自分のしたことに点数をつけさせる。
④悪かったところを謝る（10回でも、20回でも許してくれるまで謝る）。
⑤悪かったところを謝る。

謝ることが苦手な子がいる。

そのような場合は、教師が謝る。起立し、しっかりと頭を下げて謝る。教師が味方なのだということを行動で伝えていく。そして、相手の子が謝っていることを褒める。

このようなことを続けていくうちに、学級に居場所ができ、安心することで、次第に謝ることができるようになっていく。根気よく待つようにする。

相手の子へのフォローも大切。「いつも自分ばかり謝ってばかりで、損をしている」と思わせてはいけない。

そこで、その子と1対1で話をする。

> ○○くんを許してくれて、謝ってくれてありがとう。○○くんは謝るのが苦手で、練習中なんだ。学校は、色々な苦手を練習するところだからね。

保護者への連絡

保護者の方へ連絡をするときには、良いことを伝えたい。

お勧めなのが、一筆箋（左写真）。

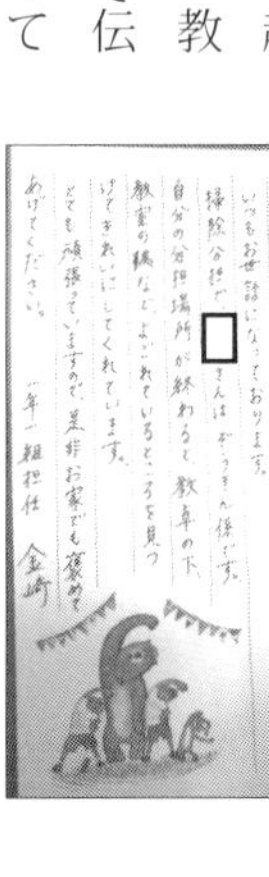

保護者から「一筆箋を飾ってあります」と言っていただいたこともある。

全家庭に、渡せるように名簿にチェックを入れておく。また、記録用に記入した一筆箋を写真に撮っておくと、通知表の所見欄にも生かせる。

できるだけ良いことを伝えたいが、怪我をしたとき、させてしまったときなども連絡が必要。

悪かったことを謝るなど、子ども同士の対応を済ませた上で、電話を入れる。事実のみを伝え、既に子どもたち同士は話が終わっていることを伝えると安心してくださる。

加害側の保護者が、「○○さんのお家に電話を入れた方がいいですか？」と言われたときには、「是非お願いします」と伝える。保護者同士でもお話をしていただくことにより、わだかまりが残らない。

（金崎麻美子）

平成２８年度〇〇〇〇〇〇小１年１組　金﨑学級通信

にこにこ 61

H28．7．5

星に願いを！

７月７日の七夕が近づいてきました。

七夕は、日本の古くから行われているお祭り行事の１つです。

ロマンチックなお話も有名です。

織姫と彦星が１年に一度、７月７日に天の川を挟んで、最も輝くことから、めぐり合いの日とされています。

子どもたちにとっては、七夕と言えば、「短冊にお願いごとを書く！」という印象でいっぱいでした。

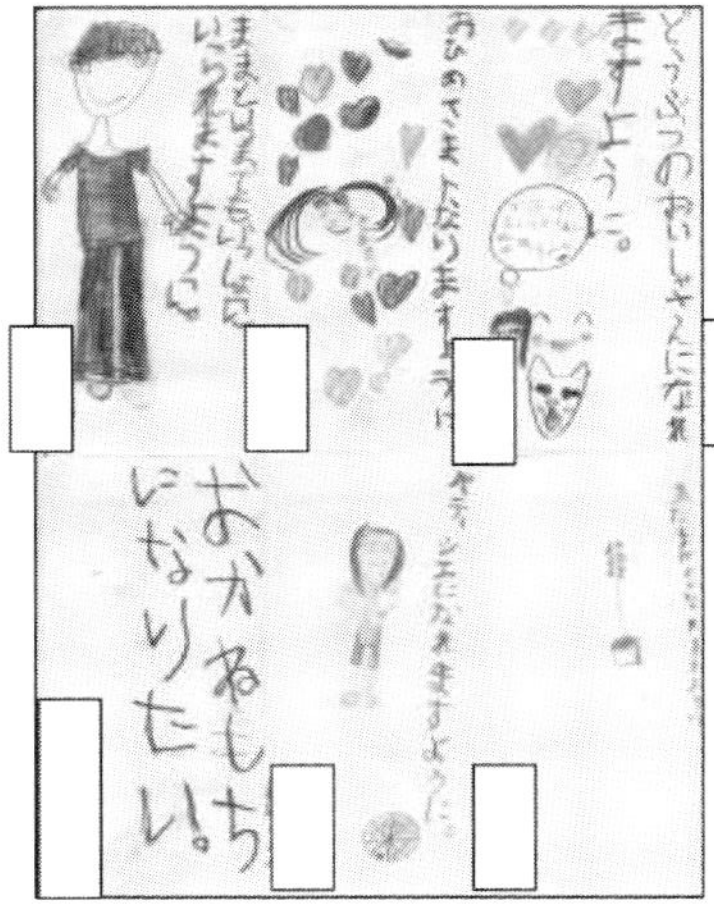

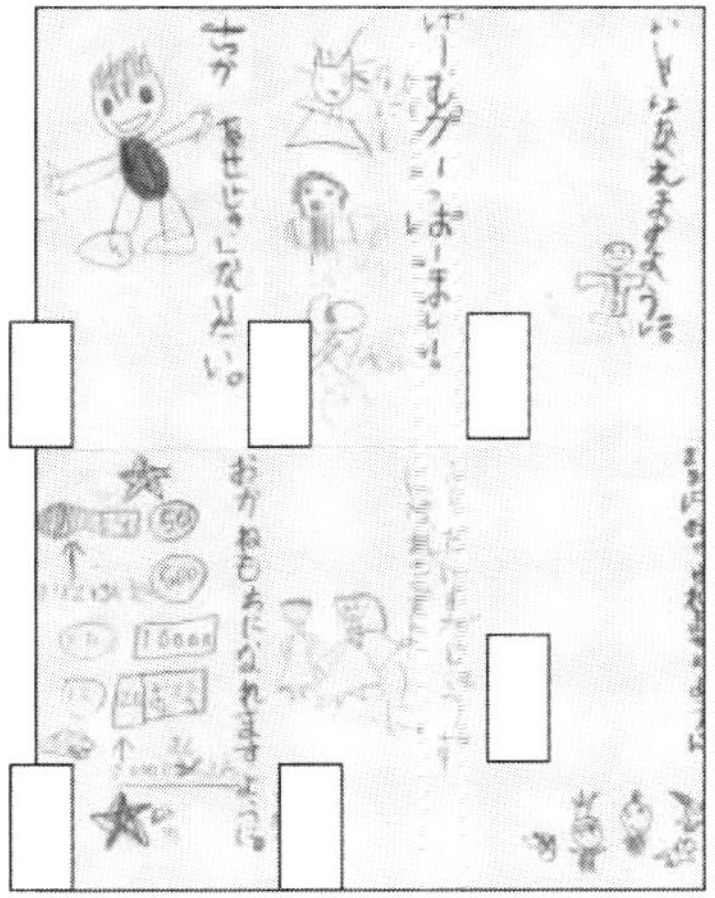

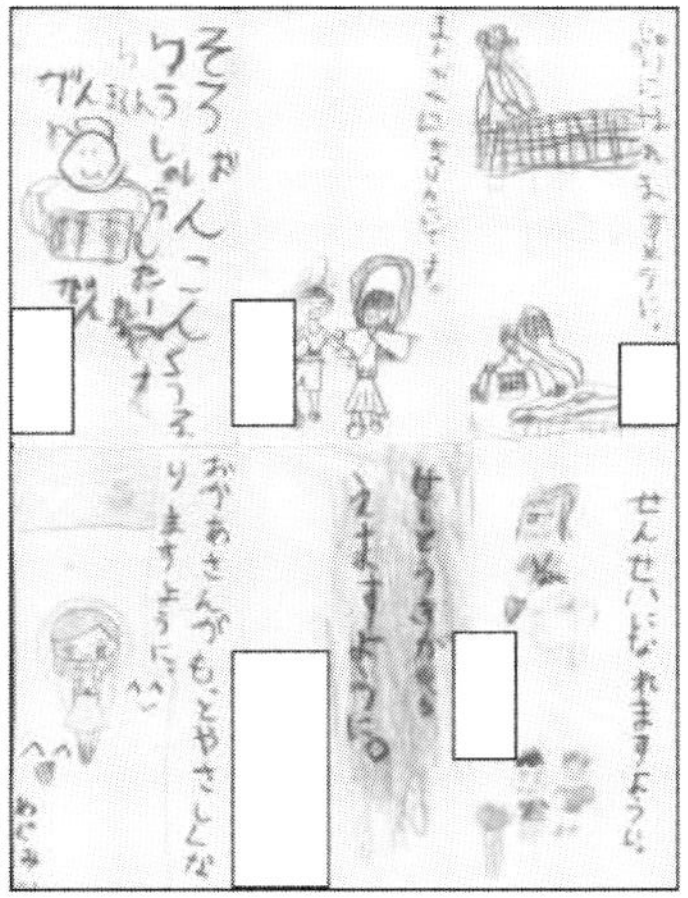

将来の夢や、願いなどを書くことができました。

１年生ならではの可愛らしいお願いごとがあって、見ていて、心がほっこりしてきました。

子どもたちの願いが叶いますように！

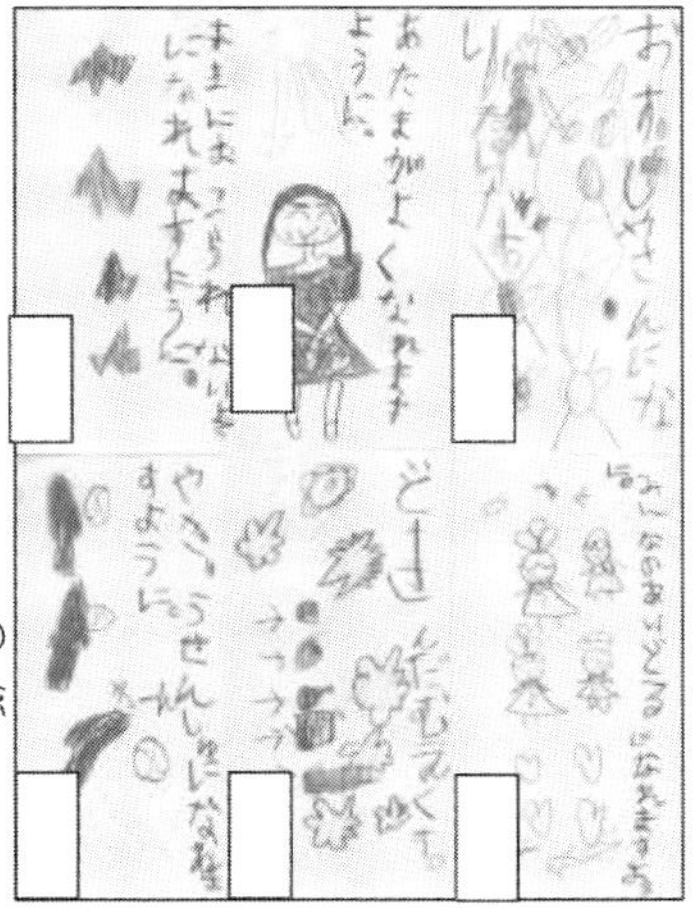

航空写真撮影

昨日、絶好の天気の中で、〇〇〇〇〇〇〇小学校の４５周年記念の航空写真を撮影しました。

〇〇〇〇〇小学校の上空には、ヘリコプターが飛び、撮影しました。撮った写真は下敷きとなって、お手元に届くことになると思います。楽しみにしていてください。

月別プラン・ドゥ・シー〈4〉

8月の学級経営のポイント【夏休み】

夏休み明けに、子どもたちを最高の笑顔で迎えることができるように、夏休み中に、3つの準備をする。

①教室の掃除
②黒板にメッセージ
③教材研究

以下、詳細を示す。

教室の掃除

夏休みの間、しばらく使っていなかった教室は埃をかぶっている。

そこで、夏休み明けの直前に掃除をする。

①机、椅子を運び掃き掃除をする。
②机と椅子を水拭きする。
③ランドセルを入れるロッカーを水拭きする。

夏休み明けに子どもたちが来ると、「おはようございます」と元気な挨拶で始まり、夏休み前と何も変わらない日々が始まる。

しかし、掃除をせずに夏休み明けを迎えると、自分の机と椅子のところに来るやいなや、「ざらざらしてきたなーい」「座りたくなーい」などと、マイナスな言葉が飛び交う。掃除をして2学期を始めることで、スタートダッシュを成功させることができる。

黒板にメッセージ

夏休みモードを引きずっている子どもたち。「もっと夏休みが欲しい」と暗い気持ちでいる子もいる。

そんな気持ちを少しでも払拭できるようなメッセージを黒板に書く。

まずは、黒板をきれいに消す。

次にメッセージを書く。

おはようございます。
きょうから、がっこうが　はじまります。
たのしい　じゅぎょう。
やすみじかんは　たくさんのあそび。
もっともっと　えがおいっぱいのクラスに　していきましょう！

自分の好きなキャラクターなどを一緒に描くと、さらに楽しい雰囲気を作ることができる。

教材研究

夏休みのように、時間が取れるときに、2学期中の教材研究を行う。

①「新法則化シリーズ」を印刷。
②TOSSランドに教材名を入れて検索し、印刷。
③書籍を印刷。

印刷したものは、教科（もしくは単元）ごとに分けてノートに貼ったり、封筒に入れておいたりする。

封筒には見出しをつけておく。「国語　教科書」「漢字」「作文」など。

教室の事務机の一番下の引き出しに入れておき、いつでも取り出せるようにする。

新しい単元に入る前に、封筒から資料を出して、教材研究を進めるので、時間短縮できる。

（金崎麻美子）

へいせい２８ねんど　〇〇〇〇〇〇　しょうがっこう　１ねんせい

なつやすみのしおり

１ねん　　くみ　なまえ

４がつから、いろいろなかつどうに、ちからいっぱいとりくんできましたね。

いよいよはじめてのなつやすみです。あさがおにまけないくらい、げんきにすごし、たのしいおもいでをつくってください。

◎じこにあったり、にゅういんしたりしたときは、がっこうにれんらくしましょう。
〇〇〇〇〇〇しょうがっこう　　***－***－****

なつやすみのがくしゅう

〇えにっき　２まい
〇あさがおのかんさつかあど２まい　（①はながたくさんさいたときと②みができたとき）
〇おんどくカード
〇けいさんカード（たしざんのくりあがりなし　ひきざんのくりさがりなし）
〇こくごプリント　２まい　〇さんすうプリント　２まい
〇どくしょ（たくさんよんで、どくしょカードにきろくしよう）
ちいきのとしょかんをかつようしよう。
じぶんのめあて　　　さつ　**よもう。**

あさがおについて
・まいにち　みずを　あげましょう。
・たねができたら、いれものに　しまっておきましょう。
・なつやすみが　おわったら、がっこうにもってきましょう。

★じゆうべんきょう・・・・いえのひととそうだんして、とりくんでみましょう。
〇ふくしゅう　かきとりやけいさんなど　　〇え　　〇こうさく
〇かんさつ　　〇さくぶん　　など

保護者のみなさまへ
☆アサガオの鉢について
9月2日頃までに、アサガオの鉢を置いてあった場所に持ってきて下さい。

なつやすみのめあて

〔おてつだい〕

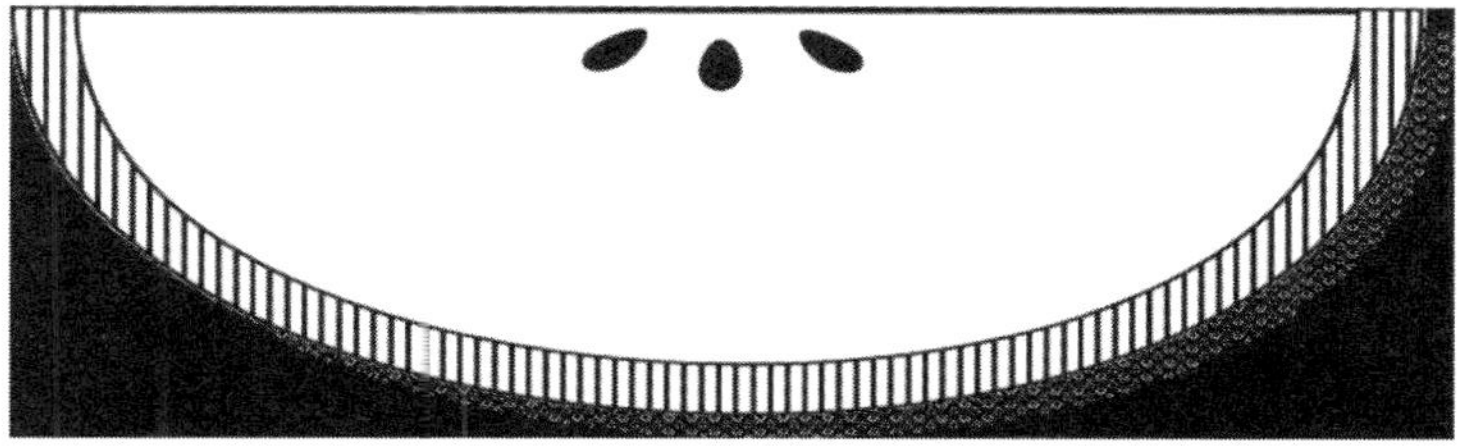

８がつ３０にち（かよう）のれんらく

とうこうじこく　　８じ１５ふん

もちもの

□ランドセル　　□ぞうきん（２まい）　　□こくご
□うわばき　　□ぼうさいずきん　　□ふでばこ
□あかしろぼうし　　□れんらくちょう
□しゅくだい
〇えにっき　２まい　〇あさがおのかんさつカード
〇おんどくカード＆どくしょカード
〇こくごプリント　２まい　〇さんすうプリント　２まい

げこうじこく　　１１じ３０ぷん

月別プラン・ドゥ・シー〈4〉

9月の学級経営のポイント【2学期】

生活のリズムを取り戻す

1学期に築いてきた学校の生活リズムが、夏休みで乱れてしまう子がいる。

そこで、夏休み明けは、楽しい教材を取り入れる。授業の中で、学校のルールを楽しく指導する。学校はルールがある場所だということを思い出させる。

お勧め教材「五色百人一首」

「五色百人一首」は、百人一首を5色に分けたもので、1色が20枚。2人で対戦する。慣れてくれば、1試合3分ほどで行うことができる。

30人学級の場合は、15セット購入する。学級が奇数の場合は、1組だけ3人で対戦させる。

「五色百人一首」を行うことで、学級にメリットがたくさんある。

①ルールを守るようになる
②楽しい教材で熱中する
③特別支援を要する子が負けを受け入れるようになる

①ルールを守るようになる

「五色百人一首」には、様々なルールがある。

○札を取るときは、「はい」と言う。
○取った札は、裏返して置いておく。
○手が重なったときは、手が下の人が札を取る。
○手が同時でどちらが取ったか分からないときは、じゃんけんで勝った方が札を取る。
○間違った札をさわってしまったときは、「お手つき」として、札を一枚場に出す。次に取った方がその札をもらう。
○札をよんでいるときは、手は体のどこかにつけておく。
○先生に声が聞こえたときは、「お手つき」として札を1枚場に出す。

これらのルールは、札を1枚読むごとに、指導していく。

ルールを守らないと、楽しく取り組むことができない。

②楽しい教材で熱中する

ひらがなを習ったばかりの1年生にとって、「五色百人一首」は難しいのではないか、と考えるかもしれない。

しかし、それは杞憂に終わる。

やってみると、子どもたちは夢中になり、「またやりたい」「明日もやる？」などと楽しそうな声がたくさん出る。

毎日取り組むことができるように、取り組む時間を固定するといい。

国語の時間の始め、朝の会、帰りの会などが考えられる。

③特別支援を要する子が負けを受け入れるようになる

百人一首の対戦で、負けたときにキレてしまう子がいる。札を投げたり、破いたり……。そのような子たちがいる場合に、百人一首を止めてしまおうか、と考えてしまう。

しかし、百人一首を約１００試合続けていくと、段々負けを受け入れられるようになる。1日に3試合すると、約2か月で負けを受けられるようになる。

（金崎麻美子）

平成28年度〇〇〇〇〇〇小1年1組 金崎学級通信

にこにこ 73

H28. 9. 5

百人一首を始めました！

金曜日から、百人一首を始めました。

百人一首は、100枚あるので、すごく時間がかかります。

そこで、『五色百人一首』という教材を使っています。

百人一首を5つの色に分けています。（青、桃、黄、緑、橙）

1色が20枚なので、慣れてくると1試合3分で終了します。

これまでのソーシャルスキルカルタのように、隣に座っている子と2人で対戦します。

百人一首は、歴史的仮名づかいが多く出てくるので、1年生には難しいと思っていました。

「これから、百人一首をやります。
6年生や中学生でも、お勉強することです。
だから、1年生の皆には難しいと思います。
もしかしたら、1枚も札を取れないかもしれません」

このように伝えると、子どもたちは・・・

「できるできる！」

「絶対取るからね！！！！」

やる気いっぱいの言葉がたくさん出てきました。

まずは、やってみよう！と前向きな姿勢になることで、力をつけていくことにつながります。

そして、その良い雰囲気は学級全体へ伝播していきます。

さっそく百人一首を始めました。

「かささぎの わたせるはしに おくしもの
しろきをみれば よぞふけにける」

下の句を何度も読み、黒板にも書いて示しました。

すると、子どもたちは「はいっ」と言って札を取っていきます。

子どもたちは、札を読むたびに、ばんばん札を取っていきました。

1試合が終わったときに、私が読んだ札を全て取れたところがたくさんありました。

1年生の9月で、ここまでできるようになっていることには驚きました。

全部で3試合行いました。

終わったあとに、子どもたちに「難しかった？」と聞きました。

すると、「全然！」「楽しかった」「またやりたい」と返事がかえってきました。

始めたばかりで、なかなか札が取れない子もいたようですが、回数を重ねていくごとに、覚えてくると思います。

これからは、国語の授業の始めの5分程度で、百人一首を毎日行っていきます。

【お願い】

〇夏休みに出した「はがき」のお返事が来ていましたら、9日（金）までに持たせてください。

月別プラン・ドゥ・シー〈4〉

10月の学級経営のポイント【2学期】

学習規律を授業の中で指導する

学習規律を守れるクラスは、学級のルールを守れるようになる。そのため、学習規律を授業の中で指導する。

ノート指導のときの学習規律は、次のことがある。

①下敷きをしく。
②1マスに1文字ずつかく。
③線を引くときは、定規を使う。

これらのことを授業の中で指導する。
算数「いくつといくつ」の学習。

> ノートに書くときには、必ず下敷きをしきます。

ノート指導をするときには、ジャンボホワイトTOSSノートなどのマス目がはっきりとわかるものを使うとよい。

> 日付をかきます。
> 左上から十月の「10」

ノート指導は、こまめに確認をする。

全員が書いているかどうか、机間指導をする。

> 「／」をかきます。
> 線を引くときは、定規を使います。

1年生から定規を使う習慣ができるといい。ノートのきれいさと、学力は比例すると言われている。

> 十七日の「17」。
> 数字は1マスに1文字ずつかきます。

指示通りかけていた子には、「合格」と、声をかけていく。

定規を使っていなかったり、「17」を1マスにかいている子がいたりしたときは、「×」をかいて、やり直しをさせる。

かけなさそうにしている子がいたときには、赤鉛筆で薄くかき、それをなぞるように伝える。

赤鉛筆でかかれることを嫌がる子もいる。そのようなときは、ノートの見本を作り、授業が始まる前に、渡して、「これと同じように書いてね」と伝える。

早く終わった子は、ノートに赤鉛筆で花丸を書く、教科書を読んで待っているなど、やることを伝えておく。

少しの時間でも、何をやるか分からない時間があると、教室が乱れてくる原因となる。

授業の最後には、全員のノートを評定する。ノートを評定することと、評定基準は、子どもたちに授業の最初に伝えておくようにする。

丁寧……A
合格……B
やり直し……C

厳しく評定する。めったに「A」の評定は出さない。

初めて「A」の評定が出たときには、その子のノートに多くの子が集まり、どうすれば、「A」の評定がもらえるのかを考えるようになる。

しかし、1回指導したからといって、すぐに出来るようにはならない。1年かけて根気強く指導していく。

（金崎麻美子）

平成２８年度○○○○○○小１年１組　金崎学級通信

にこにこ

H28. 10. 3

算数「３つのかずのけいさん」②

ノートを書くときには、次のことを指導しています。

①線を引くときには、定規を使う
②丁寧に書く【濃く、マスいっぱいに大きく書く】
③問題と問題の間は１行空ける
④○をつけるときには、「ピタッ」とつける
⑤速く問題が終わったときには、赤鉛筆で「花丸」「ちょうちょ」「リラックマ」などを丁寧に書き、色塗りをする
※落書きではありません。速く終わった証拠です。

まるで、参考書のようにきれいに書かれたノートです。

見直しをしたときにも、見やすいノートです。

とてもすばらしいです。

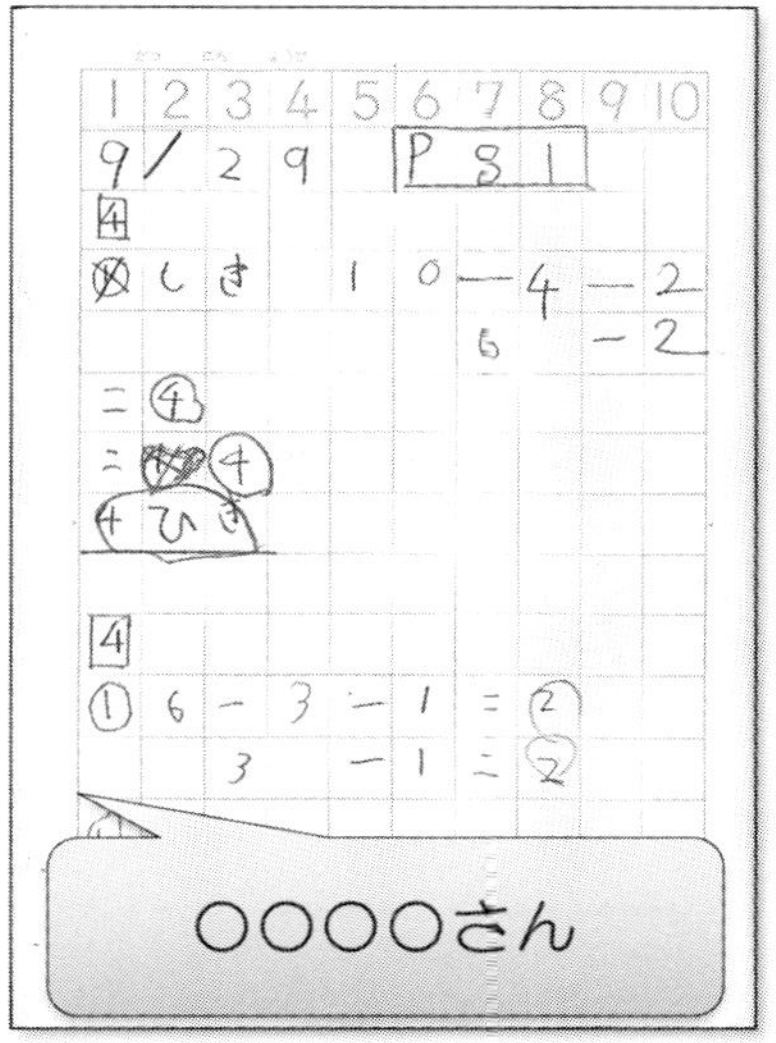

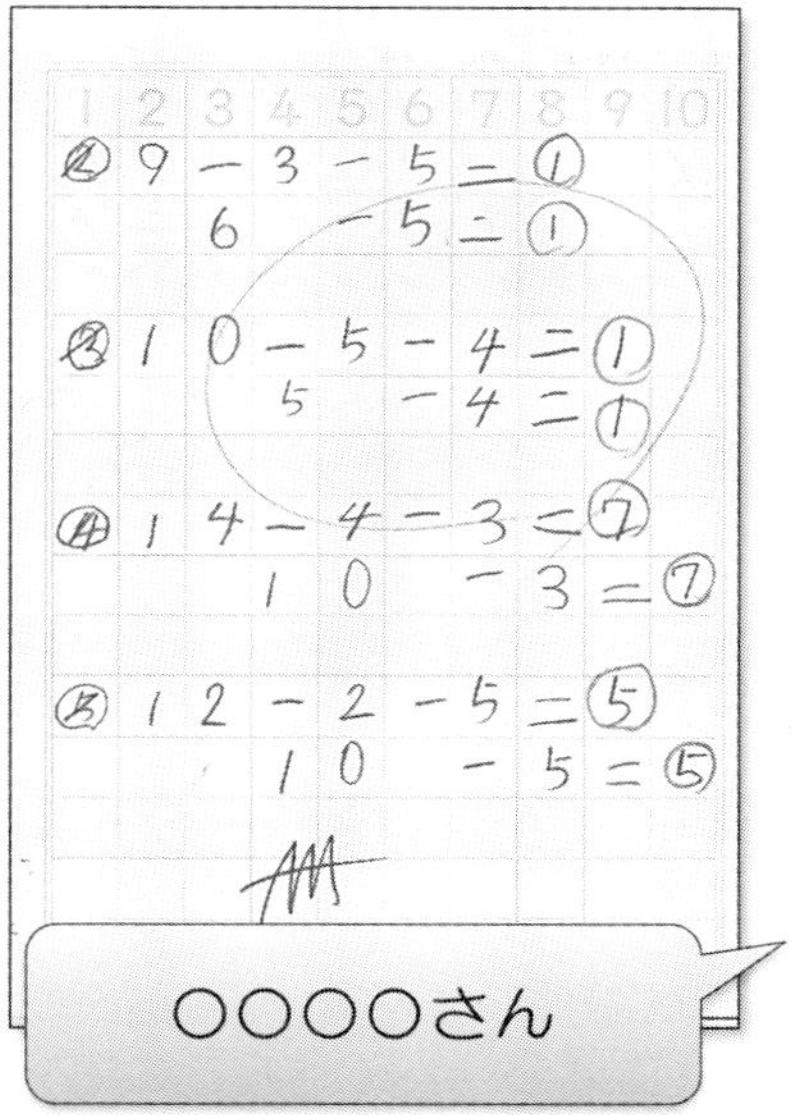

初☆会社活動

金曜日の給食の時間、「いっぱりげい会社」（一発芸のことです）の社長、○○○○くんがやってきました。
（すでに給食は食べ終わっていました）

「先生、ゴリラの真似をしてもいいですか？」と相談に来ました。

「いっぱりげい会社」は、やりたいことの中に「ものまね」を書いていました。自主的な活動に感激しました。

さっそく、社長の○○○○くん自らゴリラの真似を披露。

続いて、○○○○さんは、「最高」で終わる一芸。

○○○○くんは、手に磁石がくっつく技を披露。

見ていた子どもたちは、大爆笑でした。クラスが楽しくなる素敵な活動でした。次はどこの会社が動き出すのか楽しみです。

月別プラン・ドゥ・シー〈4〉

11月の学級経営のポイント【2学期】

最初は、6年生に手伝ってもらっていた清掃も、1年生だけで行うようになる。

1年生だけで清掃を行うために、大切なことは、何をどれだけすればいいのか、ということを明確にする。

明確な役割分担

教室掃除を例にあげる。

教室の清掃分担は次の通り。

①ほうき、小ぼうき（3人）
②ぞうきん（9人）そのうち、バケツを用意する子が（3人）
③机運び（7人）
④黒板（2人）

清掃手順

①掃除の時間になる前に、机と椅子を教室の前側に運ぶ。
②ほうきでゴミを集める。
☆端から集めていく。

教室後方のゴミを集められたら、黒板付近にゴミを集めておく（ビニールテープでゴミを集めて置く場所を示しておく）。

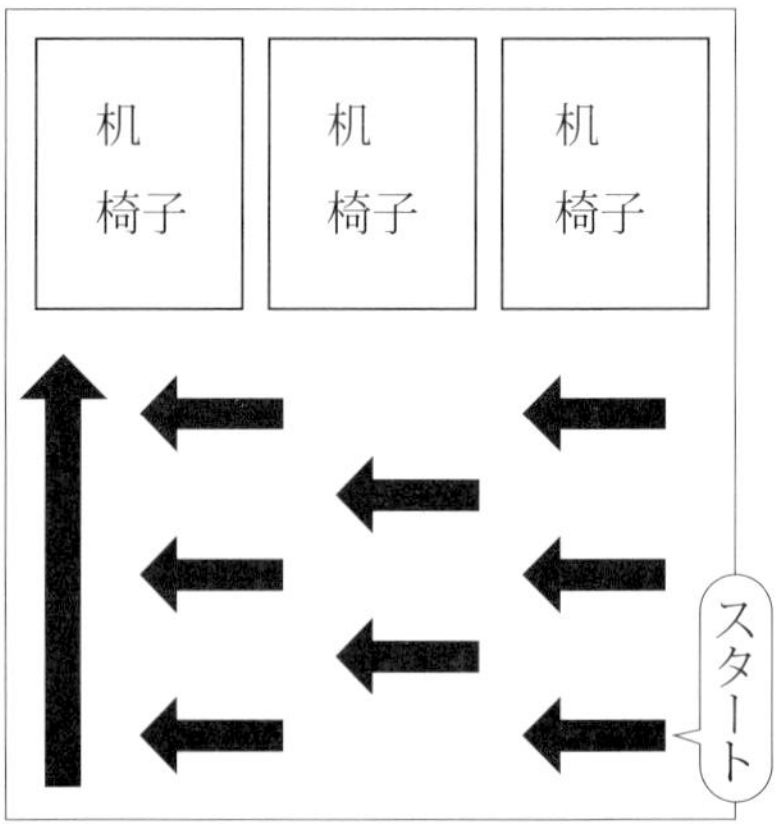

③雑巾で、教室後方の床を拭く。
☆教室を6等分し、スズランテープを貼る（タイル3～4枚分）。

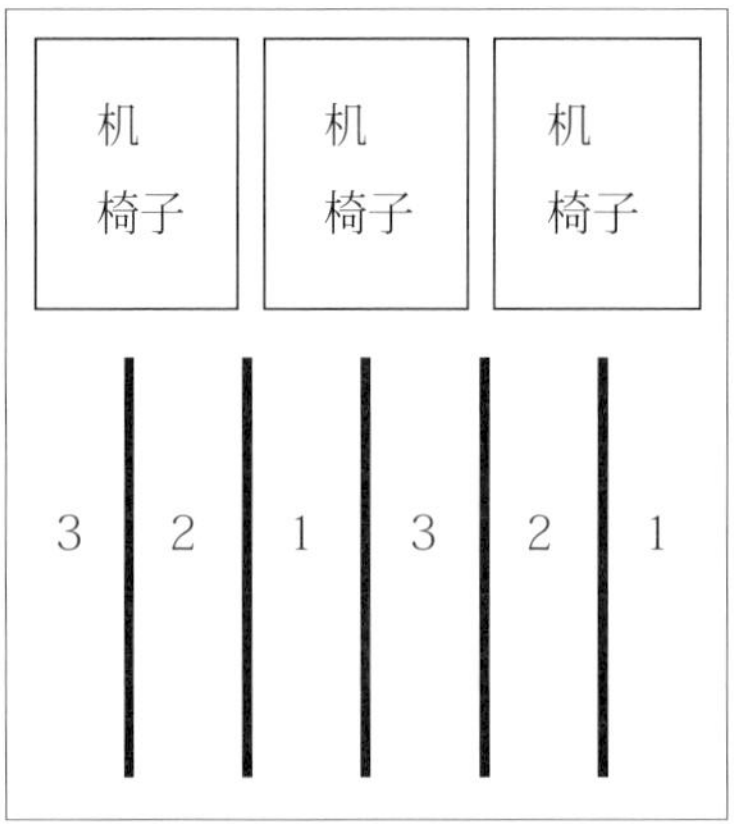

☆番号ごとに、3人ずつ床を拭く。

雑巾を横に動かしながら「ワイパー拭き」で、後ろに下がりながら拭く。
④机運び担当が、雑巾がけが終わったところから順に机を後ろに運んでいく。

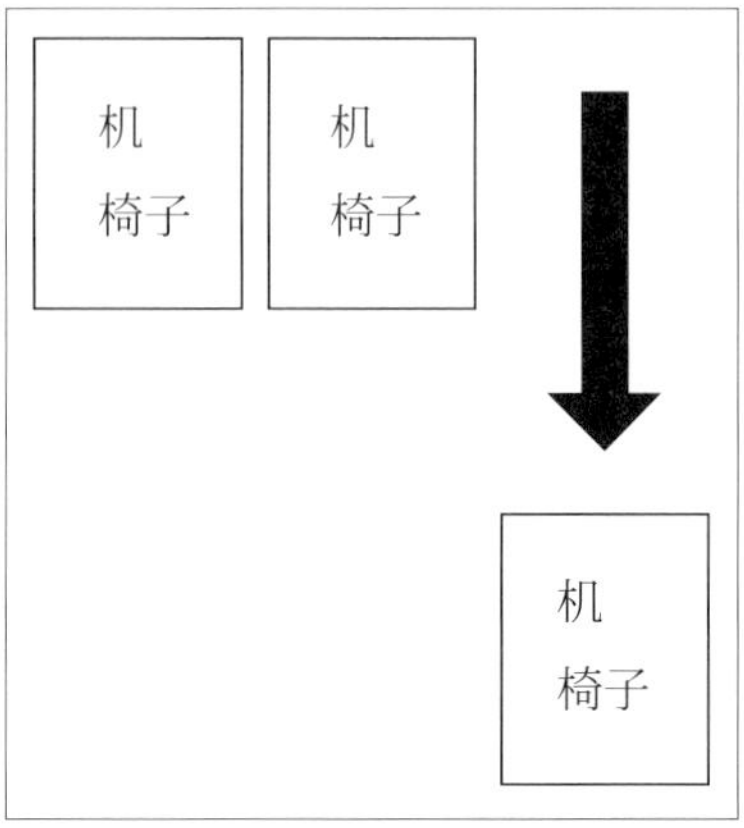

☆ほうき担当の子は、端からゴミを集める。
☆雑巾担当の子は、机を運んでいる間に雑巾をゆすぐ。
⑤雑巾で、教室前面の床を拭く。
⑥机運び担当が、雑巾がけが終わったところから順に机を元に戻す。

雑巾が苦手な子への対応

雑巾絞りと、床を拭くことは、苦手な子がいる。その場合は、一緒に手を取ったり、手本を見せながら一緒に雑巾がけをしたりする。

（金崎麻美子）

平成２８年度〇〇〇〇〇〇小１年１組　金崎学級通信

にこにこ　125

H28. 11. 15

大きな成長を感じる日々

１１月に入ってから、子どもたちの成長を感じる日々です。

１．自習中は静かに！

月曜日の朝読書の時間に、６年生の卒業アルバムの写真撮影がありました。

そのため、１０分ほど教室を離れました。

子どもたちには、「座って静かに読書ができたらすごいね」と話してから教室を離れました。

教室に戻ってくると、全員が静かに座って読書をしていました。

もうビックリしました。

そして、子どもたちの成長にとても嬉しくなりました。

４月の頃と比べると、たった半年で大きな成長を遂げたな～と感心しました。

２．掃除は黙って！！！

子どもたちは掃除が大好きです。

雑巾の担当の子は、自分の仕事が終わると机運びの仕事も手伝ってくれます。

机運びの仕事の子も、自分の仕事が始まる前は、本棚の整理、文房具の整頓などをしてくれます。

自分の仕事だけではなく、できることを探して取り組んでいます。

それだけでも立派ですが、最近はもっとすごいことがあります。

それは、黙って掃除をできる子が増えてきたことです。

掃除中に一番動かしたいのは、手です。

しかし、お喋りのために、口を動かしてしまうと、手の動きが鈍くなってしまいます。

そこで、「黙って掃除ができるようにしよう！」と２週間ほど前から声をかけていました。

今週に入ってから、一気に黙って掃除ができる子が増えました。

昨日、黙って掃除に取り組んでいたのは・・・

〇〇〇〇さん、〇〇〇〇さん、〇〇〇〇さん、〇〇〇〇さん、〇〇〇〇さん、〇〇〇〇さん、〇〇〇〇さん、〇〇〇〇さん、〇〇〇〇さんでした。

この子たちが掃除のリーダーとなって、今後も活躍してくれると思います。期待しています。

３．働き者の小人さんたち

帰りになると、人のための良いことが続出しています。

〇〇〇〇さんが、本棚の整頓。〇〇〇〇さんが文房具の整頓。〇〇〇〇さん、〇〇〇〇さんは掃除用具入れの整理。〇〇〇〇さん、〇〇〇〇さん、〇〇〇〇さんは、ロッカーの整頓。〇〇〇〇さんは、机の整頓。〇〇〇〇さんは、高い窓閉め。〇〇〇〇さんは、ピアニカの整頓。〇〇〇さんは、１年２組の廊下の物の整頓。

帰りの出来事なので、決して目立つことではありません。

放課後の教室がきれいなことは、良いクラスの条件の１つです。

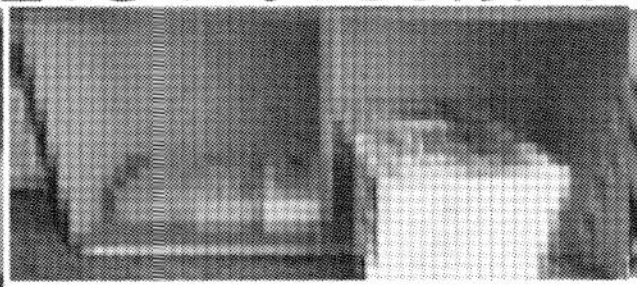

月別プラン・ドゥ・シー〈4〉

12月の学級経営のポイント【2学期】

文を書くことに慣れるための宿題「日記」

宿題に日記を出す目的は、「文を書くことに慣れる」こと。

文を書く楽しさ、表現することのおもしろさを身につけてほしい、と考えているので、誤字脱字はあまりチェックしない。

表記の間違いばかり指摘すると、書く気を失くしてしまう恐れがある。

正しい表記は、授業の中で一つずつ指導していく。

取り組み時間の目安

1年生の家庭学習時間の目安は10分（10分×学年＝家庭学習時間）。

たくさん書くことを奨励しすぎて、寝る時間を削るなどの無理がないように、学級通信、懇談会等でも説明しておく。

評定&コメント

登校したらすぐに、日記を教卓に提出させる。

出された日記から、次々と見ていく。

日記には、毎回長さで評定をつけている。

1ページ未満……B
1ページ……A
1ページ半……A〇
2ページ……A◎
3ページ……AA

子どもたちには、1ページの「A」を目指して書いてほしいことを伝える。

大変だが、全員の日記にコメントを入れる。

短い日記には、短いコメント。

長い日記には、長いコメント。

そのため、朝の段階で日記を仕分けておく。

評定が「B」だった日記は、短くコメントを書いて、すぐに返却する。

「A」以上だった場合は、一旦ノートを預かり、全員のものを見終わった後に、じっくり読んでコメントを書いていく。

仕分けすることによって、時間を短縮することができる。

コメントを書く時間は、朝、5分休み、業間休み、給食後など、少しでも時間ができたときに行う。

上手な日記を紹介

給食を食べているとき、帰りの会などで、上手な日記を1日に2～3名ほど読み聞かせる。

できるだけ、全員の日記を読み聞かせることができるように配慮する。

また、学級通信にも載せる。子どもたちは、日記が載ることをとても楽しみにしている。

書くことに抵抗がある場合

「何を書いたらいいか分からない」など、日記が進まない子がいる。

そこで、日記の宿題を出した初日にお手本を配付して、日記帳の最初のページに貼らせる。「困ったときには、これと同じように書いておいで」と伝えている。そのため、困ったときには、お手本を真似て書くことができる。

（金崎麻美子）

平成２８年度○○○○○○小１年１組　金崎学級通信

にこにこ　146

H28. 12. 16

昔遊び交流会②

昔遊びの交流会を行った日に、絵日記を書きました。

１００文字分のマス目はすぐに足りなくなりました。

「先生、裏に書いてもいいですか？」

と質問が出ました。

マスをはみ出して、裏まで書いている子がたくさんいました。

○○○○さん、○○○○さん、○○○○さん、○○○○さん、○○○○さん、○○○○さん、○○○○さん、○○○○さん、○○○○さん、○○○○さん、○○○○さん、○○○○さん、○○○○さん、○○○○さん、○○○○さん、○○○○さん、○○○○さん、○○○○さん、○○○○さん、○○○○さん。

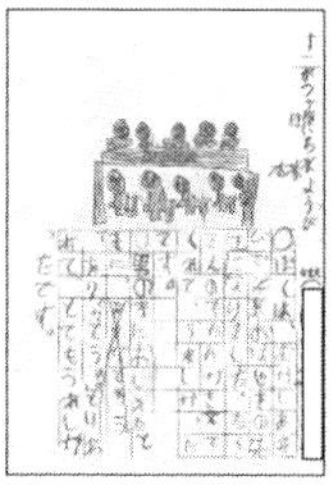

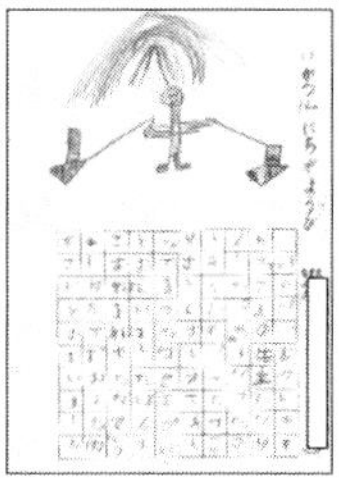

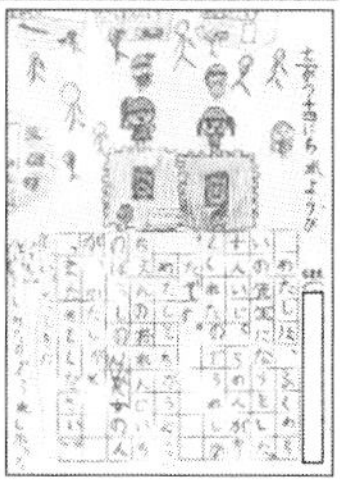

日記を毎日書いている成果がこのようなところに表れます。
まずは、「一定量を書く」ことから、１年生は出発です。
子どもたちの絵日記を紹介します。

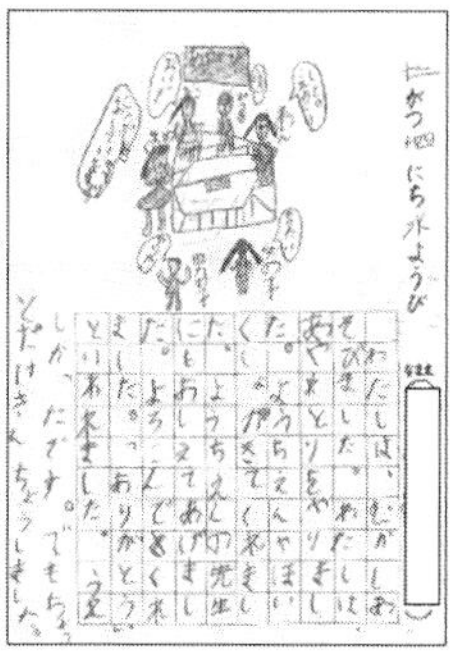

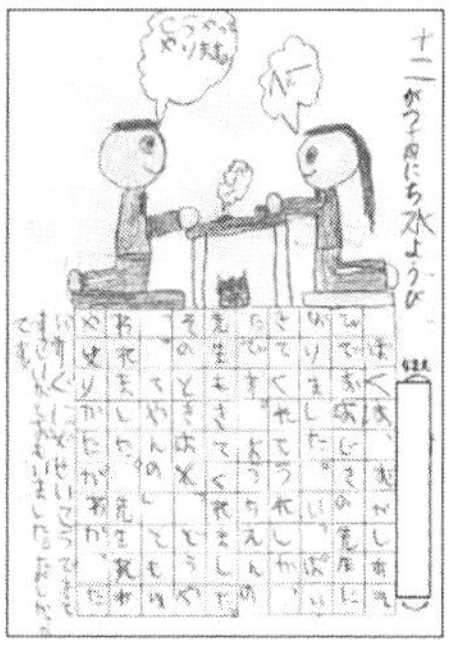

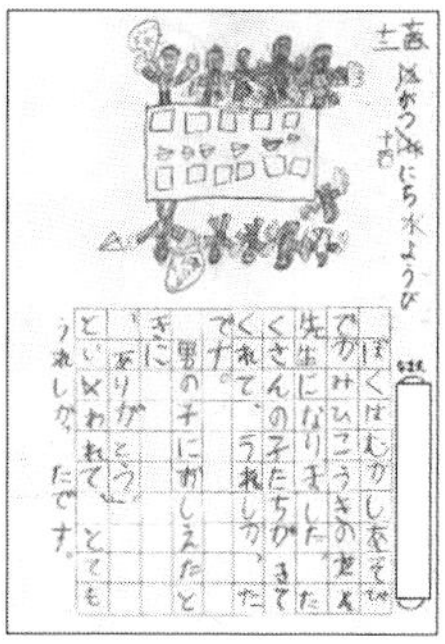

ふゆやすみのしおり

１年　　　くみ
名まえ

たのしくすごそう！ふゆやすみ

まちにまったふゆやすみです。ふゆやすみには、大そうじ、おしょう月などのぎょうじがたくさんあります。むかしから日本でされてきたぶんかなので、すすんでさんかしましょう。

ふゆやすみは、はやねはやおきをして、きそくただしいせいかつをこころがけましょう。いえのお手つだいもがんばってくださいね。２しゅうかんほどのおやすみですが、おもい出にのこるすてきなふゆやすみにしてください。

１月６日（金）には、みんなげん気に学校にきてください。

ふゆやすみのがくしゅう

○かきぞめを１まい出しましょう。
→１月にせいしょをし、そのさくひんを、こうないかきぞめてんでてんじします。
○日きを１まい出しましょう。
→おおそうじ、はつもうで、もちつきなど、さんかしたぎょうじのことを日きに１まいかきましょう。
○ただしいことばづかいをしましょう。
→「あけましておめでとうございます」など、しんねんのあいさつをわすれずにしましょう。

ふゆやすみのせいかつ

○きそくただしいせいかつをこころがけましょう。
○「こてだいっこ　ふゆやすみのよい子の一日」をまもりましょう。
○インフルエンザのよぼうのため、手あらい、うがいをわすれずにしましょう。

１月６日のもちもの

①れんらくちょう　②ふでばこ　③ぼうさいずきん　④赤白ぼうし　⑤上ばき
⑥どうぐぶくろ　⑦クレヨン　⑧いろえんぴつ
⑨しゅくだい（かきぞめ１まい、日き１まい）

★お家の方へお知らせとお願い★

もしも、事故にあったり入院したりした時は、学校に連絡をお願いします。

緊急連絡先
〒***-****　○○県○○市○○区○○○台○—○—○　○○○○○○小学校
TEL　***-***-****

月別プラン・ドゥ・シー〈4〉

1月の学級経営のポイント【3学期】

9月から始めた「係活動」。

取り組み始めた頃は、意欲的に取り組んでいた。

しかし、数か月たつと、イベントの内容が固定化してしまい、マンネリ化してくる。

再度、活性化させるために、以下のことを行う。

①イベント例を示す
②授業時間内で係活動の時間を取る

イベント例を示す

書籍や過去に担任したクラスで取り組んだ内容を知らせる。

○逃走中（テレビ番組のパロディー）
○カラオケ大会
○チャレラン大会

写真や動画などを見せると、楽しそうな様子が伝わる。

授業時間内で係活動の時間を取る

主に、学級活動の時間を使って、係活動の時間を取っていた。

1時間全てを係活動にあてることは難しい場合がある。そこで、時間配分を次のようにした。

(1)今週の活動報告＆来週の計画（10分）
(2)今週の活動準備（残りの時間）

(1)今週の活動報告＆来週の計画（10分）

2～3分、係ごとに相談時間を取り、活動報告＆来週の計画を発表させる。

様々な子に発表場面を作るために、「発表数が少ない子が発表します」と伝える。例えば、次のような流れで発表を行う。

子「今週は動物クイズをやりました。5人の子が来てくれました。来週は、『チーターは誰だコンクール』をやります。たくさんの人に来てほしいです」

教師「たくさんの人に来てもらうために、どんなことをしますか」

子「……」

教師は必ず質問をする。それにより、子どもたちは、係活動の工夫をするようになる。

たくさんの人に来てもらうために、「新しい企画を作る」「チラシを作る」「給食の時間に宣伝をする」などを行っていた。

これらの工夫は、教師が教えたことは一度もない。

質問をすることによって、子どもたちが必死に考える。それにより、様々な工夫が見えるようになる。

(2)今週の活動準備（残りの時間）

報告＆計画の発表が全て終わったら、残りの時間を活動準備の時間に充てる。その際、「モノ」を用意しておきたい。教室に置いておいて良かった「モノ」は以下。

○コピー用紙、画用紙などの紙類
○カラーペン
○折り紙
○仮装グッズ

イベントで必要なものがある場合には、事前に子どもたちから依頼を受けて、学級費から購入する。「モノ」があることで工夫した活動ができる。

（金崎麻美子）

平成２８年度〇〇〇〇〇〇小１年１組　金崎学級通信

にこにこ　176

H29. 1. 31

チーターは誰だコンクール！？

業間休みと昼休みには、会社ごとのイベントを行っています。

最近は、少しマンネリ化してきたところがありました。

イベントを行ったとしても、少人数しか集まらないという状態が続いていました。

今後の会社活動をどうしていこうかと考えていたところでした。

昨日の給食の時間に、ハムスター会社の〇〇〇〇さん、〇〇〇さん、〇〇〇〇さん、〇〇〇さん、〇〇〇〇さんが前に出てきました。

「今日、チーターは誰だコンクールをやります。

外で一番速く走ることができる人を決めます」

それを聞いて、「楽しそう！！！！」「行ってみたい」そんな声があちらこちらから聞こえてきました。

私も外に出て、子どもたちの様子を見に行きました。

私が外へ出たときには、もう始まるところでした。

男子のレース。

女子のレース。

全員のレース。

何度走ったことでしょうか？

数えきれないほど、たくさんのレースがあり、参加した子たちはヘロヘロになっていました。

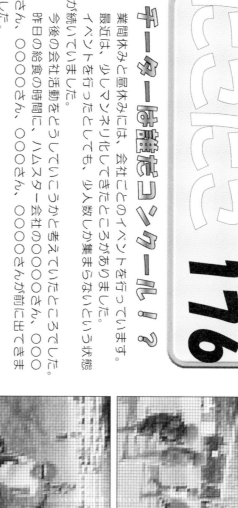

月別プラン・ドゥ・シー〈4〉

2月の学級経営のポイント【3学期】

学校行事にクラス全体で取り組むことが、学級がまとまることにつながる。

体育委員会主催で、冬にスポーツ大会が行われる。「ドッジボール」「リレー」「長縄」などから一種目が行われる。

この年の種目は「長縄大会」。

1年生の子どもたちは、連続跳びができない子が半数以上いる。その状態から、スタートした。

目的と目標を明確に！

1年生の多くは、大会と名のつくものを聞けば、「優勝したい」と言う。

しかし、何のために「優勝したい」のか、ということを子どもたちに考えさせる必要がある。

学校行事への取り組みは、学級がまとまるチャンス。このチャンスを掴み、学年末に向けて、まとまりのあるクラス作りの通過点にしたい。

子どもたちに長縄大会の目的を話す。

> 長縄大会は、クラスみんなが仲良くなるために行います。跳べない子がいたときには、励ましたり、やり方を教えてあげたりします。みんなで練習して、もっともっといいクラスを作りましょう。

練習していると、「ちゃんと跳べよ」「下手くそ」など、相手を馬鹿にするような言葉が出るときがある。その場合は、「クラスが仲良くなるための長縄大会だよ」と、目的を常に意識させることができるように、声をかける。

また、日記等で、頑張っている友だちのことを書いている子がいた場合は、日記を読み聞かせる。

練習は教師も参加

1年生だけで、練習するのは難しい。そこで、体育の時間を使って、練習を行う。

どの種目でも、上達のポイントを子どもたちに示す。

長縄の場合は、全員が跳ぶことができるように指導する。

教師自らが、手本になるような声かけをする。ひっかかった子がいたときには、「ドンマイ」「次行こう」「大丈夫」など。

教師がそのような声をかけていると、子どもたちも自然と真似をする。

そのような声かけをしている子を取り上げて褒めると、さらに広まっていく。

また、休み時間に練習を行う場合にも、できるだけ教師も参加する。場を盛り上げることができるように、声をかける。

このような声かけは、長縄練習のときだけではなく、日常生活でも見られるようになる。そうなってくると、長縄大会に向けて取り組んだ成果が出たと言える。

記録を掲示

記録を教室に掲示していた。最初は、31回。そこから51、56……と、どんどん記録が更新されていった。子どもたちの励みになった。

（金崎麻美子）

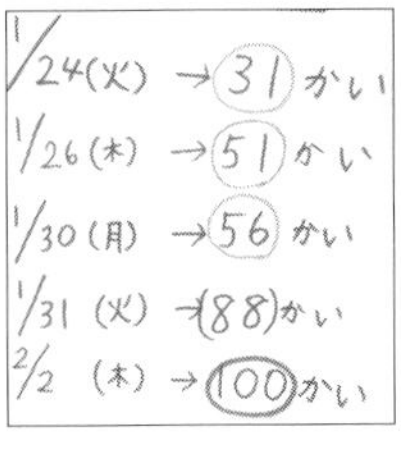

平成２８年度○○○○○○小１年１組　金崎学級通信

にこにこ 188

H29. 2. 13

優勝しました！長縄大会

これまで約１か月取り組んできた長縄練習。

見事、優勝することができました。

３分間で、１１９回です。

子どもたちが次々と長縄を跳べるようになりました。

大会当日にも、連続跳びができるようになった子、ひっかからずに跳べた子、成長を見ることができました。

それよりも、クラス全員で大会に向けて練習し、真剣な時間を過ごせたことが一番だったと思います。

応援ありがとうございました。

月別プラン・ドゥ・シー〈4〉

3月の学級経営のポイント【3学期】

進級準備

1年間で大きく成長する1年生。進級に向けて、様々な準備を進めていく。

①来年に引き継ぐ教材を集めておく
○算数セット
○図鑑
○歌集

来年度も使う教材は学校で集めておき、次年度に引き継ぐようにする。

新年度になってから、持ってこさせようとすると、失くしてしまったという家庭がある。そうならないために、集めておくといい。

②入学式に向けて

次年度の1年生が入学したときに必要な物を準備しておく。

○教室装飾

輪飾り、チューリップなど折り紙で教室を飾ることができるものを作っておく。6年生を送る会などのときにも使うことができる。

授業中に行う場合もあるが、雨の日の休み時間、テストが終わったとき、などの隙間時間に取り組むことも多い。

1年生で楽しかったことを4つ切りの画用紙にかく。

様々な行事のことをかくことができるように配慮する。「入学式」「水泳」「秋祭り」「学習発表会」など。

○1年生へのプレゼント

2年生の春にアサガオの種を1年生にプレゼントする。

来年の1年生の人数を、教務主任に確認して、その数よりも10個ほど多めに作成する。

次年度、早々に使うものは、1年生のうちに作成しておくと、2年生の担任に喜ばれる。

年間の思い出をスライドショーに！

1年間通して、様々な場面で写真を撮っておく。「ムービーメーカー」などのソフトを使って作成する。スライドショーは3部構成にしている。

①月別の場面
②変顔特集
③4月と3月の個人写真

①月別の場面

4月は「入学式」「6年生との交流」、5月は「遠足」などの行事や日常の写真を時系列で配置する。

子どもたちが「こんなことあったね」「このときこうだったね」と懐かしむ。

②変顔特集

変顔大好きな子どもたちの変顔を撮影しておく。この場面では、子どもたちが大笑いする。

③4月と3月の個人写真

4月に撮影した個人写真と3月に撮影した個人写真を1人ずつ流していく。

①②は楽しい音楽、③はしっとりとした音楽を流す。1年間の学級の様子を思い出すことで笑いあり、涙ありの素敵な上映会になる。

（金崎麻美子）

平成２８年度〇〇〇〇〇〇小１年１組　金崎学級通信

にこにこ 209

H29. 3. 13

１年１組はどんなクラス？

１年間を振り返る内容の日記を宿題に出しています。

木曜日のお題は、「１年１組について」です。

〇優しいクラス

〇やりとげてきたクラス

〇なかよしのクラス

などと書いている子がいました。

どの日記からも、１年１組で過ごした１年間のことが書いてあり、色々なことがあったなぁ～と振り返ることができました。

中でも、〇〇〇〇〇さんの日記には、感動しました。

クラス全員の良いところが書いてありました。

子どもたちに読み聞かせると、とても嬉しそうに笑っていました。

ところどころ、爆笑も起こりました。

どの子もとても嬉しそうでした。

〇〇〇ちゃん、すてきな日記をありがとう♪♪♪

1
三月九日　木よう日
きょうは、一年一くみについて
かきます。先生は、金さきまみ子
先生です。先生は、やさしくてか
わいいおかおです。　ちゃん
は、やさしい子です。　く
んは、げんきな子です。
くんは、やさしい子です。

2
ちゃんは、やさしい子です。
くんは、すなおな子です。
ちゃんは　おもしろい子です。
くんは、足が早い子です。
ちゃんは、やさしい子です。
くんは、やさしい子です。
くんはがんばりやさん
です。　ちゃんは、すなおな子

3
です。　ちゃんは、えが上手な
子です。　くんは、やさしい
子です。　くんは、おもしろ
い子です。　ちゃんは、やさし
い子です。　くんは、おもし
ろい子です。　ちゃんは、や
さしい子です。　ちゃんは、
びっくりやの子です。　くん

4
は、おもしろい子です。　ち
ゃんは、やさしい子です。
くんは、おもしろい子です。
くんは、おもしろい子です。
ちゃんは、やさしい子です。
くんは、おもしろい子です
ちゃんは、かわいい子です。
くんは、おもしろい子です

5
ちゃんは、やさしい子です
ちゃんは、やさしい子です
くんは、おもしろい子で
す。　ちゃんは、目がかわい
い子です。一くみになれてよか
ったです。

〈1〉学校のホームページづくり

学年計画表を作成し、年間を見通して、ホームページを更新しよう！

4月のシステムづくり　～学校編～

「ホームページの更新が……」

ホームページに関して、一番多い悩みである。

何が原因なのか？

それは、システムが確定していないからである。

4月の段階で、システムを作り、見通しをもって仕事を進めよう。

職員会議で次の3点を提案し、確認する。

① 保護者への確認通知
② ホームページの定期更新
③ 掲載記事のポイント

① 保護者への確認通知

ホームページ写真掲載の有無を保護者に確認する。

「ホームページに子どもの写真を載せます。写真掲載を希望されない方は、ご連絡ください。個人名は特定されないように配慮いたします」

学校によっては、学校便り、学年便り、学級通信への写真や作品、児童名の記載の有無も確認しているであろう。

入学式、始業式には配布できるようにしておくことが望ましい。

② ホームページの定期更新

ホームページアップの手順は、自治体によって異なるので、確認が必要だ。

校内で、「ホームページアップマニュアル」を作成し、誰でもアップできるシステムを作るとよい。

「教育計画」に収めることはもちろん、手順をラミネート加工して、各職員の机上にパソコンとセットすると便利だ。

「更新は、2週間に1度」など校内で「原則いつ更新するのか」を決めておき、チェックするとよい。

③ 掲載記事のポイント

ホームページの閲覧は、保護者、地域の方々、転居予定者など多岐にわたる。

「誰が見ているか分からない」ということを意識し、徹底させよう。

基本的には、子どもの顔がはっきりしないようにアップではなく、ルーズの写真にする。

活動がはっきりしない場合には、違う角度、時間を空けたものなど、短い文をそえて複数枚で分かりやすくする。

4月のシステムづくり　～学年編～

「いつも、お世話になります。学年便りをなくしました。保護者会はいつでしょうか。申し訳ございませんが、教えてください」

このような連絡帳が保護者からくることがある。

「ホームページをご覧ください」

これが学年のホームページの理想である。

学年便りや学年の活動がホームページにアップされていれば、教師にとっても、保護者にとってもホームページが強い味方になるのだ。

1年生の保護者は、様々なことを心配する。心配を払拭する強い味方が学校のホームページである。

この原則を踏まえると、ホームページの更新が前向きに行えるようになる。

まず、春休みなど長期休業中に、昨年度のホームページを閲覧する。

どのようなページをアップすればよいかがわかる。

更新が頻繁でない学校ならば、近隣の学校を参考にするとよい。また、ホームページ大賞などになっている学校のページも参考になる。

イメージがわいたら、「学年計画表」を作成しよう。学年主任であれば、これを基に学年会の進行をする。主任でなければ、「年間の仕事を見通したかったので、このようなものを作成してみました」と提案をすればよい。

いつ、だれが、何をするのかがはっきりする。

自分がもっているだけでも、見通しが持てるようになる。

この「学年計画表」に「HP更新」欄を設ける。「主な行事」の下にするとよい。ホームページの更新が行事とリンクするからである。

そして、担当を決める。

担当は、年間通してもよいが、学年便りと同じ担当にすると効率が良い。

その月の行事予定に一番詳しいからである。

さて、学年で共通しておきたいのは、写真の保存である。

思いがけない時に、ホームページの題材が見つかることもあるので、常にデジカメを持ち歩くようにする。

複数で撮っておくと、失敗をカバーできる。

共通のフォルダに保存しておくことで、ホームページの更新が定期的に行える。

（千葉雄二）

1年　学年計画表　　　　千葉雄二

	4月	5月	6月	7月	8月	9月	10月	11月	12月	1月	2月	3月
主な行事	始業式 入学式 保護者会 １年迎会 離任式	移動教室 個人面談 土曜授業 運動会	体力調査 水泳指導 学校公開 道徳地区 公開講座	保護者会 終業式 水泳指導 〇〇祭り	水泳指導	始業式 保護者会	学習発表会 学校公開	周年行事 個人面談	終業式	始業式 書き初め 土曜授業 生活科見学	保護者会	６送会 修了式 卒業式
HP更新	【千葉】	【島村】	【阿妻】	【千葉】	【島村】	【阿妻】	【千葉】	【島村】	【阿妻】	【千葉】	【島村】	【阿妻】
学年便り	〆切 4/4 【千葉】	〆切 4/28 【島村】	〆切 5／30 【阿妻】	〆切 6／27 【千葉】	〆切 7/13 【島村】	〆切 8/29 【阿妻】	〆切 9/26 【千葉】	〆切 10/30 【島村】	〆切 11/28 【阿妻】	〆切 1/6 【千葉】	〆切 1/28 【島村】	〆切 2/24 【阿妻】
授業関係		土曜授業	学校公開 道徳地区				学校公開 セーフティ教室			土曜授業	学校公開	
教材	発注【千葉】 会計【島村】 ☆集金〆切 4/18			会計【島村】	発注【千葉】	☆集金〆切 9/12			発注【千葉】 会計【島村】	☆集金〆切 1/16		会計【島村】
成績関係	指導要録 【千葉】			あゆみ					あゆみ 指導要録			あゆみ 指導要録 【千葉】
保護者関係	保護者会 【千葉】	個人面談	学校公開	保護者会 【島村】			学校公開			学校公開	保護者会 【阿妻】	
運動会展覧会		運動会 【阿妻】					学習発表会 【千葉】	周年行事 【島村】				
その他												

○月○日
生活科　花だんで虫とり。
「シオカラトンボがにげちゃった！」
「またくるよ。またくるよ。

さて、この後は……？

①授業、単元、活動名
②子どもの様子、会話の事実
③感想やその後の展開
◇このように書くポイントを決めておくと書きやすい！

〈2〉学校でIOTを構想する

「IOT」の仕組みを理解し、授業、係活動で「IOT」の思考を鍛える

IOTとは何か?

「IOTとは何か?」を理解することが大切だ。

「IOTのコンセプトは、自動車、家電、ロボット、施設などあらゆるモノがインターネットにつながり、情報のやり取りをすることで、モノのデータ化やそれに基づく自動化等が進展し、新たな付加価値を生み出すというものである。これにより、製品の販売に留まらず、製品を使ってサービスを提供するいわゆるモノのサービス化の進展にも寄与するものである」

と総務省では説明されている。

IOTを図にすると次のようになる。

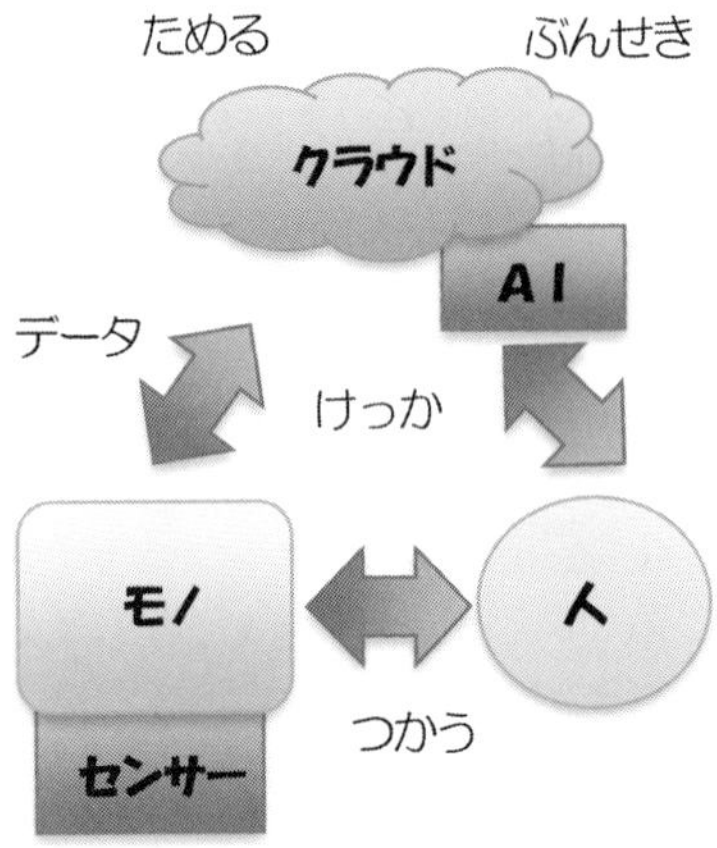

①モノから情報を得る
②クラウドにデータをためる
③データを分析する
④結果をモノが人に教える

IOTは、このようなサイクルになっている。

学校現場にもさまざまなIOTが入ってくるだろうが、学校現場に入るには少し時間がかかるであろう。

授業で「IOT」の思考をつくる

「IOT」とは、Internet of Thingsの略であり「モノのインターネット」と訳される。

パソコンやスマートフォンなどの情報通信機器に限らず、すべての「モノ」がインターネットにつながることで、生活が大きくに変化すると考えられる。

近い将来、考えもしなかった「モノ」がインターネットにつながる。

何かと何かを組み合わせると新しいものが生まれてくる。

今までも様々なものが生まれてきた。イノベーションである。

新たな価値を生み出す授業をたくさん行うことで、IOTに対応した思考が鍛えられる。

例えば、創作漢字の授業。

車編の漢字を作らせる授業である（原実践：向山洋一氏）。

「車編に習うという字がくっついた漢字です。先生が発明した漢字です」

◇教習所

「車を追いかけて捕まえました。車編に追うという漢字です」

◇パトカー

「すごいスピード。車編に速いという漢字です」

◇スポーツカー

「車編に目という漢字」

◇ヘッドライト

「車編に赤」

◇ベビーカー

このような新しいものを作り出すという授業で子ども達の思考を「IOT」化していくことが可能である。

「どうするともっと楽しく、おもしろくなる

か？」

常に子ども達に考えさせることである。

「インターネットがモノにつながることをＩＯＴといいます。学校にあるもので、モノにつながったらいいな？　と思うものはないですか？」

「例えば、「鉛筆とインターネット」がつながります。みんなが書いた文字。何文字書いたのかが記録されます。どのくらいの時間、持って勉強していたのかが分かります。おもしろいですね」

「教室や学校にあるモノで、インターネットにつながったら、楽しくなるモノ、おもしろくなるモノはありませんか？」

このように子ども達に聞く。

様々な発想を鍛えることができる。

「ぼくは、ボールとインターネットがつながるといいと思います。なぜなら、投げた回数が記録されるからです」

「私は、なわとびとインターネットがつながるといいと思います。なぜなら、何回跳んだかわかるからです」

「黒板とインターネットがつながるといいと思います。ノートに書かなくてもいいからです」

ドラえもんの道具のように、「こんなことといいな、できたらいいな」を様々に考えさせ、低学年のうちにからイマジネーションさせることが大切だ。

係活動で「ＩＯＴ」の思考をつくる

さて、ＡＩ（人工知能）が発達し、様々なデータが蓄積され、分析され、あらゆる結果を得ることができるようになる。

大切なのは、その情報をどのように利用して、どのように使っていくかである。

「得た情報の活用」を鍛えておく必要もある。

低学年で有効なのは、係活動である。

学級には、配り係、掲示係、新聞係、イラスト係、お花係など様々な係がある。

この係活動を「ＩＯＴ」化させるのである。

「○○係」を「○○会社」のネーミングにさせる（原実践：有田和正氏）。

ネーミングが会社になるだけで、子ども達はやる気になるから不思議だ。

世の中では、それぞれの企業が、「ＩＯＴ」ビジネスを考えるとき、「仲間づくり」も大切だ。すべてを1社で完結できないことは多々ある。だから、それぞれの会社が協力し、すべてを1社で行う必要はない。

モノづくりが得意な会社、人工知能に詳しい会社など、それぞれの得意分野を生かして、他社と組むことができるのだ。

まず、1学期のうちは、係活動に熱中させる。しっかりと係の仕事を行わせる。

「上手にできた」「みんなの役に立った」という達成感、満足感が必要不可欠だ。

さて、2学期からは、係と係のつながりを考えさせる。

「それぞれの係り会社で協力できそうなことはないかな？」

子ども達にこのようになげかける。

私のクラスでは、新聞会社、イラスト会社が協力した。

新聞記事に合うイラストを発注したのである。

他の会社も、それぞれ協力し合うようになった。

おり紙会社とかざり会社である。

おり紙会社は、ただおり紙を折っていたのだが、かざり会社に納品し、かざり会社が教室に飾るようになったのである。

そこに、銀行もできた。

各会社にお金が発行されたのである。

イラスト会社やおり紙会社は、作品に値段をつけた。それぞれの会社が、仲間づくりをするようになったのである。

ＩＯＴによるイノベーションは発展するであろう。

自分の立場を明確にし、不得意なところを誰かと補う仲間づくりが大切なのである。

ＩＯＴの思考を鍛えることは1年生からでも可能である。

（千葉雄二）

〈3〉学校のICT

1年生は、日常から口と手を鍛え、タブレットの操作につなげよう

ICTを日常的に意識し、口と手を鍛える

進化し続けるコンピュータ。

知りたいことをコンピュータに話しかければ、検索してくれる音声入力。

キーボードやマウスがなくても、指で操作ができるタブレット端末。

「音声入力」と「タブレット操作」ができれば、様々なことができるようになった。

これらのコンピュータ技術の活用方法は、日常的に鍛えることができる。

子ども達が様々なコンピュータを操作するうえで欠かせないのが、口と手である。

コンピュータの性能が向上し、ほとんどの音声をしっかりと聞き取ってくれる。

しかし、「音声入力」には、正しい入力が不可欠だ。

正しくない言葉、変な間があると、コンピュータは音声を認識せず、「聞き取れませんでした。もう一度お話し下さい。」と返してくる。

正確に話すという言語能力が必要である。

1年生の時から鍛えたいのが、口と手である。

難しいことではない。

日常的に授業で行っていることである。

「口」を鍛えるには、あいさつ、音読、歌など、しっかりと声に出させることである。

その時に口形を意識させることである。

母音である「あ・い・う・え・お」の口の形をしっかり意識させるだけで、正しい、きれいな発音になってくる。

「音声入力」で必要なのは、語彙力である。

検索キーワードにかける言葉が多いほうがよい。

言葉をたくさん知っているほうがよい。

しりとり遊びや五十音図（写真下）で、語彙力を鍛えよう。

「手」を鍛えるには、ひらがな、漢字指導がよい。画数を言いながら、指先の腹を使って、「指書き」をたくさんさせるのである。

人差し指を使う動作が、タブレットの操作と同じなのである。

また、じゃんけん、指を折って数を数える、親指をすべての指と合わせる親指体操など指遊びや手遊びなどもたくさん行わせたい。

伝承的な遊びは、手、特に「指」を使うので、最先端であるICTにつながるのである。

50音の言葉集め

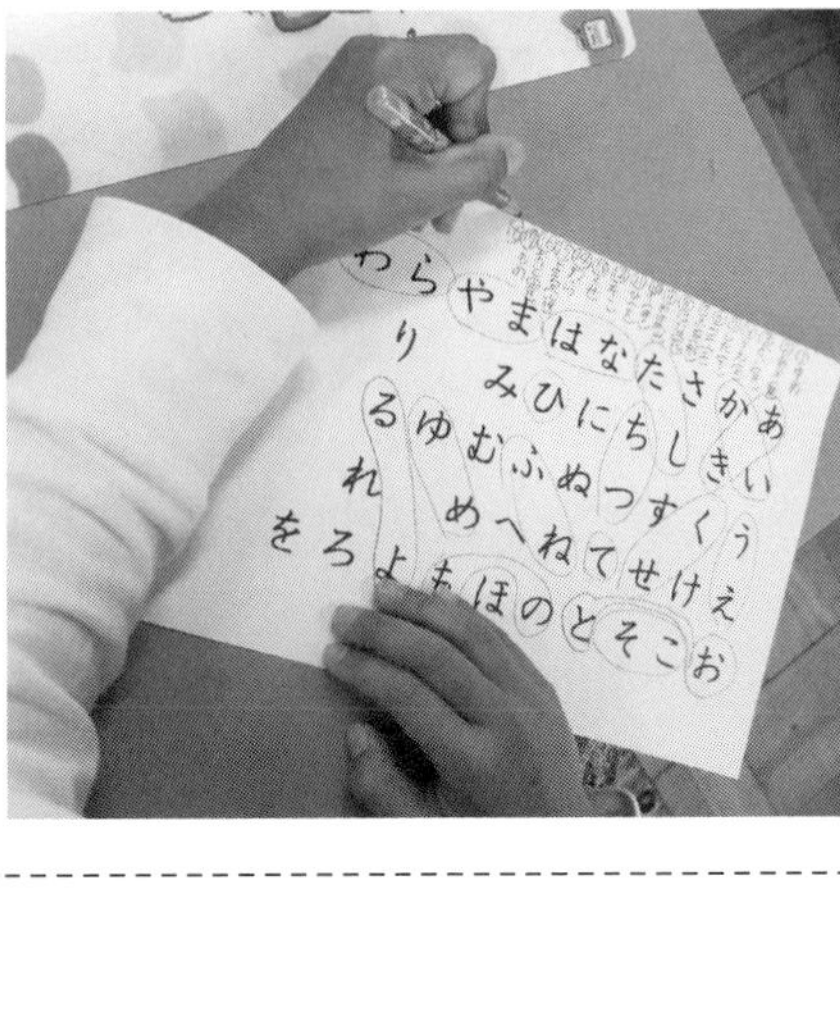

五十音図から言葉を探し、丸をする。

縦、横、ななめ、離れていてもよい。

ただし、一度使った文字は使えない。

①あき　②かい　③うえ　☆これで、3点。

そして、漢字にできるとポイントが増えます。

①あき（秋）　②かい（貝）　③うえ（上）

☆これで、6点。

さらに、漢字を増やせば、ポイントが増えます。

①あき(秋)　②かい(貝・回・会)　③うえ（上）

☆これで、8点。

子どもたちに教えるタブレット基本操作5

1年生に、次のタブレットの基本操作を5つだけ教える。

タブレット基本操作5

点の操作
①タップ
②ロングタップ

線の操作
③スワイプ
④フリック
⑤ピンチ

基本操作は、点と線に分けることができる。

これだけ覚えておけば、ほとんどのタッチ操作ができるようになる。

①タップ

「人差し指で、「トン」と点を打ちなさい」

操作の基本となるのがタップである。

画面に触れてすぐに離す動作で、「トン」と点を打つように操作する。

マウスでいえば左クリックで、アプリの起動や項目の選択などで使用する。

「トントン」と素早くタップを2回続けることを、ダブルタップという。

ファイルを開いたり、アプリを起動したり、写真やインターネットなどを表示中にダブルタップすると、画面の一部を拡大、縮小などができる。

②ロングタップ

「「ピンポーン」と少し長く押しなさい」

タップした後、長押しすることをロングタップという。

マウスでいえば右クリックでメニューを呼び出すときや、アイコンやウィジェットなどを移動させるときに使う。

アイコンをロングタップするとつかんだ状態になり、移動させ、また、指を離すと目的の場所に移動ができる。

この操作をドラッグ・アンド・ドロップという。

ロングタップができると、コピー&ペーストができる。

コピー&ペーストとは、文章や画像などを複製（コピー）して、別の場所に貼り付け（ペースト）することをいう。

タブレットで文字列や画像をコピーするには、その文字や写真の上で長押しをする。

メニューが出てくるので、コピーをタップ。

貼りつけたい場所に再び、ロングタップ。

メニューが出てくるので、貼り付けをタップする。

③スワイプ

『線を書くように、「スーッ」とゆっくりなぞりなさい』

画面を上下左右になぞることを、スワイプという。ゆっくり「スーッ」となぞるように操作する。

ブラウザーやアプリで、画面をスクロールしたいときに使う。

④フリック

『ページをめくるように「サッ」と払いなさい』

画面を上下左右に払うことをフリックという。

スワイプと似ているが、「サッ」と素早く、ページをめくるように操作する。

画面を素早くスクロールさせたり、文字入力で使うこともできる。

⑤ピンチ

『くちばしを作って、パクパクさせなさい』

親指と人差し指でくちばしを作って、口を閉じるのがピンチイン。

逆に口を開くのが、ピンチアウトという。

ピンチインで縮小。

ピンチアウトで拡大ができる。

また、2本の指の距離を変えずに回すと回転させることができる。

地図などを動かす時に便利である。

タブレットが手元になくても、これらの基本動作を言葉とともに、ジェスチャーさせると、子ども達はすぐに覚える。

（千葉雄二）

〈4〉スマホゲーム紹介、ネットモラル

テレビ欄でメディア視聴の実態調査をし、保護者と一緒に考えさせよう！

実態調査「ある一日のテレビの視聴時間は？」

1年生の子ども達の生活を把握しておきたい。

児童資料に目を通すと様々なことがわかる。

教室では、「先生、あのね」と、1年生は様々なことを話してくる

たわいもない会話から、生活が垣間見える。

さて、帰宅してからの子ども達の生活が問題だ。

多くの児童は、放課後、学童クラブなどに入る。

一般的には、学童で、遊び、宿題などをすませ、夕方に保護者の迎えで帰宅する。

食事の準備の間に、宿題の音読などをすませ、食事、お風呂、自由時間があり、就寝である。

保護者が仕事のため、夕方まで自由時間という児童もいる。

1学期は、ほとんどが午前中で帰宅する。

親が帰ってくるまで自由時間という児童もいる。

子どもの好きなものにテレビがある。

外に遊びに行かず、ずっとテレビを視聴する子もいる。

新体力テスト（いわゆるスポーツテスト）の結果でも明らかだが、テレビ等（テレビゲームを含む）のメディア視聴時間が長くなると、体力合計点が低くなっている。

低学年の子ども達に「何時間ぐらいテレビを見ていますか？」と質問しても、あいまいな答えである。

そこで、学級の実態調査は、向山洋一氏の方法で行うとよい。

新聞などのテレビ欄を配布して、「昨日見たテレビ番組を赤鉛筆で囲みなさい」と指示するのだ。

昨日見た番組だから、子ども達の記憶も鮮明だ。

友だちと楽しく会話しながらチェックする。

さて、ある1日のテレビの視聴時間（日曜日）は、次のようであった。

30分以内・・・・・・□□□□□
約1時間・・・・・・□□□
約1時間半・・・・・□□□
約2時間・・・・・・□□□
約2時間半・・・・・□
約3時間・・・・・・□□□
約3時間半・・・・・□□
約4時間・・・・・・□□
約4時間半・・・・・□□
5時間以上・・・・・□□

テレビの視聴は2時間以内に！

黒板に30分ごとに時間を書き、下にネームプレートを貼らせる。

結果を見て、子ども達も様々な感想をもつ。

「計算したら、こんなに見ているんだ!!」

「けっこう見ちゃっているから、へらしたいな」

「2時間以上はよくないから、気をつけよう」

「テレビは見なかったけど、ゲームをたくさんしていたなあ」

「こんなに見ている人もいるんだなあ」

テレビ等の視聴は、リアルタイムでなく、録画、DVDなども入れるともっと増える。

さらに、ゲームやインターネットなどを含めると視聴時間は、かなりの時間になる。

テレビを見ながら、ゲーム機やスマートホンやタブレット端末を同時にするという、器用な子もいる。

学習とテレビ視聴の因果関係があると言っている専門家の方々がいる。

「勉強に集中する子はあまりテレビを見ません。しかし、1日に3時間、4時間もテレビを見る子は飽きっぽかったり、忘れ物が多かったりします」

私も体験的に、宿題忘れの多い子は、テレビの視聴が多いように感じている。

メディア視聴は、保護者と一緒に！

日本小児科医会は、現在のメディア視聴に危機感をもち、以下のように提唱している。

①2歳以下の子どもには、テレビ・ビデオを長時間見せないようにしましょう。内容や見方によらず、長時間視聴児は言語発達が遅れる危険性が高まります。
②テレビはつけっぱなしにせず、見たら消しましょう。
③乳幼児にテレビ・ビデオを1人で見せないようにしましょう。見せるときは親も一緒に歌ったり、子どもの問いかけに応えることが大切です。
④授乳中や食事中はテレビをつけないようにしましょう。
⑤乳幼児にもテレビの適切な使い方を身につけさせましょう。見おわったら消すこと。ビデオは続けて反復視聴しないこと。
⑥子ども部屋にはテレビ・ビデオを置かないようにしましょう。
2歳までのメディア視聴は控え、それ以降も1日2時間まで！

インターネットやＳＮＳを使うと、世界中に自分の写真や思い出などを紹介したり、様々な人々と交流したりすることができる。

しかし、使い方を間違えると大きな問題やトラブルになる。どんな問題やトラブルになるかを知り、正しい使い方を考えさせることも必要だ。

インターネットやＳＮＳを1日2時間以上利用している子どもは、やはり要注意である。

インターネットやＳＮＳを使い過ぎることを「ネット依存」と言う。ネット依存によって次のようなことが起きると言われている。

①寝不足で、体の調子が悪くなったり、勉強に集中できなくなったりする。
②画面の見過ぎで、視力や体力が落ちる。
③インターネットやＳＮＳに夢中になりすぎて、友達と仲が悪くなる。家族と関わりが少なくなる。

メディア視聴をコミュニケーションツールの一つに位置付け、家庭でルールを作ることが重要だ。テレビ視聴時間は、「食事中は、テレビを消す」など、家庭でルールを作るといい。

「子どもに言っても聞かなくて……」という保護者の方がいるが、スイッチを切る、コンセントを抜く、テレビをしまうという方法も有効だと様々な方法を知らせたい。

メディア視聴は、いいこともある。バラエティやクイズ番組など、家族で会話をしながら見ると脳によいそうだ。1年生から、メディアとの上手な付き合い方を身に付けさせたいものだ。

東京都では、ＳＮＳによって子どもが悪い影響を受けたり、いじめなどのトラブルに巻き込まれたりしないよう「ＳＮＳ東京ルール」をつくっている。

①1日の利用時間と終了時刻を決めて使おう。
②自宅でスマホを使わない日をつくろう。
③必ずフィルタリングをつけて利用しよう。
④自分や他者の個人情報を載せないようにしよう。
⑤送信前には、相手の気持ちを考えて読み返そう。

テレビ視聴の実態やＳＮＳ東京ルールから、インターネットやＳＮＳを使う時にどんなルールが必要かなど学級通信や保護者会で話題にし、保護者と一緒に考えさせたい。子どもを取り巻く環境は確実に変化している。「1年生にはまだ早い」と思うかもしれないが、インターネットやＳＮＳを使う時にどんなルールが大切かを話題にしておくことが重要だ。

（千葉雄二）

〈1〉新学習指導要領の方向性――ALを見える化する～生活科活動で～

学習の方法を教え、身に付けさせることが重要

「アクティブ・ラーニング」は、新学習指導要領では、「主体的・対話的で深い学び」という表現に変わった。

子供たちが「主体的」に活動する授業にするためには、学習の方法をきちんと教え、身に付けさせていくことが必要だ。1年生ならなおさらだろう。1年生で行う「対話的」な活動でも、基本の話型を教え、身に付けさせていくことが重要だ。

その上で、相手にきちんと伝わるようにするにはどうすれば良いか考えさせたり、工夫させたりすることが「自分の考えを広げる」学習となっていく。このような学習の繰り返しの延長線上に「深い学び」があるのだと考えている。

1年生1学期からできる主体的・対話的な授業

5月になると、生活科で「せんせいとなかよくなろう」という学習がある。

学校に慣れてきた1年生たちがさらに交流の輪を広げていき、学校生活を安心して送っていけるようにするための学習だ。

まだ入学して間もない1年生たちだが、きちんと学習の方法を教え、繰り返し活動させていけば、主体的・対話的な活動は十分可能である。

勤務校で行われてきた「せんせいとなかよくなろう」の学習では、3つのことが行われてきた。

① 自己紹介をする。
② 先生と握手をする。
③ 先生のサインをもらう。

子供たちは皆、ワークシートを持っている。そのワークシートには先生の名前と顔写真があり、サインする欄がある。これだけでも子供たちにとってはとても楽しく魅力的な活動だ。「先生、早くやりたいです！」と主体的に活動していくだろう。

先生に自己紹介をし、握手とサインをお願いする。これも「対話」の1つだろう。

相手を意識し、きちんと伝わるように話さなければならない。この時期の子供たちにとっては大切な学習である。

しかし、もうひと工夫することでさらに授業に広がりを持たせていくことができる。

「先生への質問」で授業が広がる

私はこの学習にもう1つ付け加えた。

④ 先生に質問をする。

担任する5人の1年生たちに、1つずつ「先生への質問」を考えさせた。

「好きな遊びは何ですか？」
「好きな食べ物は何ですか？」
「好きな本は何ですか？」

こんな簡単な質問で良い。ただし、重なりがないように決めさせていく。なぜか。

自分しか知らない情報を収集できる。

先生たちの答えは、子供たちにとっては未知の情報である。言い換えれば、自分しか知らない「先生のひみつ」とも言える。

だから、それぞれの質問が違う方が面白い。

各自の持っている情報が違えば、当然、友達の情報を「知りたい」「聞きたい」「教えてほしい」という欲求が生まれるからだ。

友達同士で対話する必然性が生まれる。

握手とサインだけの時よりも、授業に広がりが生まれるのである。

すべての先生たちのところへ行った後、子供たちに情報を共有する場を設定した。

「○○先生について、みんなが聞いてきたことを発表して下さい」

５月の段階ではまだひらがながすべて書けない子もいる。だから、ワークシートに答えを書いてもらうように先生たちにお願いをしておいた。

子供たちはワークシートを見ながら答えを発表していけばよい。

「校長先生の好きな遊びは手つなぎ鬼です」

「校長先生の好きな動物はチーターです」

発表を聞きながら「えー！」「○○先生と一緒だ！」などの反応が返ってきた。私の場合は少人数の学級だったので順番に１人ずつ発表させていった。たくさん人数がいる学級ならば、グループごとに発表させていけばよいだろう。

収集した情報をまとめさせる

発表の後、さらにもう１つ活動を加えた。

今、発表したことをＴＯＳＳメモに書きます。

ＴＯＳＳメモは、裏にのりの付いた付箋紙型のメモである。付箋紙と同じように何度でも貼ったりはがしたりできる。罫線が入っているので、とても書きやすいという特長がある（東京教育技術研究所のＨＰから購入できる）。

ＴＯＳＳメモに「てつなぎおに」のように書かせた。５月なので書くスピードにも差がある。早く終わった子には絵を描かせたり、色を塗らせたりして時間調整をした。

全員のＴＯＳＳメモを１枚の画用紙に貼る。

画用紙に先生の名前と写真を貼っておき、空いた場所にＴＯＳＳメモを貼らせていったのである。これで「○○先生のページ」が完成である。１人の先生について発表した後すぐに、この書く活動、まとめる活動までを行うようにした。同じ活動を繰り返すので子供たちはすぐに慣れていき、短時間で仕上げられるようになっていった。全ての先生についてまとめ終えたところで「先生図鑑」の完成である。各自が得た情報を、ＴＯＳＳメモを使って「見える化」することで「○○先生のページ」「先生図鑑」という新たな情報に編集し直すことができた。私はこれを教室背面に掲示しておいた。これで子供たちはいつでも名前を確かめることができる。

新学習指導要領の中に「情報活用能力」という言葉が何度も登場する。今回行った「情報の収集・共有・まとめ」はこの情報活用能力の中の一部である。

情報活用能力は「学習の基盤となる資質・能力」であり、確実に身に付けさせる必要があるとともに、身に付けた情報活用能力を発揮することにより、各教科等における主体的・対話的で深い学びへとつながっていくことが期待されるものである。（新学習指導要領解説・総則編）

１回の授業で一気に力が付くことはない。大切なのは、このようなことを意識し、年間を通して授業を組み立てていくことである。（太田政男）

〈2〉新指導要領の方向性──対話指導の方法

学習入門期の1年生に行う「対話的な学び」

新学習指導要領解説・総則編において、「対話的な学び」は以下のように示されている。

> 子供同士の協働、教員や地域の人との対話、先哲の考え方を手掛かりに考えること等を通じ、自らの考えを広げ深める

1年生は学習の入門期である。双方向の話し合いによって自分の考えを広げたり深めたりする「対話的な学び」を目指して、正しく文章を書く、伝えたいことを相手に分かるように話す、相手の話を最後まで聞く等の基礎を学ぶことが中心となる。対話の対象は主に学級の子ども同士や担任教師である。

「子供同士の協働」の基礎となる、どの子も学級の中で発表ができるようになった指導を紹介する。

入学直後から始める「自己紹介」のポイント

「話す・聞く」の学習は、対話指導を含むすべての学習の基礎となるため、細かなステップを踏みながら繰り返し行う必要がある。

まずは、自分の言いたいことをみんなの前で話すことから始める。しかし、入学直後の1年生にとっては「1人でみんなの前で話す」だけでも大きな学習課題である。話す内容はごく簡単なことから、そしてはじめから全員達成を求めないことが基本である。

初めての「話す・聞く」指導には「自己紹介」をおすすめする。学級の人数にもよるが、入学直後の国語の授業から10分～15分程度の自己紹介の時間をとる。

「好きなもの」で自己紹介をさせる

子どもたちの負荷をできるだけ軽くするために、誰でも思いつくものをテーマにする。1回目は教師が「好きな食べ物」等、適切なテーマを設定するとよい。

発表の型を示す

4月の自己紹介では、内容よりもまず全員が発表できることを重視する。また勇気を出して発表した子どもたちには絶対に成功体験を積ませたい。

「最初は先生が自己紹介をします」と言って、教師が型を示す。その型を黒板に書く。

> わたしは（なまえ）です。
> すきなたべものは（たべもの）です
> よろしくおねがいします。

子どもたちは（　）の中を自分で考えればよい。3文程度の簡単なもので充分である。ひらがなは未習であるが、多くの子どもは読める字があるので発表の助けとなる。

話したい子に手を挙げさせて自己紹介させる

1時間目から全員達成を求める必要はない。「先生みたいにお話ししてくれる人?」と聞いて手を挙げた子どもだけでよい。入学直後の授業で挙手をする子どもは元気のよい子や賢い子が多いので、よい話し方のお手本になってくれる。声の大きさや最後まで話したことを1人ひとりほめる。例えば声の大きさ等、同じことを教師

かに聞いている子たちもほめる。

　これで2時間目にはより多くの子が手を挙げるようになり、聞き方も徐々に上達していく。

自己紹介から派生する「話す・聞く」の学習

　子どもたちの様子を見ながら1～2週間程度、国語の授業の最初に自己紹介の時間を設定する。

1日に1つずつ、新しいことを教える

　2回目の自己紹介では、1人が自己紹介するたびに、

「同じものが好きな人はいますか」

と尋ねてみる。子どもたちから手が挙がれば、

「そういう時は、『同じです。』と言うといいですよ。同じものが好きな人がいるとうれしいし、仲良くなるチャンスができますね」

と趣意説明をして、「同じです」と反応する練習もさせる。たくさんの友だちから「同じです」の声があがった子どもはうれしそうな顔をする。それが次の発表の原動力にもなる。

子どもたちが言いたいことをテーマにする

　2～3回続けたあたりで、

「今日はなにを発表してもらおうかな～」

と教師が迷ってみせると、子どもたちからリクエストがあがるようになる。「好きな遊び」「好きなキャラクター」「好きな虫」等、適切なテーマを採用する。

「好きな乗り物」が子どもから出た時は、思いつかない子どもが多いのではとも思ったが、「車」「電車」「飛行機」「バス」「スポーツカー」等、様々な乗り物が発表されてとても楽しかった。

発表の型以外のことを話せるようにする

　毎日自己紹介をしていると、「前に家族で飛行機に乗った」等、発表の型以外のことも付け加える子どもが出てくる。

「○○さんは、先生が教えたことに新しく付け足して発表したね。賢いなあ」

と、握手をしたり頭をなでたりしながらほめる。すると他の子どもたちもなにか付け加えて話そうとするようになる。教師は笑顔でほめながら、そして時に話型の指導をしながら聞く。子どもたちの発表を活用しながら話し方や聞き方を教えていくのである。

個別指導で全員発表を目指す

　1～2週間続けていると、よく発表する子どもと発表が苦手な子どもが分かってくる。私は、発表した子どもを毎日名簿に記録しておいた。

　一度も発表していないのがあと数人、となったところで、全員発表を達成するための指導を行う。

国語の授業前に5分程度の個別指導を入れる

　発表をしたことがない数人の子どもたちを休憩の間に集め、

「先生と練習して、今日はちょっとがんばって発表してみませんか」

と、背中を押してみる。子どもたちが承諾すれば発表の型通りに練習をする。ほとんどの子どもは発表する機会をうかがっているだけなので、これで発表できるようになる。しかし、中には発表するのは嫌だ、と言う子どももいる。

自分の言いやすいテーマを選ばせる

「みんなに自分の思っていることをお話しするのはとっても大事なお勉強なんだよ」

と趣意説明をした上で、どのテーマだったら話せそうかを相談する。

「好きな○○だったら言える」

と、子どもが言ったら大きなチャンスだ。

　30人を超える1年生の学級でも、2週間程度で全員が発表できた。全員発表が達成できた日に、

「今日お話ができた人？」

と確認して学級で喜び合う。「自己紹介は合格」とほめて終了し、次のステップへ進むとよい。


（三島麻美）

〈3〉モジュールの入れ方・カリキュラム管理

計画的なモジュール学習で1年生に学力をつける

モジュール学習には大きく分けて3つの取り組み方がある。

①45分の授業を15分のモジュール（構成要素）に分け、それを3つ分で1回分の授業とカウントする。
②朝の始業前や業間に毎日10～15分の学習時間を固定して設定する（帯学習）。
③45分と15分の組み合わせによる60分授業

このうち、新学習指導要領解説・総則編で「短い時間を活用して行う指導」として取り上げられているのは②と③である。新学習指導要領では授業時数の増加が示されている。しかし、ただ時数を増加させるだけでなく、その時間をいかに有効活用し、子どもたちに学力をつけていくかが重要である。

②の帯学習では、漢字の書き取りや四則計算など、繰り返し行うことで知識が定着するような学習が適している。覚えたことを定期的に繰り返し思い出すと記憶が強化されることは、脳科学的にも明らかになっていることである。

③の60分授業は、調べたことをまとめる学習や自分の考えをもとに話し合う学習に適している。小学校の45分という授業時間の中では、調べ学習や話し合い活動の途中で終了時刻になることも多いからだ。

新学習指導要領では子どもに学力をつけるモジュール学習を行うために、「授業のねらいを明確にすること」「教科書や教科書と関連づけた教材を開発するなど、適切な教材を用いること」などの基準が示されている。また、モジュール学習を「指導計画に位置付けること」が原則である。行き当たりばったりの学習にならないよう、校内での吟味、検討が不可欠である。

この2通りのモジュール学習は、いずれも1年生のカリキュラムに効果的に取り入れることができる。

そもそも、入学直後の1年生に45分間の授業を行うことは難しい。まずは10～15分の短時間の学習を組み合わせた授業を行い、場合によってはお手洗いに行くための休憩も挟む。モジュール学習は、学習入門期の1年生にとって最適なカリキュラムなのである。以下、具体的な指導例を挙げる。

ひらがなの学習と定着

1年生が入学して最初に行う大きな学習がひらがなの読み書きである。ワークやプリントを使って1日1文字から練習を始める。

ひらがなを読み、なぞり、写す。ワークやプリントの種類によっては裏面にも練習するマスがある。この学習に毎日ちょうど10～15分程度かかる。

「朝のひらがなタイム」の設定

例えば1年生の1学期は朝学習の15分で以下のような活動を行うこととし、ひらがなを学習したり定着させたりする時間にする。

①ひらがなフラッシュカード（読みの定着）
②ひらがなワーク（プリント）（書く学習）
③習ったひらがなを使って言葉づくり

ひらがなの学習はもちろん国語の時間に行うべきものだが、国語では他にもやることがあるため、ひらがなを練習する時間を毎日とることができない、ということが起こってしまう。ひらがなの学習が遅れることは他のすべての学習の遅れにつながる。モジュール学習ならば、毎日確実にひらがなを練習する時間を確保することができる。

数と計算の学習と定着

ひらがな同様、数の読み書きや足し算・引き算の定着が1年生には重要である。特に数の読み書きの学習においては、単に読み方や書き方を覚えるだけでなく、数と具体物と照らし合わせながら学習し、量感を身に付けることが大切である。

数と計算の基礎基本を身に付けるために、例えば算数の授業開始後10～15分程度で以下のような活動を行う。

①百玉そろばんで数を唱える（数え方の定着）
②数字プリント（書く学習）
③ドリル学習（計算の基礎・基本の定着）

特に百玉そろばんは、様々なパターンの唱え方を繰り返し練習できる。また、同時に玉が具体物として目に見えるので数の量感を身につけることもできる。1年生におすすめの教材である。

百玉そろばんを活用した指導には、様々なバリエーションがある。一部を紹介する。

1つずつ数える（順唱）
1つずつ逆に数える（例えば20から）（逆唱）
2つずつ数える（2とび）
5つずつ数える（5とび）
10ずつ数える（10とび）
10の分解と合成

1年生の教科書には「いくつあるかを数える」問題が繰り返し登場する。2とび、5とびなどはすばやく正確に数を数えるために必要な力である。また、5とびは時計を読む学習でも必要となる。足し算と引き算の学習に入ると、10のまとまりや10の分解と合成という概念が非常に重要となる。このような「数の概念」は、その単元のみの学習ではなかなか定着しない。入学直後から毎日繰り返し学習し、全員に確実に定着させなければならない。

計算のやり方を話し合う学習

2学期になると、1年生も少しずつ話し合いで課題を解決する学習ができるようになる。

例えば繰り下がりの引き算の学習では、数図ブロックを使って答えを求めるが、ブロックの動かし方は子どもによって異なる。

授業では、まず問題を全員で確認し、各自がブロックを使って答えを求める。そしてその後、子どもたちが考えた方法を発表し、お互いの同じところや違うところを見つけ合う。そして似ているものを集めていくつかのグループにまとめていく。

どの子も自分なりの考えをもち、それを言葉や図で表現するためには、充分に時間をとることが必要である。また、1年生の子どもたちにとっては、お互いの考え方を比較したり検討したりすることも難易度が高い課題である。

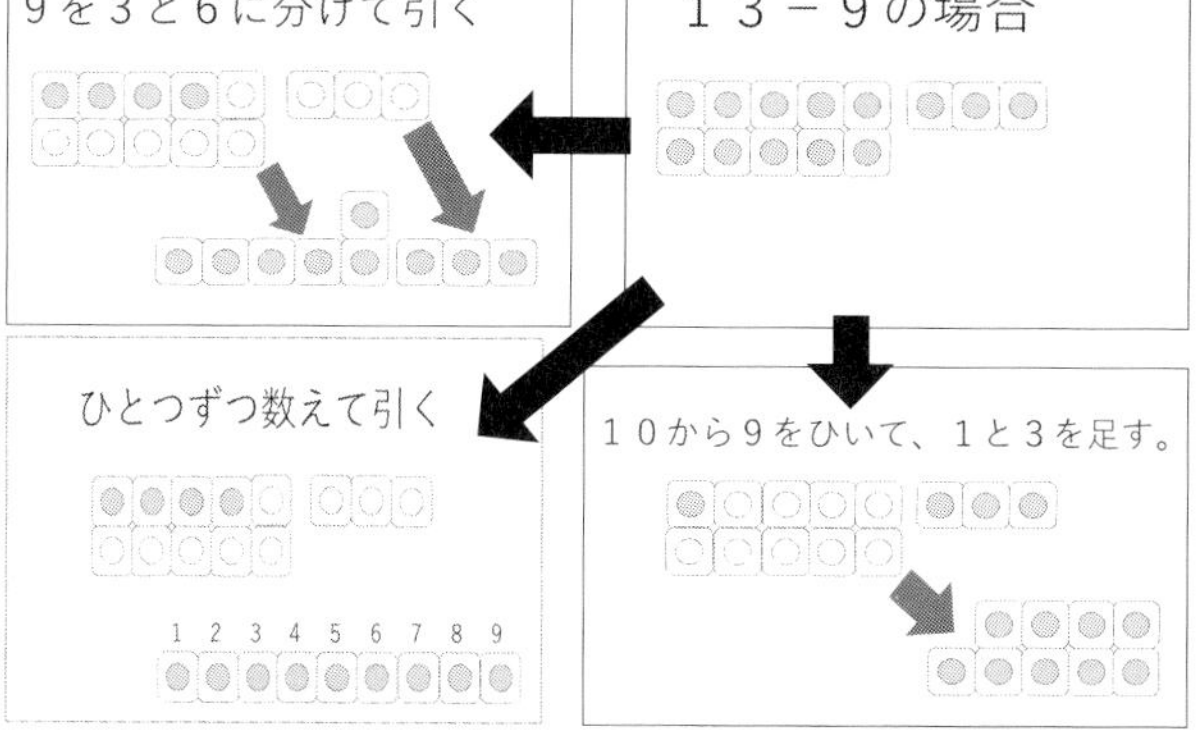

6年生ならば45分間で可能な学習内容であるが1年生には難しい。数人の子どもが発表した時点で授業時間が終わってしまうこともある。時間も確保するために、このような授業は60分間で設定したい。

（三島麻美）

〈4〉学習活動のバリエーション

国語　ひらがな指導のバリエーション

向山型漢字指導と同様に、ひらがな指導も「指書き→なぞり書き→写し書き」の3つのステップで取り組むことができる。1年生を指導する際には、これに加えて、「空書き」のステップを取り入れ指導する。以下、ステップごとに述べていく。

空書き（空中に指で大きくその文字を書くこと）

1年生に最初から指書きの指導は難しい。まずは、教師が黒板にひらがなを書き、書いた字をなぞるように空書きをさせる。その際、書き順を声に出しながら行わせる。空書きは、「後ろを向いて、空書き。窓に向って、空書き。」というように書く方向を変えながら、何度も行わせる。慣れてくれば段々とスピードアップしていく。「次は、新幹線のスピードで」と声をかけながら行うと、子どもたちは熱中して、取り組む。このような繰り返しの指導が大切である。

指書き

空書きのあとは、指書きである。これも空書きと同様に、「イチ、ニーイ、サン。」と筆順を声に出しながら行わせる。指書きを行う際には、人差し指の腹をきちんと机にこすりつけることが大切である。

お手本を見ないで指書きが出来る様になるまで、何度でも指書きをする。それまで鉛筆を持たせることはしない。1年生には、「目を閉じて書けるようになるまで練習しなさい」と指示を出すと分かり易い。

なぞり書き

指書きのあとは、なぞり書きである。うすく書いた平仮名をなぞらせる。大切なのは、丁寧になぞり書きをするということである。「少しも、はみださないように書きます」と声をかけると、シーンと静まり、集中して取り組む。

写し書き

なぞり書きのあとは、写し書きである。お手本とそっくりになるように、正しく丁寧に書かせる。マスから字がはみ出ないようにすることも大切である。

間違い探し

子どもが間違えやすい字を、教師がわざと間違えることによって、正しい字を意識させることができる。子どもたちは、教師が間違えるたびに、「先生違うよ！」「先生なのに知らないの！」と大盛り上がりをする。この間違い探しは、ひらがなの指導だけでなく、色々な教科や場面で使うことができる。

ひらがなビンゴゲーム

子どもに縦横3マスの用紙を配る。教師が言った字を9つのマスの中から、好きなところを1つ選んで書かせる。9つのマスに全てのひらがなを書かせたら、赤鉛筆を出させる。教師がひらがなを1つずつ言い、赤鉛筆で○を付けさせる。

縦、横、斜めで3つそろえば、ビンゴとなる。3本そろえば、「1本」となる。1本でビンゴにすると、早くビンゴになった子に空白が生じる。そのため、3本でビンゴとする。1年生は、1本ビンゴになるたびに大喜びである。大盛り上がりのゲームである。

算数　百玉そろばん指導のバリエーション

1年生を初めて担任したとき、ブロック操作に苦労した。教室のあちらこちらから、「先生ブロックを落としました！」という声が聞こえてきたのである。そうなると、授業どころではない。

百玉そろばんはその点で、ブロックを落とす心配がない。微細運動が苦手な子どもでも簡単に操作をすることができる。玉を動かすことも、戻すことも容易にでき、授業にテンポが生まれる。また、玉を見ながら操作することは、量感を鍛えることにも繋がる。授業の開始に百玉そろばんを扱うことにより、子どもたちも自然と授業に引き込まれていく。百玉そろばんを使用した指導方法はたくさんあるが、今回はその中でも、基本形について述べていく。

順唱　逆唱

1つずつ玉を弾いて、「1、2、3……」「……3、2、1、0」と順番に数を唱えていく方法である。ポイントはカチッと玉の音がしてから、数を唱えることである。「順唱」や「逆唱」の後、2とび「2、4、6、8、10」を行う。玉も2個ずつ動かし、唱えさせる。2とびの後は、5とびや10とびにも挑戦させると盛り上がる。

10の階段　10の合成　10の分解

百玉そろばんを上から順番に「1、2、3……」と階段のように唱えながら左図のように弾いていく。

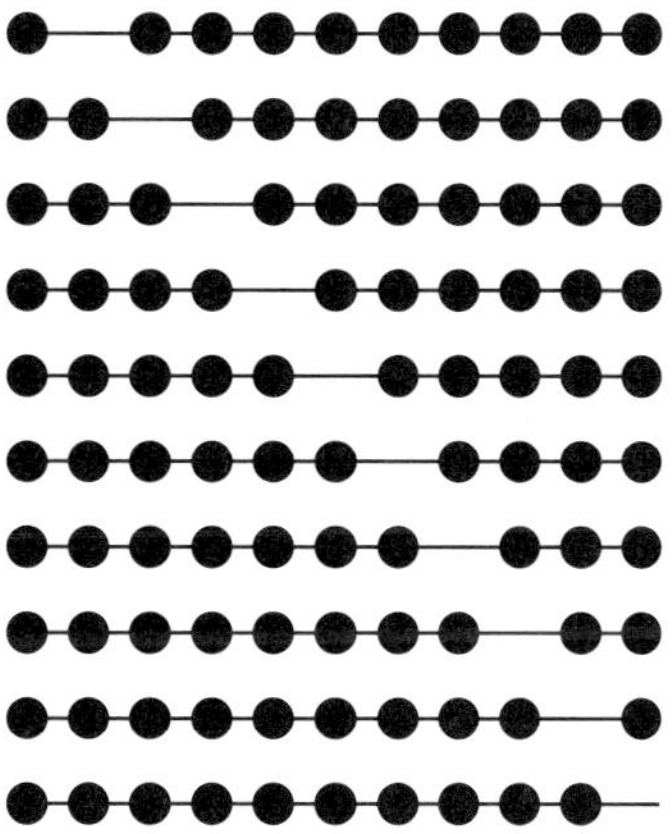

その次に、上から「1と9で10」「2と8で10」と唱えながら玉を合わせ10のまとまりをつくっていく。「10の合成」ができれば、今度は「10の分解」である。「10の合成」の状態から「10は1と9」「10は2と8」のように分解をしていく。合成、分解は、繰り上がりのあるたしざんやひきざんに繋がる重要な内容である。百玉そろばんを使えば、視覚的に操作できるため、理解が深まりやすい。

たしざん・ひきざん

百玉そろばんを使えば、「たしざん」や「ひきざん」の操作活動も簡単にすることができる。子ども用の百玉そろばんを使えば、子どもたちが1人ひとり操作活動を行うことができる。ブロックなどを用いた場合、用意するだけで時間がかかる。しかし百玉そろばんならば、片手で簡単に操作ができる。そのため、計算を練習する回数もブロックに比べ格段に多くなる。また、子ども用の20玉そろばんもある。百玉そろばんに比べて小さく、机の上でも操作がしやすく1年生におすすめである。1年生は、具体的な操作活動を繰り返し行う中で、数の概念を学んでいく。百玉そろばんを使えば、子どもに確実に力を付けることができる。

数あて　隠し玉

1年生が、最も喜ぶのが、「数あて」、「隠し玉」である。「数あて」は、子どもたちの目をつぶらせて、玉を弾いていく音だけで、いくつかあてさせるものである。「隠し玉」は、目をつぶらせずに、教師が百玉そろばんを教卓などの後ろに隠して、はじいていく音だけで、いくつか当てさせるものである。

子どもたちに数を言い当てさせた後は、玉を弾き返しながら、数を唱えて正解かどうかを確かめる。「数あて」「隠し玉」をやっている間、教室は静まり返り、玉を弾く音だけが響く。子どもたちから、「もっとやりたい！」と声が上がること間違いなしの指導方法である。

（藤林優徳）

〈5〉席替えのバリエーション

入学式当日、子どもたちは、保護者の方につれられて、わくわくどきどきしながら教室に入ってくる。小学校6年間の最初の1日。自分の席を見つけるところから始まるのである。1年生にとって、自分の椅子と机が教室にあるというだけでも、それは特別なことなのである。以下、1年生のエピソードを交えながら席替えについて述べていく。

4月の席

入学式当日からしばらくは、子どもたちの席は出席番号順である。入学したばかりの1年生である。学校に慣れるまで時間もかかる。加えて、4月と言えば身体測定や検診が控えている。そのため、名簿順に並ぶ機会が多々ある。自分の出席番号を覚え、かつその順番に素早く並ぶためにも、教室の席と同じであった方が、混乱が生じにくい。

席替えの趣意説明

1学期、少しずつ慣れてきたところで、席替えを行う。初めての席替えに、子どもたちは大盛り上がりである。しかし、ここでなぜ席替えを行うのか、しっかりと趣意説明をする必要がある。小学校6年間の最初の席替えである。何事も初めが肝心である。

> 席替えをします。どうして席替えをすると思いますか（数名に指名する）。席替えをする理由は、2つあります。
> 1つ目は、たくさんのお友達と仲良くなるためです。新しいお友達とお隣になって、たくさんお話をし、たくさん遊んでください。
> 2つ目は、お勉強をして賢くなるためです。お友達と一緒にお勉強することで、今までの自分にはなかった考えに気付くことができます。席替えを通して、より多くのお友達と一緒に学ぶ中で、自分の考えを広げ、賢くなってください。

席替えのバリエーション

教師が決める

クラス全体が安定するまでは、教師が決めることがある。子どもたちの人間関係などを考えて決める。席替えひとつとってもおろそかにはできない。私も新卒時代に子どもたちから「席替えを自由にやりたい！」「好きな人同士が良い！」と言われた経験がある。指導もない段階で子どもたちに好き勝手に決めさせていては、集団は統率できない。席替えひとつで、仲間はずれ、いじめ、学級崩壊へと簡単に繋がっていく。まずは集団をきちんと教師が統率し、安定させることが先決である。

くじ引き

教師が集団を統率し、子ども同士の関係性ができクラスが安定すれば、くじ引きで決めることができる。あらかじめ机に番号を割り振る。そして番号の書かれた紙を袋に入れて、引かせる。番号を確認するたびにクラスは、大盛り上がりである。

自由

集団の質が向上すれば、自由に決めさせるのも決めるのも良い。しかし、集団の質が高まっていなければ、単なる好きな者同士で終わる可能性が高い。どのようにすれば、皆が仲良くなるのか、どのようにすれば、賢くなるのかという観点で考えさせなければならない。

「ご対面」方式

向山氏の原実践は『ツーウェイ』２００７年9月号で詳しく紹介されている。まず、視力、聴力が困難な子を前の席に指定する。こうした子たちへの配慮を忘れてはならない。その後で、男の子から順に席を決めさせる。女子はその間、廊下に出ておく。事前に同じ所に2、３人並んでも良いとし、希望した席が重なればじゃんけんで決めると伝えておく。これはクラスの中にいるボスが、弱い子を力関係で排除しようとするのを防ぐためである。その後、男子と入れ替わり女子が席を決める。両者が決まれば、その後一斉に席に座らせる。座る直前まで、隣が誰なのかわからないため、こちらも大変盛り上がる。

机の形

私は、基本的にお隣同士は必ず机をくっつけるようにしている。机をくっつけることによって、お隣同士相談をさせたり、一緒に作業をさせたりすることが容易になる。もし机が1つ1つ離れていれば、こうしたちょっとした相談などにも手間をとることになる。班で話し合いをさせる時には、机を班の形に変えさせる。また全体の話し合いの際には、全員が教室の中心を向くように座らせる。お互いの顔が見え、話し合いやすい環境になるのである。

向山氏は机の配置について次のように述べている。

> 机の配置がいつも同じなどというのでは駄目なのである。
> 机を四つ合わせる、机を後ろに集め前に空間を作る、机を四方の壁面によせて中央に空間をつくるというように、場所を作るのである。
> 教室での机の配置パターンが「一斉授業用、給食用、学級会用」の三パターンしかないのでは、話にならない。
> 授業をするときの基本パターンを、六種は使いこなし、十種ぐらいは準備しておくようにしたい。『授業の腕をあげる法則』明治図書

それぞれの学習の場に合わせた机の配置を考えていく必要があるのである。

男女ペア

それ以外にも、男女が必ず隣同士になるように座らせている。男女が仲良く話す事が出来なければ、クラス全体を巻き込んだ対話的な学びなど不可能である。この事については、染谷幸二氏が『教室ツーウェイＮＥＸＴ』創刊記念1号（学芸みらい社）の中で詳しく述べている。

向山氏は、「いいクラスは男女仲がいい」と述べ次のエピソードを紹介している。

> せんせ――。男の子が遊んでくれないの。
> 男の子、照れちゃってんの。
> 逆でしょう。
> 女の子がてれているんでしょ。
> 『いじめの構造を破壊せよ』明治図書

> 大声で訴える女の子たちのまわりで、男の子たちが照れています。こんなクラスでは、悪質ないじめなぞ出ようがないわけです。
> 『いじめの構造を破壊せよ』明治図書

男女の仲が良く活発に対話的な学びが生まれるクラス。こうしたクラスを作りあげていくための重要な方法の1つが、席替えである。そして、席替えは、次期学習指導要領の目玉の1つとして、盛んに叫ばれている「主体的・対話的で深い学び」の実現に向けても、欠かすことのできない要素の1つであるといえる。席替えのバリエーションを増やし、よりよい学級経営を目指したい。

他にも席替えのバリエーションは様々な方法がある。ＴＯＳＳランド（№３４４１３３９）がおすすめである。

（藤林優徳）

〈1〉非認知能力育成トレーニング　ソーシャルスキルフラッシュカード

1年生に何を教えるべきか

1年生に過不足なく学校生活のスキルを教えることは、極めて重要だが、難しい。

教師4年目に、1年生を教えることになった。新卒から、4・5・6年生と持ち上げて卒業させた直後。高学年は当たり前だった学校生活の基礎を、一から教える立場となった。職業が違う、と思うくらい、わからないことが多かった。最もわからなかったのは「1年生は何がわからないか」だ。

下駄箱の使い方、教室までの歩き方、ロッカーの使い方、トイレでの足の位置……。さらに学校生活独自のスキルも必要だ。手の上げ方、困りごと・不調の訴え方、朝の会、帰りの会の過ごし方など。

ここに、道徳的な指導も加わり、どこまで何を教えればいいかは、いよいよ混迷を極める。1年生担任が、歴任のベテラン女教師によって支えられているのは、「職人技」的側面が強いからだろう。

発達障害の子どもたちにとっての「入学」

「年長の時は一番年上としてできていたので、やらせてほしい」という、大人の声を聞く。

しかし、場所が違う、先生も違う、指示も違うという環境では、同じく再現できない子どももいる。「あそこで〜したならば、ここでも同じ」と考えて実行できることを「汎化」という。この汎化が弱い子どもたちは、似た様なシチュエーションであっても「応用を利かせる」ことが難しい。特に、自閉傾向を持つ子どもにこの弱さを持つ子どもが多い。

自閉傾向の子どもたちが、新しい環境に抵抗を感じるのは、汎化が利かず、全てを新しい情報として捉えてしまうからなのだ。

ソーシャルスキルフラッシュカード

この様な子どもに対しては、ひとつひとつの事例を教えることが必要だ。しかも1年生に教えるべき内容が確定していれば、若い教師でも質の高い指導ができる。それを実現できるのが「ソーシャルスキルフラッシュカード」（東京教育技術研究所）である。

カードは「授業編」「学校生活編」「対人関係編」の3種類で構成されている。「集中の仕方」「謝り方」「集会の参加の仕方」など1項目につき6面になっており、教師と子どもが交互に読んでいく。

「集中の仕方」は、以下のようになっている。

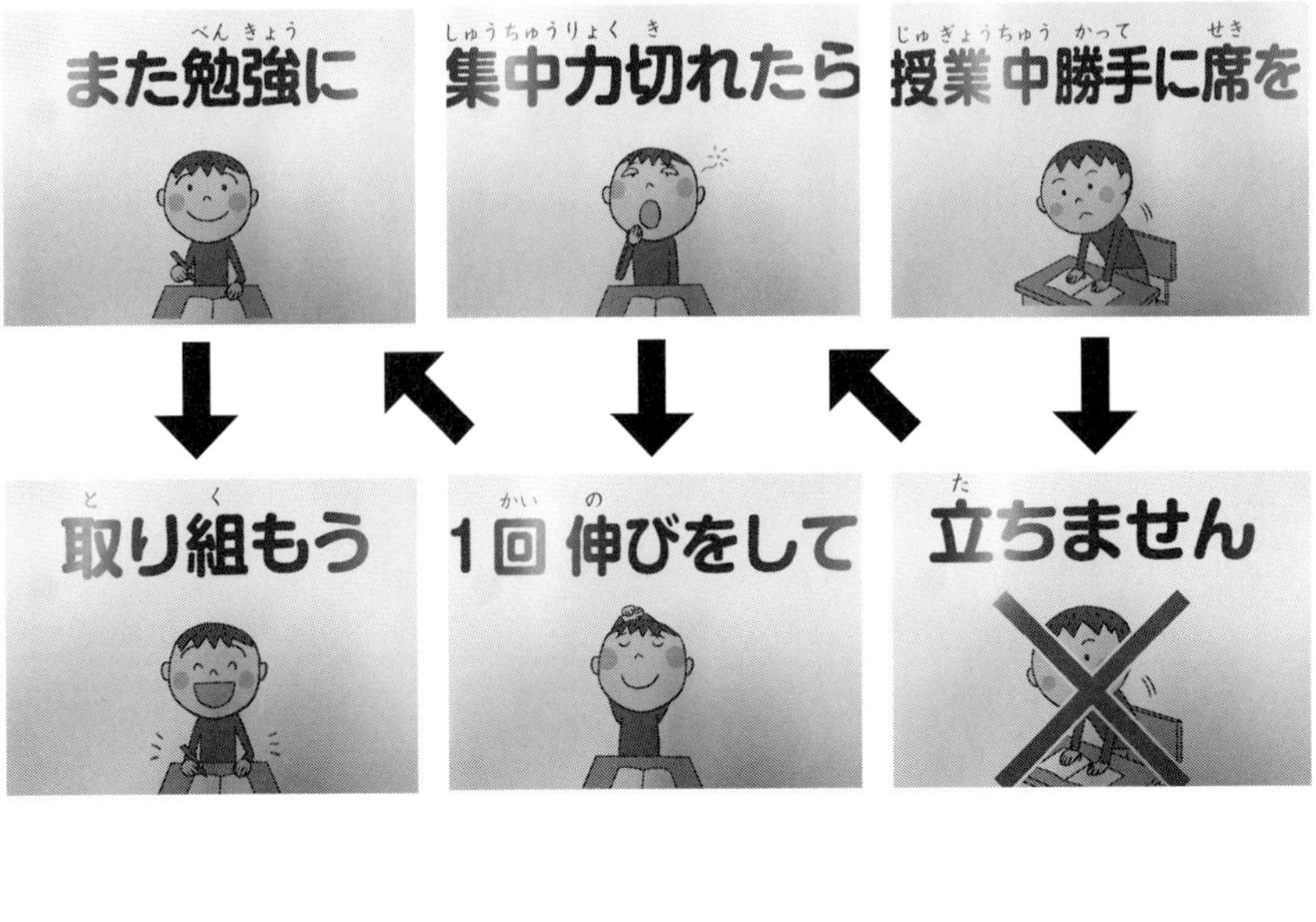

フラッシュカードなので、全体にも個別にも指導ができる。1年生には「かみしばいやって！」と好

評である。

「鉛筆の持ち方」「きれいな字の書き方」「話の聞き方」「発言の仕方」「自習の仕方」「トイレに行きたくなったとき」など、1パッケージで15種類の指導ができる。1年生担任を初めて持つ際の強力なツールだ。「帰りの会」のカードは、子どもが言いながら起立したり、椅子をしまったりできるようなセリフが書かれており、最後は「さようなら」で終わるので、帰りの時間にカードを使ってトレーニングしながら、帰りの会も一緒に完了できる。

指導の実践例

全国の小学校で、低学年に向けての実践がなされている。その報告の一部だ。

(1) 低学年への実践例

「いすにすわるときのしせい」という第一声で、一気に子どもたちは引き込まれました。フラッシュカードの良さが顕著に見えました。

声を出すことから授業に入ることができるため、授業はじめの集中力もアップします。「おなかはグーで」と言うと、フラッシュッカードの絵を見て真似している姿が何人も見られました。「ピンピタグー」といった、語呂で言いやすく、子どもたちの頭にスッと入っていきました。

一度だけではよくはなりません。何度も何度も繰り返すことで定着を図りたいです。そんな時、教師も簡単な操作でできるフラッシュカードが最適だと実感しました。2分足らずで、身に付けたいソーシャルスキルが身に付きます。「姿勢が悪い」というような注意しがちなことも、フラッシュカードで楽しく学ぶことができます。

自分のクラスの実態に合わせて、カードを選定できるのもソーシャルスキルフラッシュカードの利点です。私のクラスは、教師や友達の話を聞く姿勢がまだまだ身に付きません。しかし、「ほかの人、話しているとき―口チャック」というフラッシュカードのおかげで、子どもたち同士でも「口チャックだよ!」という声かけができるようになり短時間で静かに指示を聞くことができるようになっています。

また、このクラスにとって大切なソーシャルスキルフラッシュカードを拡大コピーし、ポスターのように掲示することで、さらなる定着が図れると考えます。

ソーシャルスキルカルタと、同じ字体、同じイラストで描かれていることもあり、ソーシャルスキルカルタで学んだことの復習としても、このソーシャルスキルフラッシュカードが使えます。

(2) 特別支援学級での実践例

特別支援学級では、スキルを身に付けさせる指導はもちろん、その日の学校での行事や、全校指導のあった事柄に対して、ソーシャルスキルフラッシュカードで指導しています。

指導事項を説諭するような長い話をするよりも、伝えたい事項、望ましい行動が子どもの頭に入りやすいと感じています。

例えば、行事で講演会がある場合には「話の聞き方」カード、研究授業等で自習がある日には「自習のやり方」カードを使いました。

また、カードを縮小のカラーコピーをして、長期記憶教材として掲示することもしています。

写真は、集中が途切れやすい子どものディバイダー(ついたて)に「集中のしかた」のカードをコピーして貼ったものです。

個別指導の時間の始まりで、フラッシュカードで「集中のしかた」を指導します。その後学習に入っていきますが、集中が途切れて教材から目線が上がった時に目に入る場所に貼っておくようにしました。すると、集中が途切れたときに学習への戻り方が目に入るようになり、掲示以前よりも学習への戻りが速くなりました。

「言わずもがな」が一番苦しい子どもたちにとって、救いとなる教材だ。

(原良平)

〈2〉インクルーシブの教室対応　子供たちのスタートを整える授業のUD化

1年生の教室でインクルーシブ対応をする時に、「発達段階」を無視することはできない。

特に1年生は4月生まれから、3月生まれまで発達に1年のビハインドがあり、発達段階の振れ幅が大きな影響力を持っている。

ピアジェの発達理論から1年生の子供たちを知る

ピアジェの提唱した発達理論は、認知発達という観点から今でもその考えや理論は子供の発達や療育や教育において非常に重要なものとなっている。

1年生は「前操作期（2〜7歳）」のほぼ出口に位置する学年である。

「前操作期」のキーワードは「2つ」である。

①シンボル（象徴）機能　②自己中心性

このキーワードを必ず念頭におきながら指導や支援を展開していかなくてはならない。

まずは「①シンボル（象徴）機能」である。

シンボルとして代表的なものが「名前」である。

ライオンの写真をみて「ライオン」と答えることができるのは「名前」というシンボルとライオンという「形態」を一致させているからである。

シンボルはさらに「ごっこ遊び」へと発展していく。泥でつくった団子を「おにぎり」と表すことができるようになり、自分を「ママ」と見立ててままごとなどで遊ぶようになる。そして、それが「ルール」や「善悪」といった複雑な「シンボル」へと発展していく。

しかし、前操作期では「様々なシンボルを複雑に操作すること」に難しさを抱えている。

つまり「ルールの理解と遵守」「善悪判断」などがうまく作用しない時期である。

7歳の目安なので、もちろんできる子供もいれば、6歳並みの子供もいる。

次に「②自己中心性」である。

自己中心性とは、言語や思考が十分に社会化されておらず、自分以外の視点に立って考えたり話したりすることができない状態をいう。

1年生では、自己中心性が強く、他者の気持ちや視点などがうまく理解できないなどのことが発達障がいを持っていなくても起こりうる。

またこの時期の子供たちの行動や言動は「周りの影響」を強く受ける。

それは大人であったり、テレビ、インターネット媒体であったり様々である。

特別支援の視点からインクルーシブをどのように進めるか

1年生で特別支援教育を推進するにあたり、最も気をつけなくてはならないのは次の点である。

「1人1人の発達段階や概念理解がバラバラの状態でスタートする」ということである。

これはどの学年でももちろん言えることだが、1年生はよりこの傾向が強い。

出身の園も違う。そこで行われてきた保育活動もバラバラ。さらに家庭内の養育環境もかなりの差がある。

入学時点ですでに発達障がいの診断が下りている子供もいれば、今後、その傾向が強くなり診断に至る子供ももちろんいる。

そのような子供たちを一堂に会して教育活動をスタートするのだ。

その子供たちを1人1人ある程度同じスタートラインに立たせなくてはならない。それが発達障がいを持つ子供も授業に参加できる「インクルーシブ」の実現につながる。

（1）ワーキングメモリへの配慮〜指示は短く、提示する視覚刺激も1つ1つ〜

1年生は発達障がいであろうがなかろうが、ワーキングメモリの容量が極端に小さい。特に記憶できる短期記憶量が「1～2つのまとまり」程度しかないことがエビデンスにより明らかになっている。

そのようなワーキングメモリの状態の1年生である。

「長い話」「長い説明」は子供のワーキングメモリ上に残っていかない。

指示は「端的に短く指示する（一時一事の原則）」が、発達障がいの子供を含め、全員が動けるためのユニバーサルデザインとなる。

私はよく、「文章を話さない。フレーズで話す」ことを勧めている。こうすることで最も聞いてほしい情報を際立たせることができる。

そして「視覚情報」にもワーキングメモリの配慮が必要である。目から入る情報も「一時一事の原則」で伝えなくては全員の子供が理解できるものにならない。

「一気にすべてを提示しない」「手元と黒板のどちらを見ればよいかを明確に指示・構造化する」「余計な刺激になりそうな情報はできるだけ隠す」など視覚情報の提示のしすぎで混乱する事態を防ぎたい。

（２）記憶の補助をする配慮～覚えている記憶が全員同じとは限らない～

子供の発達状態が多様だということは、もちろん記憶の状態もバラバラであることが指導の前提となる。

「昨日の算数の授業でやりましたね」「前も言ったことだけど」「何回も言っていますけど」という言葉はほぼ意味がない。

学習を進める時に重要なのは、「記憶のスタート地点をしっかりと揃えてスタートする」ことだ。

百玉そろばんで10の合成分解を授業の導入で行う。先生問題を授業の導入で示し、本時の学習の中心となる問題の助走とする。

フラッシュカードで漢字の読み方を復習してから教科書の音読に入る。何回も漢字に触れる機会を保証し、漢字の読みをチェックする。

教室の時計には、分などの読み方がしっかりと貼ってあり、誰でも時計を読めるようになっている。

このような配慮がされていてほしい。

さらに定着が難しい学習については「記憶の外部委託」という考え方が重要だ。

記憶の定着が難しいものについて、ポスターの形で掲示し、授業やテストの時なども見ていいような配慮がされているとどの子供にも優しい。

（３）書くなどのアウトプットに対する配慮～微細運動の苦手さに配慮する～

最後に「書く」などの「アウトプット」についての配慮である。

特に「微細運動の苦手さ」がある子供への配慮を行いたい。

通常のノートでは字体が整わない子供は多い。

そこで「ノートをA3などに拡大」したものなどは教室に常備しておきたい。

また、LD傾向などがある子供がいることも考えられるので1マスの4コマが4色に分かれている「4色カラーマスノート」などが発売されているので用意しておきたい。

さらに鉛筆に対する配慮も必要である。1年生は筆圧もそれぞれである。2Bの鉛筆では、筆圧の弱さから弾かれてしまう子供もいる。

4Bは最低限。6B～8Bなども用意しておく。芯が柔らかくなるだけで、書字が変わる子供もいる。

そして、もう1つ見逃されている配慮は、「消しゴム」の練習である。

小学校入学までに消しゴムを経験している子供は多くない。小学校で初めて消しゴムに触るのだ。

先生が画用紙にぐるぐる鉛筆で描いたものをグループで早消し競争をするなど楽しく練習をさせたい。

（小嶋悠紀）

〈3〉学習困難視点による教科書教科別指導

学習困難に初めて直面する1年生

就学によって表出する学習困難

幼児期にはそれほど困難さを感じていなかった子どもが、小学校就学により教科書で一斉学習をする。そこで初めて困難さに気づくことがある。

「学習に困難性がある」→「不登校」となる前に、つまずきを把握して対応しなければならない。

学習障害（ＬＤ）は、全般的な知的発達に遅れがない。

しかし、「聞く」「話す」「読む」「書く」「計算・推論する」能力のいずれかに困難が生じる。１つの困難さだけの場合もあれば、重複する場合もある。

1年生の学習困難を改善するポイント

【国語のつまずきポイント】

(1) 似ている「ひらがな」「カタカナ」の読み書きが区別できない。

例：「ね」と「れ」と「わ」、「シ」と「ツ」と「ミ」

【主な原因】

文字と音が結びついていない。

似た形の文字の区別がつかない。

【対策】

〈読みの場合〉

輪郭ひらがな・カタカナカードで「あひるの『あ』」のように音と文字を結びつける。

〈書きの場合〉

空中に腕を大きく振って書くことで粗大から微細へと動きを進化させる。

砂に書く、粘土で文字の形を作ったものをなぞるなど触覚等多様な感覚で結び付ける。

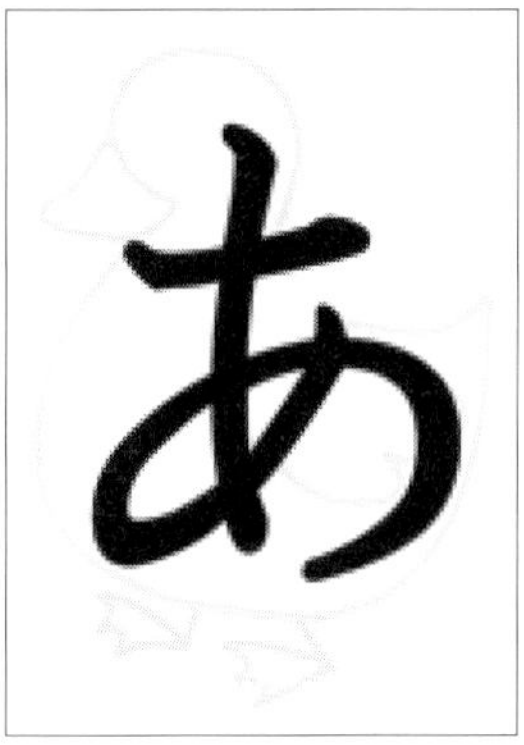

↑輪郭ひらがなカード
↓マグネットひらがな表　など
カタカナ版もある。
購入先：TOSS Kids School https://shop.gogo.jp/8262321/

(2) 促音「っ」、拗音「きゃ」などの読み書きができない。

【主な原因】

音のまとまり（モーラ）に分解できていない。

【対策】

フラッシュカードで言葉を覚えた後、マグネットをボードに並べて単語を作る。

例：電車のカードで「でんしゃ」と音を入力。

↓（で）（ん）（しゃ）とマグネットを並べる。

↓マグネットをたどって「でんしゃ」と読む。

↓マグネットを見ながら「でんしゃ」と書く。

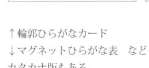

【算数のつまずきポイント】

（1）「1」という数字・「イチ」という数詞・「1個」という数量が結びつかない。

【主な原因】

数字、数詞、数量それぞれを覚えていない。もしくは、互いを関連付けて考えていない。

【対策】

マグネット数字表（TOSS Kids School）を用いる。

マグネットとボードの数字をマッチングしていくことで、マグネットが並び、数量がわかる。

並べ終えたらマグネットの数字を読んでいく。数詞、数量を確認することになる。

30まで置けるようになったらタイムを計る。

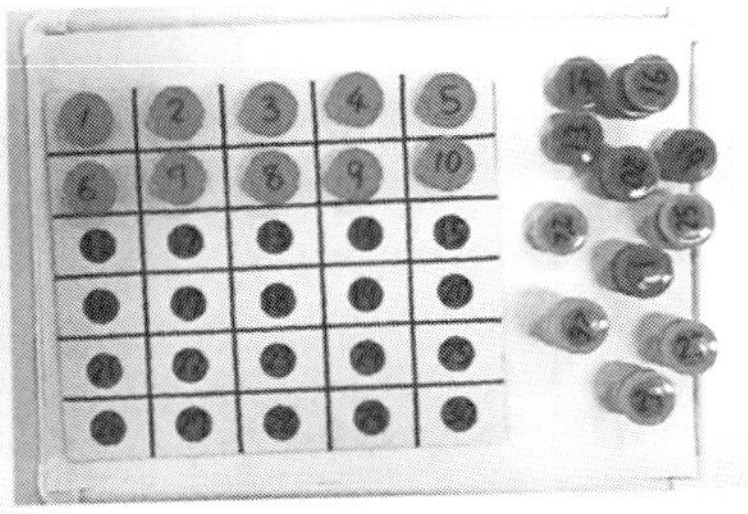

数字カードの数字を読み、カードを裏返して、読んだ数字を思い出してマグネットを並べる。

数字と数詞をワーキングメモリと合わせて鍛えることになる。

（2）2とび、5とびで数えられない。

【主な原因】

数順が頭に入っておらず、入っていても頭の中でとばして数える操作ができていない。

【対策】

マグネット数字表を用いる。

写真のように2とび、5とびでマグネットを取り出して数唱。ボードで残ったマグネットを見ると、飛ばして数えていることが視覚的に認知できる。

2年生の九九につながる大事な概念だ。

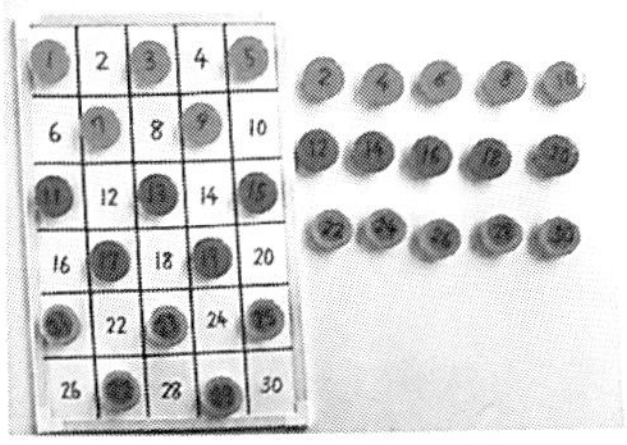

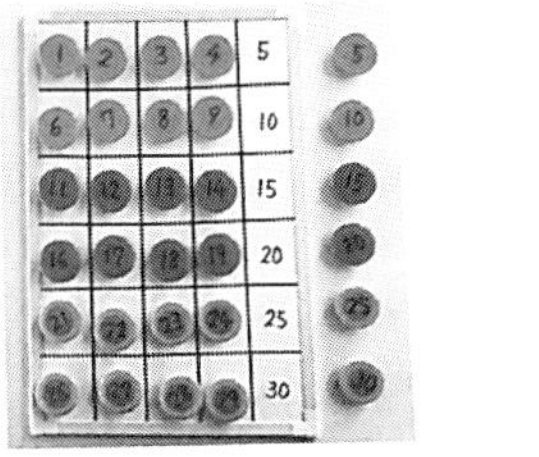

（3）繰り上がり、繰り下がりができない。

【主な原因】

10の合成分解ができていない。

計算過程のアルゴリズムが覚えられない。

【対策】

20玉そろばんの操作で具体イメージをもつ。

正進社のフラッシュカードで概念を整理する。

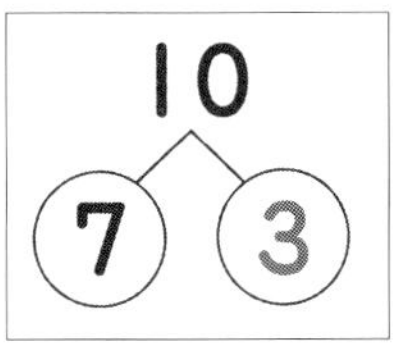

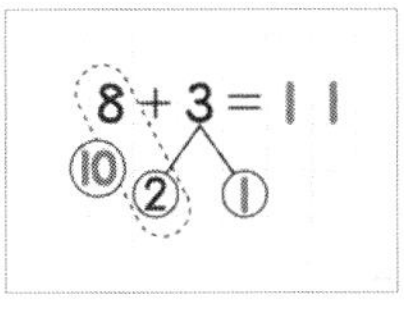

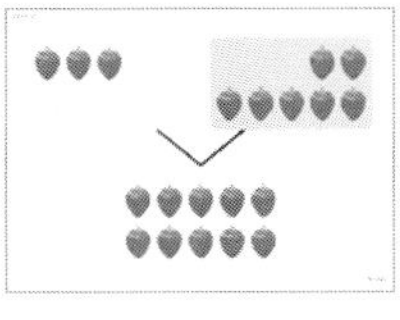

多感覚で情報入力して概念化する

まだ具体的な概念が中心の1年生。

文字や数といった抽象的な概念を理解することは、大人が思っている以上に大変だ。

マグネットなどの具体物を楽しみながら操作していく中で理解していくようにする。

第2の脳といわれる手からの刺激、目から耳からの刺激、色々な感覚を刺激しながら、少しずつ概念化できるようにしていきたい。（小嶋悠紀）

〈4〉個別支援計画づくりのヒント　初めての学校生活をアセスメントし、個別の支援計画に記す

1年生は、保育園や幼稚園の生活から、大転換が行われる。

今まで「遊び主体」だったものが「学習主体」へと生活が変わる。体を動かす時間よりも「座っている時間」が増える。

さらに守るべき「ルール」も増えそれらを遵守することが求められる。より「集団生活への適応」が求められることとなる。

1年生の時期にしかアセスメントできないこと、アセスメントすべきことがある。

そして、それらをできるだけ個別の支援計画に明記することを勧めたい。

（1）ひらがな、カタカナが読めるか

1年生の段階で「ひらがな」「カタカナ」はすべて読めるようになっていてほしい。

また入学段階でどの程度、「ひらがな」「カタカナ」が読めていたのかはアセスメントしておきたい。

ひらがなは、その後の「本が読める」ことにつながっていく。ひらがなが読めることで、その後の「生活の質」が大きく変わっていく。

ひらがな、カタカナを全部1年生段階で読めないのであれば、「何かしらの困難を抱えている」ことが予想できる。

（2）ひらがな、カタカナがすべて書ける

読みと同時に、「書字できること」も重要な要素である。

特に絵と違い文字には「重なり」が生じている。その重なりを認識しながら文字を書くということは、LD傾向のある子供にとって大きな困難となる。

ひらがなの書字の困難性は、大雑把に2種類に分類できる。

なかなかひらがなの形が取れない子供。これは重なりがわからなかったり線の位置関係が混乱していたりすることが原因である。視空間の認知が弱いとこのようなひらがなの書字にエラーが生じやすい。

なかなか音と文字が結びつかない子供。音と文字の結びつきが弱いと読むことに対するエラーが生じやすい。特に長音や促音、拗音などが入る文をエラーして読みがちになる。結果、書くということにも困難性を生じさせてしまう。

カタカナは前述したことが原因で書字にエラーが出る。1年生段階でカタカナが書けた方がいいのは「漢字の書字」に直結するからである。

「イ」はにんべんそのままであるし、「タ」を2つ組み合わせば、「多」の字になる。

カタカナは、漢字の基礎的なパーツになっている。

これらのひらがな、カタカナの習得率をできるだけ個別支援計画には明記しておきたい。

1年生ではLD傾向はあまり顕著に表出することが少ない。なんとなく苦手と捉えられてしまう。

学年が上がってもっと抽象的な学習が始まると顕著にLD傾向が分かってくる。

1年生時のカタカナ、ひらがなの書字の定着率が個別支援計画に明記されていると一つの資料として生かされる。

（3）集団適応の状態はどうか

保育園や幼稚園と違い、集団で様々な活動をすることが多いのが小学校である。

個別で遊んでいたり、個別で本を読んでいたりする時間が多い園生活よりも集団行動の頻度が上がる。

結果、園の時には集団不適応が見られなかった子供でも、小学校に上がると急に集団不適応になっていく。

このような集団不適応になる子供たちの多くは、「自閉症スペクトラム」の傾向を抱えていることが

多い。

人の多さや、音の多さなどに過敏に反応をしてしまう。

1年生段階であれば、「なぜ集団に入れないのか」「何がいやなのか」ということをうまく話をしてくれることが難しい場合が多い。

大人に説明ができない時に、様々な「行動」として嫌だということを表現してしまう。

個別支援計画には、集団適応の状態として、

「どのような場面」で

「どのような行動」が

「どの程度」表出するのかを明記しておきたい。

後々、発達してきた時の診断や就学判断などの時に貴重な資料となり得る。

（4）数のまとまりは認識できるか

数の概念を獲得することは計算のスキルを支える上で重要なことだ。

特に10の合成分解ができるということは、その後の算数の学習に大きな影響を持っている。

かずは「1」を認識し、その後「3のまとまり」「5のまとまり」「10のまとまり」と概念が拡大していく。

発達障がいや学習に困難性を抱える子供の多くは、まとまりの獲得の段階のどこかでつまづいている。

このような子供たちは「繰り上がりのある足し算」で指を折って計算するような「順序数としての計算」をしている。

1年生終了時点で、数のまとまりがどの程度獲得されているかを個別支援計画に明記することで学習をどのように進めていけば良いか方針を立てやすくなる。

（5）2次障害の傾向があるか

発達障がいだからといって常に「不適応」「問題行動」があるのではない。

発達障がいは、上手に育てれば「個性」や「長所」に変わっていく。自分の「短所」にどのように対応すればうまくいくかも学ぶことができる。

しかし、様々な「失敗体験」や「傷つき経験」が自尊感情の低下を招く。

自尊感情が低下すると、様々なストレス状態が高くなる。年齢が小さければ小さいほど、そのようなストレスの対処法を身につけていることが少ない。

その結果、「逃げる」か「戦う」か、という選択肢を取ってしまう。

教室を飛び出す、離席し徘徊する、手を出す、物を壊すなどの「不適応行動」となってしまう。

そして、それらの行動を起こすたびに、叱責を受けるという負の循環にはまっていく。

これらが2次障がいを引き起こしていく。

大人や、指示されたことに常に反抗するようになる。問題行動でしか感情表現をしようとしない。大人が近づいただけで、目つきが変わってしまう子供もいる。

1年生の段階から2次障がい的な傾向があれば、しっかりと個別支援計画に明記しておきたい。

「どのような状況になると反抗するのか」

「どのような言葉で反抗するのか」

「どのような行動で反抗するのか」

そして、それらに対する対応をできるだけ明記しておきたい。

大きくなった時や次年度に引き継ぐ時に、これらのことを分かっていないとさらなる2次障がいを引き起こしてしまう可能性が大きい。

ここまで述べたように、個別支援計画は単年の資料ではない。個の支援を支えていく1つの発達の記録でもある。

低学年の時にどのような子供だったかの記録があると、どのような点で成長できたかを数年後に振り返ることが可能だ。また、どのような発達の偏りが残ってしまっているのかが明確になる。

個別支援計画は、このような記録的な側面をしっかりと持ち合わせるべきなのだ。

1年生の時点の記録というのはその後の6年間の発達と学習を支える1つの指標となるのだ。

（小嶋悠紀）

【1学期】特別活動・学級レクリエーション「創作昔話」を楽しもう

創作昔話

1学期は、国語の学習と絡めて、物語の世界を楽しむレクリエーションをする。

やり方は次の通り。

①穴埋めの物語を黒板に提示する

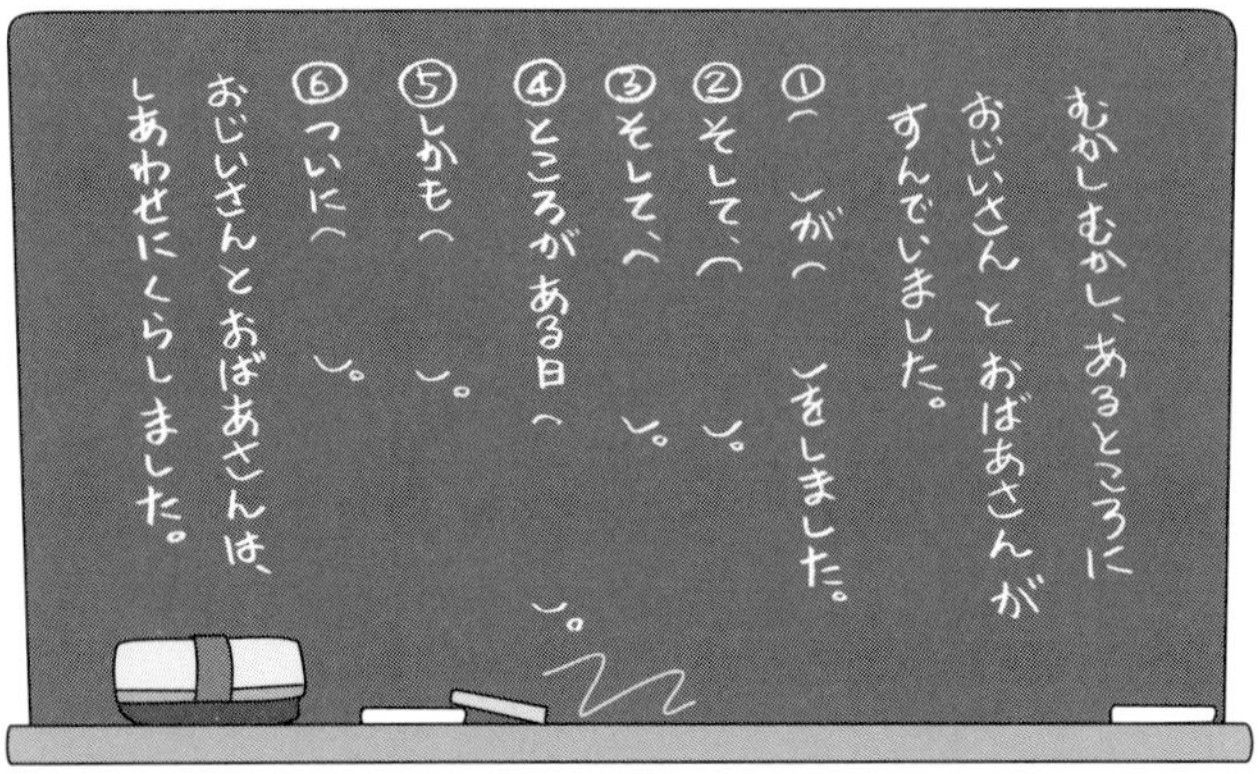

ポイントは、次の2点。

・最初と最後は提示し、最後は、ハッピーエンドにする。

・「そして」で話を膨らませ、「ところがある日」で、話を転換させ、「ついに」で話を完結させる。

低学年に、物語を創作させると、残酷な場面を入れたがる。それを防ぐ為に、最後はハッピーエンドで終わらせる。また、接続詞を指定して、起承転結のある物語にさせる。

②担当する創作物語を決める

希望者6人を前に出させて、カードを引かせる。カードの番号が、自分の担当する物語となる。

③創作物語を発表させる

6人の子に創作した物語を発表してもらう。番号のついていない、最初と最後の文は、全員で読むようにする。

発表させる際、教師がどうリードするかで、盛り上がりが全然違ってくる。

次の2つの声かけは絶対にする。

・（物語が思い浮かばない子に対して）こういうことあるよね。今、脳が活性化している状態だからね。あせらなくていいよ。この瞬間が一番かしこくなっているんだよ。

・（物語がつながらない子に対して）つながらなくってもいいんだよ。つなげようと考えたことが大事なんだからね。

教師の声かけが上手にいくと、子どもたちはどんどんやりたがるようになる。

発表者が交代するごとに、教室は熱狂状態になる。

物語が思い浮かばない子が多い場合は、発想の練習として、次のレクリエーションを行う。

イエス　レッツ

2人1組でおばあさん役、おじいさん役を決めて、次のようなやり取りをする。

「おばあさん、おばあさん」
「なーに？」
「○○○しようよ」（花火、買い物など）
「いいね!!」
（2人で、○○○の動作をする）

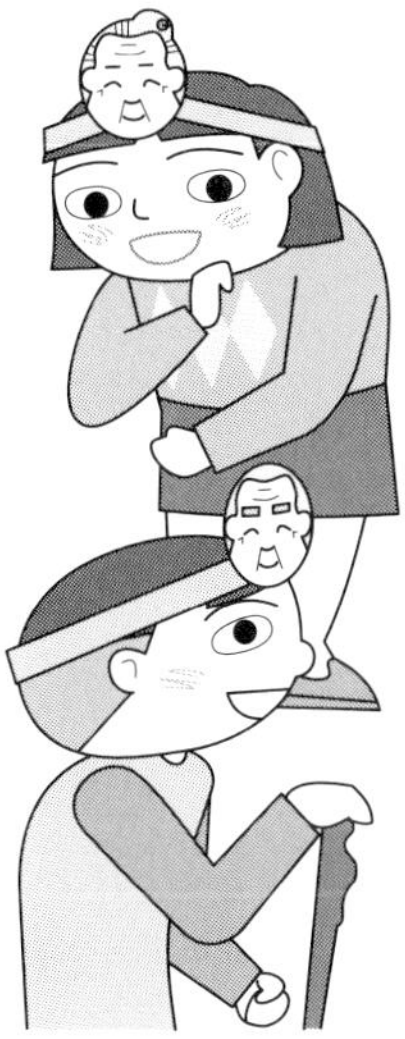

おじいさんが終われば、次は、おばあさんの番となる。「おじいさん、おじいさん」から台詞を始める。

ここでのポイントは次の2点

・「○○○しようよ」は、「宇宙にいこうよ」「空を飛ぼうよ」など、ありえないことでも良いことを強調する。
・最後の動作は、2人が同じ動きをする。

慣れてきたら、自由に歩いて、出会った2人で物語を作ると、教室が活発になる。

物語をつなぐ練習をするなら次のレクリエーションを行う。

ワンワード物語

4〜6人グループになり、ワンフレーズごとに物語を創作していく。次のような感じである。

むかしむかし
おじいさんと
おばあさんが
天国に
住んでいました。
そして
おじいさんは、
1日中
贅沢な
車に乗っています。

ポイントは、次の2点。

・つなげるのが難しいと思ったら、「そして」を続ける。
・死などのマイナスな言葉は使わない。

話をおもしろくする必要は全くない。前の人の言葉をよく聞き、次の人につなげることが目的である。

また、言葉が上手くつなげない子がいたら、

「大丈夫。今が、一番かしこくなってる時だからね」

と言って、安心させてあげたい。

このレクリエーションの次の日、男の子が、自由帳を嬉しそうに見せてくれた。

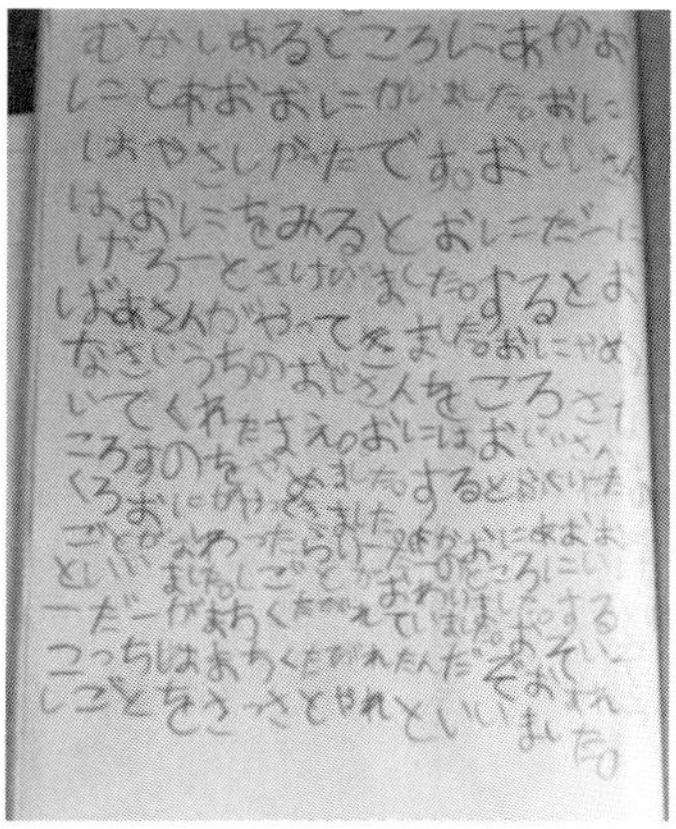

びっしり書かれた創作物語に、この男の子の充実度が伝わってくる。

（高橋優）

【2学期】特別活動・学級レクリエーション 教室どんじゃんけん

2学期は、運動会シーズンである。運動会のように、「仲間と協力する楽しさ」をクラスで演出できるレクリエーションを2つ紹介する。

チャレラン

チャレランとはチャレンジランキングの略で、様々な楽しい遊びの記録に挑戦するものである。

「片足あげ」
・両目をとじ、片足だけで何秒間立っていられるか。

「輪ゴムとばし」
・輪ゴムを指だけで何mとばせるか。

「声のばし」
・「あ〜」と声を何秒間、出し続けられるか。

など、少ない準備で簡単にできるものがたくさんある。

チャレラン団体戦

チャレランは個人で取り組むものが多いが、これを団体戦で行う。やり方は次の通り。

①1グループ4人〜5人になる
33人のクラスなら8グループできる（4人グループが7つ、5人グループが1つ）。

②グループで何試合目に出るか決める
第1試合・第2試合・第3試合・第4試合・第5試合に分けて、チャレランを行う。
グループの中で、何試合目に出るか決める。
4人グループの5試合目は、第1試合から第4試合までの敗者が1人出る。

③予選をする

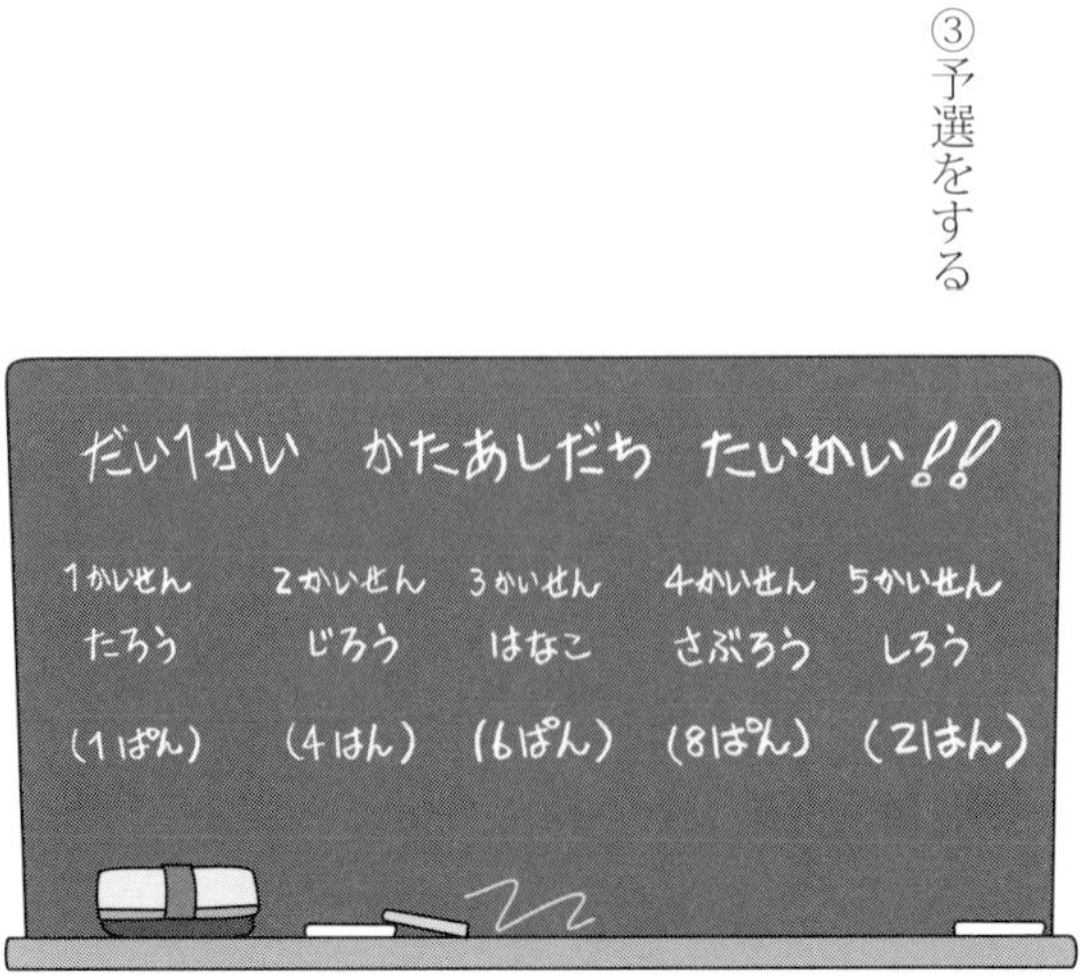

右のように、黒板に結果を記録すると、盛り上がる。書く内容は、大会名、試合数、勝者の名前、班名（グループ名）である。1試合に出場する人数は、8グループなら8人となる。一斉に片足立ちをし、一番最後まで立っていた子が勝者となる。

教師が司会進行役で、試合前の気持ちをイ

ンタビュー・勝者にインタビューなどすると、さらに盛り上がる。

④決勝戦をする

第1試合から第5試合の勝者で決勝戦を行う。教室は、熱狂状態となる。それぞれ、違う子を応援しているのに、なぜだか、一体感に包まれる。

最後は、

先生と優勝した子の一騎打ちをする。「先生に勝ったら、今日の宿題なしね」と言うと、子どもの声援がすごくなる。

教室どんじゃんけん

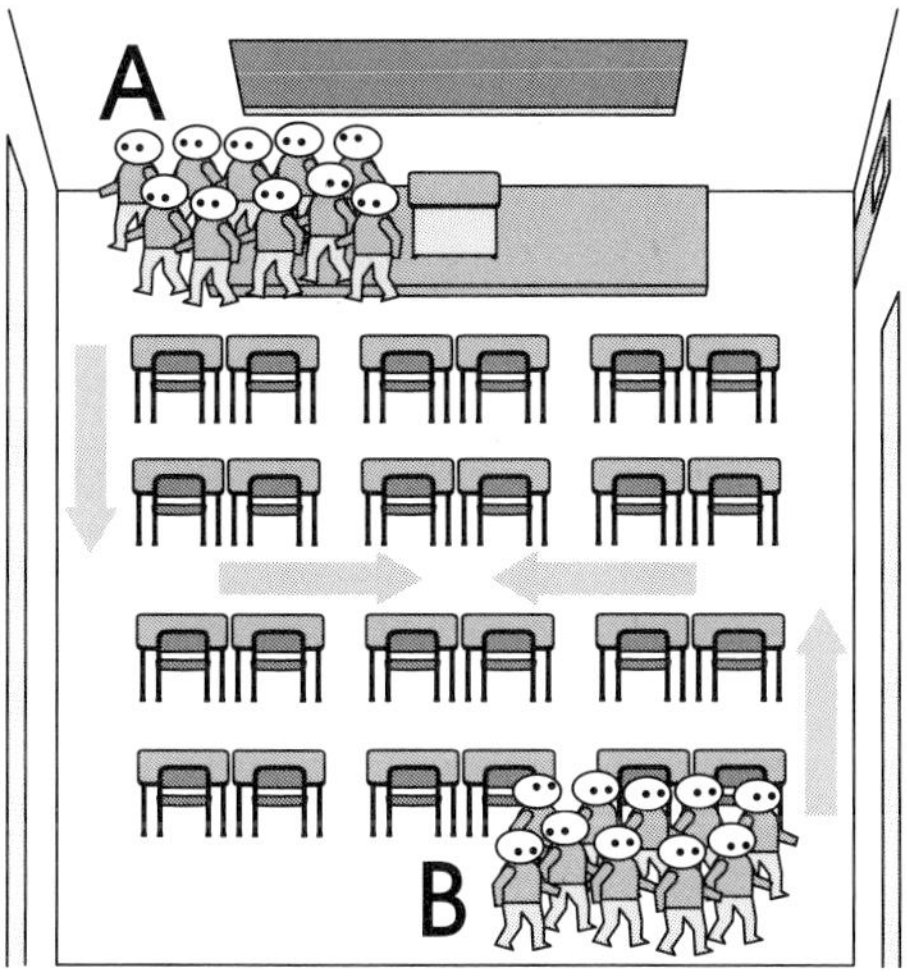

①クラスを2チームに分ける

チームは運動会のチームでも良いし、出席番号順でも良い。男女別にすると盛り上がるので、お勧めである。

チームが決まったら、上のイラストのように子どもを並ばせ、矢印のように早歩きで歩くことを教える。

②「どん」と言い両手をタッチしてからじゃんけんする

Aチーム、Bチーム、1人ずつ早歩きで歩く。途中で出会ったら「どん」と言い、両手をタッチしてからじゃんけんをする。

タッチさせることで、男女が自然と触れ合える機会を意図的に作り出す。

また、どんじゃんけんは盛り上がるので、高学年でも、男女が自然とタッチする姿が見られるようになる。

③勝ったら進む、負けたら戻る

じゃんけんに勝ったら、進む。負けたら、自分の列に戻る。

じゃんけんの勝敗が気になって、列がぐちゃぐちゃになっていることが多いが、あまり気にしない。きちんと整列させる必要は全くない。

④判定は教師が必ずする

どんじゃんけんで、トラブルになりやすいのは、どこまでいったら終了になるかどうかである。

ここは、必ず、教師がきっぱりと判定する。

私は、

「あと2人勝てば、Aチームの勝ちです」

と、2人前で全体に伝えるようにしている。

また、フラフープなどを置いて、

「フラフープに入って、あと1人じゃんけんに勝てば勝ち」

と、事前に言うこともある。

ちょっとしたことだが、大切なことだと思っている。

（高橋優）

【3学期】特別活動・学級レクリエーション

ポーズが決められない子へのアプローチ

家族写真

3学期は、学習発表会を行う学校が多い。簡単な身体表現を用いたレクリエーションを紹介する。

やり方は次の通り。

①4～5人グループになり、ポーズをとる

教師が「はい、ポーズ」と言ったら、家族の誰かになりきって、一斉にポーズをとる。お父さん、お母さん、お兄ちゃん、お姉ちゃん、おじいちゃん、おばあちゃん、犬のポチなど、誰のポーズでも良い。

ポーズをとった後、誰のポーズをとったか、共有し合うと盛り上がる。

②1人ずつポーズをとる

教師が「はい、ポーズ」と言ったら、今度は、1人ずつ、家族の誰かになりきってポーズをとる。次の人は、誰のポーズをとったのか予想して、1人目とは、違う家族のポーズをとる。ポーズをとり終わったら、誰のポーズをとったかを共有し合う。

③ポーズを見合う

希望者4～5人が前に出て、1人ずつポーズをとる。

全員がポーズをとり終わった後に、「誰ですか？」と教師がインタビューする。

答えを聞くと、

「あー分かる分かる」

「そうそう!!」

などと、共感の声が聞こえてくる。

やってみると分かるが、子どもはいろいろなポーズをとる。

手で髭を作っておじいちゃん、寝っころがって、テレビを見ているお父さん、ダブルピースをするお姉ちゃん、料理するお母さんなど様々である。

ほとんどの子が楽しんでやるが、中には、ポーズをなかなか決められない子もいる。

そんな子達がいた場合は、次の2つのレクリエーションもお勧めである。

４つのポーズ

①４人１組になって、４つのポーズを確認する

・鉄砲を相手に向けている、銀行強盗のポーズ。
・警察手帳を見せる、警察官のポーズ。
・両手をあげて降参している、銀行員のポーズ。
・泣いてとまどっている、客のポーズ。

②相談なしにポーズを作る

「はじめ」の合図で、４人が相談なしに４つのポーズを完成させる。

同じポーズをしてしまったら、どちらかが変える。

４つのポーズがそろったら、そのグループは座る。

ここでのポイントは、次の２点。

・素早くポーズを作る。
・相手をよく見て、柔軟にポーズを変える。

ポーズが決まっているので、どの子も安心して参加できる。あとは、相手のアイコンタクトと、自分の意思表示が大切になってくる。

ワンタッチ彫刻

①２人１組になって、ポーズを作る

Ａさんが好きなポーズをとったら、Ｂさんは、Ａさんのどこかにタッチしながら、ポーズをとる。

②「ありがとう」を言って離れる

Ａさんは、「ありがとう」と言って離れ、Ｂさんのポーズはそのまま。ポーズは、意味がないポーズでも良い。直感を大切にする。

今度はＡさんがＢさんにタッチをして、新しいポーズをとる。これを、２人で繰り返していく。慣れてきたら、歩きながら次々にペアを変え、ポーズをとるのも楽しい。

③４～５人組でポーズを作る

誰か１人がポーズを作り、１人ずつ、ワンタッチしながら、ポーズを作っていく。

④ポーズにタイトルをつける

希望者４～５人に前に出てきてもらい、一人ずつポーズを作る。出来たポーズに見ていた人が、タイトルをつける。１つ１つのポーズは意味がなくても、全体で出来上がったポーズに意味をもたせることができ、自己肯定感が上がる。

※参考文献『インプロゲーム』（晩成書房）

（高橋優）

【1学期】保護者会・配布資料

学校の指導の方向性を示す資料を

学習面について

1学期最初の保護者会。入学したての子供達がどのように学校で過ごしているのか。保護者にとっては大きな関心事である。

1年生の4月の学習は、書いたり読んだりする活動よりも、話したり聞いたりする活動の方が圧倒的に多い。そこで、様子を伝えるツールはおのずと動画になる。

絵ばかりの国語や道徳の教科書を使ってどのように授業が進んでいくのか。ひらがなは、どんな習い方をしているのか。算数科ではどんなことを大切に、授業を行っているのか。

このようなことを、教科書を示したり、子供の活動の様子を動画で見せたりしながら参観日以外の授業の様子が見られるので、保護者から感謝の言葉をたくさんもらうことができた。動画には、活動的な場面と、静かに学習を行っている場面の両方があった方が説得力が増す。

生活面について

生活面では、友達関係、学習規律、集団生活の基本などを紹介する。

次のページに示したものは、子供達の靴箱の様子である。勤務校では、40年来、生活習慣の重点目標が「はきものをそろえよう」であったので、全校で意識的に指導を行ってきた。1年生は入学してきたばかりで、意識させるには時間がかかるが、学校のスタンスを保護者にも伝えていく。

古来、履物をそろえることがとても大切にされてきたこと、また、履物をいつもそろえることがいかに大変かを保護者に伝える。そして、学校と家庭、両方で履物をそろえることに力を入れていくようにお願いした。

学校の担う役割と、家庭の担う役割は異なる部分が多々あるが、何か1つ、一緒に手を取り合って行う部分があるとよい。子供を一緒に育てているという連帯の証にもなる。

どの学校にも大切にしていることがあるはずである。それを家庭といつも共有している状況を作りたい。

エピソードで伝える

保護者会で伝える内容は、全体的な傾向になりがちである。しかし、本当はクラスの具体的な子供の姿を知りたいのである。

> 今日の給食時間のことです、配膳するときにはもう、ほとんど手伝う必要がなくなりました。私がこの台（子供が黒板を使う時に使う台）にちょこんと座って仕事を見守っていました。すると、当番ではない○○ちゃんが膝の上に乗ってきました。すると、□□くんが、隣にやってきて座るのです。1人、また1人と増えてきて、いつの間にか、この台が満員のベンチになってしまいました。当番の子供達がうらやましそうに見ているので、「よし、当番さんのお手伝いを始めるぞ！」と呼び掛けました。みんなと一緒ということは子供にとってうれしいことなんですね。

エピソードは保護者会の空気を温かくしてくれる。

（奥田嚴文）

１年３組　学級日記

えがお

子供をほめるスタンスで書きます。

子どもたちは学校生活に慣れてきたでしょうか。学校での過ごし方が少しずつ上手になってきていることに感心します。さて、子どもたちの靴箱の様子の移り変わりです。

写真を使って様子がよくわかるようにします。

入学式の次の日（火）の下校後の靴箱です。１８の上靴が上に置いてあります。この日はまだ、置き方を教えていませんでした。

３日目（水）の下校後の靴箱です。帰りに一声かけました。出来た子どもが２６人に増えました

写真にはキャプションを入れることでより分かりやすくなります。

４日目（木）の帰りです。下校後、見てみるとこのようになっていました。

３日目朝の靴箱です。下靴もかかとがそろっている子どもが多いですね。

履物をそろえるのはしつけの基本と言われています。３日目でこれだけのレベルに達するのは本当に素晴らしいと思います。子どもたちのやる気をとても感じました。今は、かかとがそろうように頑張っているところです。

子どもの心の状態によって、できたりできなかったりもあるかと思いますが、様子を見ながら声をかけていきたいと思います。

教師や学校の指導の方向を示すことで、保護者からの信頼感が増します。

【2学期】保護者会・配布資料　冬休みの宿題／学校生活のスケジュール紹介

学校の様子について

2学期には多くの行事がある。そのため、子供達の様子を記録した写真や動画をたくさん撮りためておきたい。これらを、PCやDVDなどを使って、ダイジェスト版で2学期の子供達の様子を紹介していく。子供達の頑張っている様子に、笑顔が生まれる。中には、涙がにじむ方もいらっしゃる。言葉だけで語るよりも、はるかに多くの情報が伝わり、説得力を持つ。

ダイジェスト版を作る際には、必ず全員の子供が、はっきりとわかる形で登場するようにしなければならない。

保護者だけでなく、子供にも見せるととても喜んでくれる。BGMを付けると、さらに雰囲気がよくなる。一旦、見終わった後に、2～3、写真を選んで解説を行う。

1学期と同様にエピソードで語ることを心掛ける。こうすることで、「先生は子供達をよく見てくれている」という感想を持ってもらうことができる。

冬休みのこと、三学期のこと

「クラスの様子」「役に立つ情報」「お知らせやお願い」の3項目を伝えるのが保護者会の大切な機能である。

その中でも最も大切なのが「お知らせやお願い」である。これさえ伝えれば、とりあえず大丈夫である。

2学期末に伝えることとは、冬休みの課題と新学期に必要なものである。メモをしなくてもよいようにワンペーパーにまとめておくと、保護者に喜ばれる。このような文書はどの学校でも、どの学年でも引き継がれているはずである。それを参考にして、その年のバージョンに作り替えると効率が良い。

1年生の保護者であるので、子供からの情報だけでははっきりしないことが多くある。そこで、少し解説を付け加えておくことで、情報が伝わりやすくなり、質問は激減する。

また、3学期の持ち物は、チェックできるようにしておくことで、忘れ物防止に活用してもらう。

重いものは日にちを変えて持ってくるようにする配慮も必要である。

ちょっといい話

子供達にした話を保護者会で再現する。

お正月は、何のための行事か知っていますか。お正月は、年神様という神様をお迎えする行事です。年神様は1年の幸せや健康を運んできてくれる神様です。

年神様をお招きするために玄関に門松を置きます。玄関の場所を知らせるためにしめ飾りを置きます。そして、お正月を家で過ごしていただくために、床の間に鏡餅を置きます。鏡餅は年神様の仮のおうちです。正月が過ぎると鏡餅にはひびが入ります。年神様が帰って行かれたしるしです。お餅をいただくのは、年神様のおうちをいただいて、1年間、健康で幸せに暮らせるように願うためです。

皆さんは、毎年、年神様から魂をいただきます。見たことがありますか。

年神様の魂ですよ。

「とし」神様の「たま」しいです。

そう、お年玉です。

お年玉は、神様に代わって、おうちの人が健康に、幸せになるように願ってくださるものです。無駄遣いせず大切にしなくてはいけませんね。

（奥田嚴文）

あのね

平成１９年度
１年生　学年通信 No,４０

メモする必要のあるお知らせは、あらかじめ紙面にして配付しておくと、時短になります。

冬休みの宿題

冬休みの宿題についてお知らせします。

1　ふゆスキル

答えが付いていますので、○をつけてあげてください。

2　お手伝い

『ふゆスキル』に予定表が付いています。記録表に使ってください。

3　なわとび

なわとびカードを持って帰らせます。

4　計算シート

答えをかくして言えるぐらい慣れるとよいですね。
慣れたら、計算カードで練習しましょう。

5　歯磨きカード

歯磨きカードが保健室より出ています。おうちの方にお渡ししますので、声を掛けてあげてください。

宿題に一言添えておくと、質問が激減します。

３学期の始業式

３学期は１／８（火）からです。
下校時刻は１４：００の予定です。
給食がありますのでお気を付けください。

【持ってくる物】
- □　通知表・『げんき』
- □　ふゆスキル
- □　お手伝表
- □　歯磨きカード
- □　ぞうきん２枚（記名１枚・無記名１枚）
- □　歯磨きセット
- □　道具セット
- □　上靴
- □　体操服、赤白帽子
- □　図書室で借りた本
- □　筆記用具、教科書等

【日課】
- １時間目　始業式
- ２時間目　学活
- ３時間目　生活
- ４時間目　国語
- 給　食
- 掃　除

以下のものは、重いので最初の週の内を目処に持ってこさせてください。
- □　絵の具セット
- □　鍵盤ハーモニカ
- □　算数ボックス
- □　ねんど

皆様、よいお年をお迎えください。

持ち物にはチェックボックスを付けておくと、親と子供が一緒にチェックすることができる。

【3学期】保護者会・配布資料 お礼とお願いを感謝の言葉と共に

お礼とお願い

最後の保護者会では、1年間共に歩んできた保護者にお礼の言葉を述べたい。家庭の協力なくして学校教育は成り立たないからである。学級のお世話をしてくださった方がいるなら、特に、その方のねぎらいを忘れてはならない。

また、2年生への心構えもお願いとして伝えておきたい。

私が、初めて2年生の担任をしたときに困ったことがある。それは、

「1年生の時はこうでした」

「どうして先生は～をしないのですか」など、システムの変化に戸惑う保護者への対応である。

第1子の保護者は、初めての小学校であるから、1年生でのシステムが6年間続くと思いがちである。

しかし、担任の思いや個性が反映される部分も多くあるため、すべてが同じというわけにはいかない。

そこで、事前にお知らせしておくことで、次の担任が力を発揮しやすい状況を作っておきたい。

道具の確認

入学したときにはピカピカの学習用具も、1年間使えば消耗してしまうものもある。

2年生になってから、必要な時にそろえるのは大変なので、例えば次のものを用意していただくようお願いをした。

□ 鉛筆（2B～6Bがよいと思います。子供の筆圧に合わせて選んでください）
□ 赤青鉛筆（かなり消耗が早いです）
□ 消しゴム（文字が消えやすい物）
□ 定規
□ ネームペン（インク切れがあるかもしれません）
□ クーピー
□ クレヨン
□ 絵の具（色の補充をお願いします）
□ 下敷き
□ のり

新学年に向けて、物をそろえることで気持ちも前向きになれる。

春休み中のお知らせ

春休みには、多くの学校で離任式が行われる。出席すべき日ではないが、多くの子供、保護者が参加してくれる。

山口県では朝、職員とのお別れ式を行った後で、子供と共に離任式が行われる。そのため、子供の登校時間はいつもより遅めに設定されている。設定された日時を確実に知らせることも必要である。もしも、春休みにボランティア活動があるならば、そのことも書いておく。

また、新学年の始業式についてのお知らせも必要である。

・持ってくるものは何なのか。
・登校したら靴をどこに置いて、どの教室に行けばよいのか。
・クラス替えがある場合は、どこを見れば自分のクラスが分かるのか。

これらを明記しておくと、新学年のスタートが混乱しにくくなる。教務主任に時間や動きのことを確認してから保護者に伝えるようにしたい。

（奥田巖文）

あのね

平成１９年度
１年生　学年通信 No,４６

役員さんへのお礼の言葉を忘れないようにする。

１年間、ご協力ありがとうございました

あっという間に１年間が過ぎてしまいました。子供達と楽しい日々も、皆様の支えがあってこそだと思います。お世話になりました。

特に、学級委員を務めてくださった□□さん、○○さん。１年間、いろいろな場面でお世話になりました。本当にありがとうございました。

蛇足になりますが、２年生になると、宿題や授業の進め方等、担任によって多少、異なる場面があるかと思います。初めてのお子さんの場合戸惑われるかもしれません。

教育の片々の方法については個性が出るかもしれませんが、沼城小学校の教育目標をもとに、子どもに力をつけるということに関して全職員同じですので、どうかご理解の程お願いいたします。

２年生への接続について書いておく。

春休みについて

春休みには３つのことに気をつけられるとよいと思います。

1　生活習慣をくずさない
2　音読、漢字、計算を少しだけ復習する
3　学用品の補充をする

学校で大切に考えていることをお伝えする。

春休みは冬休みよりも短いため、一度崩れると取り戻すのに大変です。旅行などのイベントもあるでしょうから、自宅で過ごすときには就寝時刻や食事などの生活習慣を崩さないように気をつけてあげるとよいかと思います。

また、勉強したことというのはつい忘れてしまうものです。音読、漢字、計算をそれぞれ１０分ずつ、毎日続ければ、２年生になってもよいスタートを切ることができるでしょう。

最後に学用品についてです。

いつも気にしていらっしゃると思いますが、学用品は学力向上の基盤になるものです。ですから、小学生の内はしっかり親が管理してあげるとよいと思います。

具体的には次のものがそろっているかどうかチェックをし、不足分を補充していただければと思います。

お願いは具体的にする。

4月

国語　「あさ」学習のルールと音読の基礎を指導する

教材解釈のポイントと指導計画

小学校初めての詩の学習を通して、
・学習のルールを教える。
・音読の仕方を教える。
以上、2点を指導する。全2時間扱い。

第1時　範読　音読
第2時　詩の読解

授業の流れのアウトライン

「国語の教科書を出します」と指示し、実物を見せる。

「両手で教科書を持ちます」とやってみせる。

ページを開き、教科書が閉じにくいようにグーでくせをつける「アイロンがけ」を教える。

初めて教科書を使うこの機会に、教科書の扱い方を教える。

どのようにするのか例示し、真似させることで学習のルールを教える。

教科書を用意した後、詩の音読をする。

『あさ』は短い詩である。繰り返し何度も音読させる。

はじめに、教師が範読して聞かせる。

教科書の文字が読めない子も、範読を聴覚支援にして音読することができる。

続いて、様々の読み方で音読する。
・教師に続いて読む「追い読み」
・教師と子ども、男子女子など一文ずつ交互に読む「交代読み」
・自分が決めた文だけを起立して読む「たけのこ読み」
子どもたちは、集中が長く続かない。次々と読み方を変えることで、飽きずに音読ができる。

張り切って大きな声で読む子、教科書を両手で持ち背筋を伸ばして音読する子がいる。

そのような望ましい行動を取り上げて褒め、全体へと広げる。

十分に音読させた後、詩の内容を扱う。


「つながる　つながる」とは、誰とつながるのですか。


子どもから「友達」と意見が出た。

実際にクラス全員で手を繋ぎ、輪になって音読した。

身体を動かしての音読に子どもたちは大喜びであった。

正確に読むことに加えて「想像を広げて読む」ことも低学年に求められている。子どもたちが楽しいと感じる工夫を盛り込んで、想像と体験を結び付ける。

「ぼくも」は、
男の子が読んだらいいですか。
女の子が読んだらいいですか。

「男の子が読む」と子どもから意見が出た。同様にして「わたしも」は女子、「先生も」は教師が読むことに役割が決まった。

それぞれの役割を張り切って音読していた。「役割を意識する」ことも音読の工夫である。

学習困難状況への対応と予防の布石

入学したばかりで学習のルールがわからない状況である。1つ1つやることを示して教える。

継続して繰り返し指導し、着実に身に付けさせていく。


（植木和樹）

4月

算数 「なかまづくりとかず」教師と子どものやりとりから対話

入門期の算数指導

１年生の教科書を開いてみると、最初は絵やイラストのみである。字や数字はない。この最初の単元をどのように教えるのか。入門期の算数指導は、「数の認識の発達順序」を追って教える必要がある。「①仲間をくくる（絵の中から同じものを囲む）」「②１対１対応（１つ１つを線で結ぶ）」「③具体物と半具体物の対応」「④半具体物と数字の対応」の順序である。

対話的活動は、教師と子どもでやりとりしながら取り入れる

基礎中の基礎を教える過程でも、子どもとやりとりをしながら、「対話的活動」で授業を進めることができる。子ども対子どもでなく、教師対子どもで、作業や活動を取り入れながらやりとりをすることが望ましい。最初は、教師が図の押さえ方や言わせ方、丸の囲み方などを丁寧に教える。

鉛筆でぐるっと囲むという作業の前に、「指で押さえる」「指で囲ませる」など細かいステップを入れることで、定着を図れるようにする。

教師：「きつねを指でおさえます」　子どもができているか確認する。
「きつねがいます」　子どもにも言わせる。
「きつねを仲間でくくります」　鉛筆でぐるっと囲ませる。

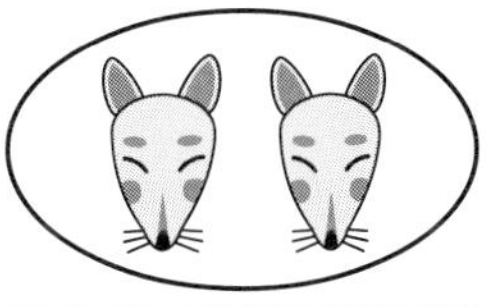

子どものつまずきとして、１つ１つを囲んでしまうことや部分ごとに囲んでしまうことがある。仲間をくくるためには、まとまりで囲まなければならない。教師がわざと間違えてゆさぶりをかけることも、子どもが正しくできるようになる方法の１つである。

【本時の対話的活動】
教師：「いぬを仲間でくくります」
教師：１つ１つ囲む。「これでいいよね」
子ども：「ダメ～！」
教師：部分ごとに囲む「これでいいよね」
子ども：「ちがう～！」
教師：全部を囲む。「これでいいよね」
子ども：「正しい！」「合ってる！」

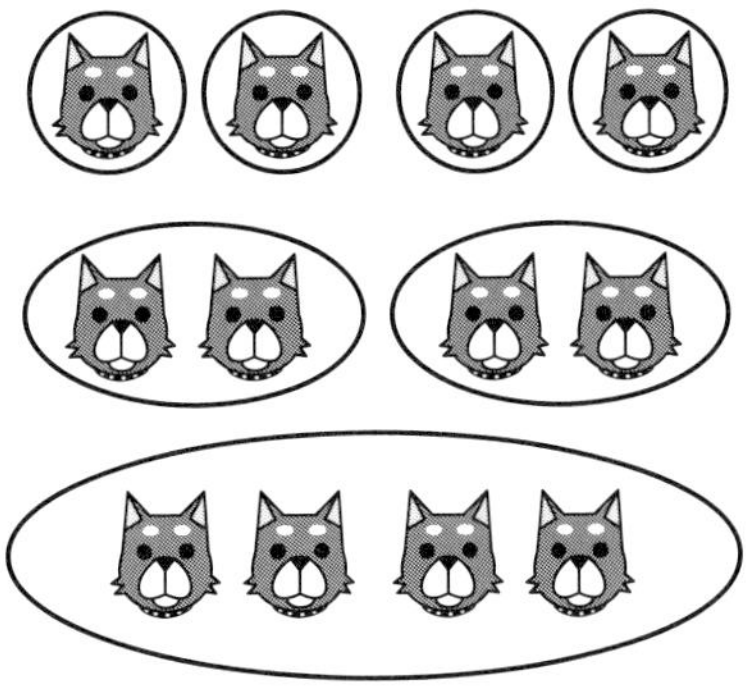

参考文献：向山洋一　企画・総監修『「算数」授業の新法則１年生編』学芸みらい社
木村重夫編『算数的活動の授業づくり　教え方ガイド』明治図書出版
（津田奈津代）

4月

生活　対話的な学びの基礎となるあいさつと自己紹介の練習

「あいさつ」や「自己紹介」は、対話的な学びの基礎の基礎である。

学校探検で2年生とごあいさつ

1年生の最初の単元は「学校探検」。2年生の子どもたちが、1年生を案内しながらグループ活動をする学校が多い。この機会に、あいさつや自分の名前を紹介する指導をしておきたい。

> 教：2年生に会った時、何と言ったらいいですか。「おはようございます」とあいさつをしますね。みんなでやってみましょう。

あいさつ練習

教：先生を2年生だと思って。

←

子：おはようございます。

←

教：隣のお友達に向かって。

←

子：おはよう。

←

教：後ろの席のお友達に。

←

子：おはよう。

まずは、みんなで一緒に言うことで安心して声を出すことができる。何度も練習させ慣れさせる。名前をつけたしてもう1度。

教：私の名前は、吉田真弓です。
　よろしくお願いします。

お辞儀の練習もさせたい。十分できない子どももいる。

1人ずつ個別評定

子：おはようございます。

←

教：合格！

←

　席に戻る。

1回目は、あいさつだけ。全部を求めると、負担が大きい子どももいるだろう。もし声が小さい子がいたら、もう1度だけやり直しをさせて、全員合格させる。2回目には、名前だけを言わせる。1度にさせようとせずに、繰り返しさせることが大切である。

友達と握手でごあいさつ

同じクラスになっても、違う幼稚園・保育園の人とはなかなか話す機会がない。あいさつゲームをして、友達の輪を広げる、あいさつと名前を言う練習にする。

あいさつゲーム

> あいさつカード作り。
> （小さなカードに好きな絵等を描く）

←（音楽をかける）

歩き回る。

←（音楽が止まる）

自分の名前を言う。

←

握手とカード交換。

ただ、このままでは、話しやすい顔見知りの友達とばかり話そうとする子が多いだろう。1度止めて言う。

> 教：今までお話ししたことがなかったとあいさつができた人。えらいですね。そういう人は友達が100人できますよ。

再び始めると、今まで交流がなかった友達とのあいさつができるようになる。

（吉田真弓）

4月

音楽　うたでなかよしになろう

とにかくたくさん!!　先生と一緒

歌ったり身体活動したりする中で、曲の流れに乗る力やまねする力を育てる。

指示　まねっこするよ。

歌入りの CD を次々と流す。教師はそれに合わせて楽しく歌う。子どもたちはそれを見てまねをする。幼稚園や保育園で歌った曲を、10曲くらい一気に流して歌うことを楽しむ。

歌ううちに、自然と身体表現をしている子どもが出てくる。それを取り上げてみんなに紹介し、一緒に楽しむ。

出てこなければ、簡単な振り付けを教師がやって見せればよい。１年生は、すぐにまねをして踊りだす。一番に始めた子をたくさんほめて、歌うことは楽しい、歌に合わせて踊ることはもっと楽しい、みんなと一緒ならもっともっと楽しいということを体感させ、広げていく。

【例】ちゅうりっぷ・おつかいありさん・ちょうちょう・めだかのがっこう・ぞうさん・ことりのうた・こいのぼり・こぶたぬきつねこ・いぬのおまわりさん・大きなくりの木の下でなど

※１枚の CD に編集したり、iPad やタブレットでプレイリストにまとめて入れておくと便利。

遊び歌　１人より２人が楽しい！！

先生と一緒に、たくさん歌う、踊ることを十分に楽しむことができるようになったら、２人の活動を入れる。

指示　音楽に合わせて歩きます。

『きらきら星』など簡単な曲に合わせて歩かせる。『さんぽ』などの拍の流れがはっきりしている曲をCDで流しても良い。

指示　２人組（音指示）

途中で止めて、音で指示を出す（カスタネットなどで集めたい人数分を打つ。ここでは２人組だから２つ）。すぐそばにいるお友達とさっと２人組になれることを良しとする。すぐに２人組になれた子を、思いっきりほめる。

指示　♪なべなべそこぬけ〜〜

教師が歌う。幼稚園や保育園でやったことがある子たちが動き出す。取り上げてみんなに紹介する。最初はゆっくりと徐々に速さに変化をつけると楽しさが倍増する。２人でうまくできるようになったら３人、４人と増やしていく。

発問　うまくひっくり返るようにするにはどうしたらいいかな？

３人、４人と増えるにつれ、うまくひっくり返ることができないグループが出てくる。うまくいくやり方を探らせたり、うまくできているグループに、言葉でうまくいくやり方を言わせたりする。

【その他楽しい２人遊び例】

『あんたがたどこさ』

２人で向き合い、いないないばぁの要領で『さ』で顔を出す。同じ方向に顔が出たり出なかったり、楽しく遊べる。

遊び歌　もっとたくさんで遊ぼう！！

指示　２人組（音指示）

２人組ができたら、じゃんけん。負けた人は、勝った人の後ろにつく。それをどんどん繰り返して、長い列を作っていく。『じゃんけん列車』に合わせて、楽しく遊ぶ。

４月の音楽授業　45分間の組み立て

歌・遊び歌・わらべ歌・リズム遊びで組み立てる。

（中越正美）

4月

図画・工作　図工って楽しい！「にこにこたんぽぽ」

入学してすぐの1年生にもできる、春らしい作品。いろいろな顔を描き、かわいいタンポポに仕上げよう。

準備物

黄色のコピー用紙（半径5㎝の円を書いて1人3枚ずつ印刷したもの）・白のコピー用紙（半径3㎝の円を書いて1人3こずつ印刷しておく・はさみ・のり・ネームペン・色紙（緑・黄緑）・色画用紙（8つ切の半分サイズ・紫・黒・青）

授業の流れ（全2時間）

①お話をする（要点のみ掲載。膨らませて話して下さい）。

【タンポポは、冬の間、じっと我慢していました。「あ～寒いなあ……」やがて冬が過ぎ、春が来ました。太陽がポカポカした日差しを浴びせました。タンポポは「やったーついに春だ！」と茎をグーンと伸ばしました。そして黄色いステキな花を咲かせたのです】

T「この時のタンポポの顔はどんな顔？」

C「嬉しい顔！」

C「にこにこしているよ」

T「そうですね。待ちに待った春が来たのでにこにこなんです。今日はこの『にこにこたんぽぽ』を作ります」

白コピー用紙（半径3㎝の円を1人3枚分印刷したもの）を配布。

T「たんぽぽの顔を描きます。いろいろな顔を考えましょう」

黒ペンで描く。ほっぺは色鉛筆でほんわか赤くする。できたらはさみで○に切る。

黄色のコピー用紙（半径5㎝の円を1人3枚分印刷したもの）も、まるの形に切る。顔を黄色の丸に貼り、黄色の所を周りから切りこみを入れ花びらを作る。これは前で実演して手元を見せよう。花びらは少し折って立体的にする。

②黒・青・紫の色画用紙から好きな色を選ばせる。

T「タンポポをここに貼ろうかな……と思うところに置きましょう。1つ置けたら2つめは高さを変えて置きます」

C「ここにしようかな」

C「いや、こっちにしよう」

いろいろ置いてみてからのりで貼る。

後は折り紙で葉っぱと茎を切って貼り、ちょうちょ・テントウムシ等を自由にクレパスで描いて完成。

余ったタンポポを色模造紙に貼り、学年目標として廊下に掲示。

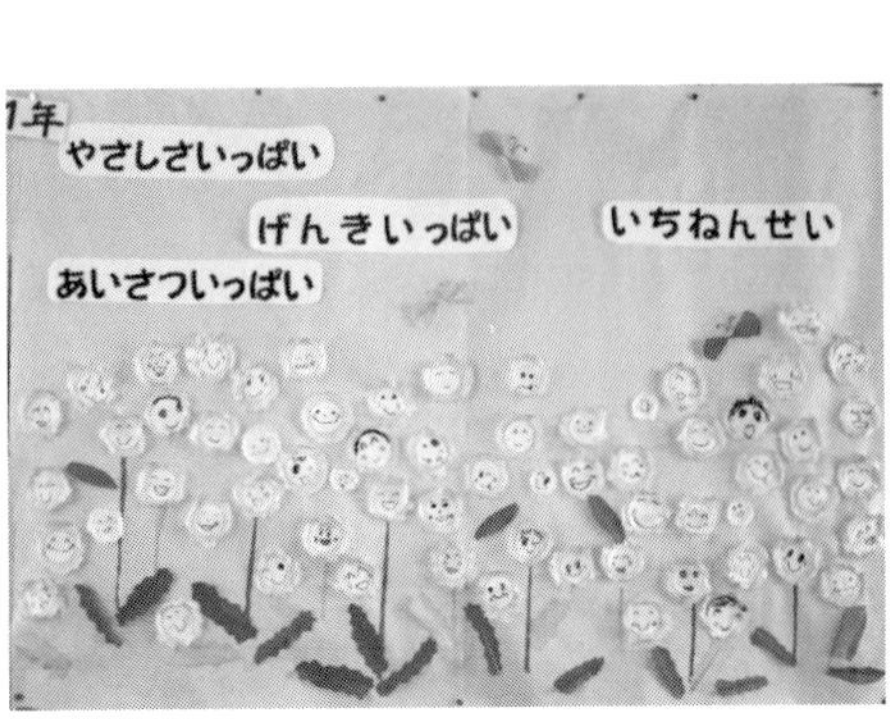

初めての参観日の学年掲示としてもぴったり。

（寺田真紀子）

4月

体育　心がはずむ体ジャンケン

「体ジャンケン」は、誰でもできる。そして、誰もが笑顔になる。友達と一緒に息を合わせ、「体ジャンケン」をすると、心も体もほぐされる。

> 先生のまねするよ。
> グー！（グー）、チョキ！（チョキ）、パー！（パー）。
> 大きな声で、グー、チョキ、パー‼
> 先生とジャンケンするよ。

まず、「グー、チョキ、パー」と3つの動きを、教師のまねをさせ、覚えさせる。

大事なことは、大きく手足を開くこと。そして、大きな声を出してジャンケンをするということである。

声を出すということは、体と心を解き放つ。小さな声だったら、「大きな声でもう一度！」とやり直したり、大きな声で言っている子をほめたりするとよい。

先生とのジャンケンは安心感があり、子ども達が大変喜ぶ。

> おとなりさんとジャンケンします。

最初は教師対全員で勝負。慣れたところで、子ども達同士でのペアジャンケンを行う。ペアで気持ちを合わせて、「最初はグー。ジャンケンポン！」と、声を出しながら、体ジャンケンをさせる。

自然と笑顔がこぼれ、友達同士が仲良くなる。1点、注意すべき点がある。

ジャンケンに負けたことで、ふてくされる子が出ていないかを見つけることである。

「負けを受け入れられない子」が、たまに存在する。その様な子には、そばに行き、「どうしたの？」と声をかける。教師が話をすることで心が落ち着くことがある。

簡単におさまらない時には、その子と教師がペアになってジャンケンをする。

負けても次は勝とうとがんばることが大切だということを伝える。がまんできたら、力強く「今、がまんできたね！えらいね」とほめる。教師にほめられる量で、改善されていく。

> 体ジャンケン。次は、負けた人は勝った人をおんぶして5歩、歩きます。5歩行ったら、また体ジャンケン。何回もやります。

このように慣れてきたら、ルールを追加していく。「ペアを変えて、ジャンケン壁タッチ！」「3人の人に体ジャンケンで勝ったら、先生にタッチ！」「負けたら、だっこして5歩」「負けたら股をくぐる」「負けたら勝った人の周りを3週走る」というように、バリエーションを変えていくと、子どもも飽きずに、楽しく取り組み続ける。

（桑原和彦）

4月

道徳　道徳科のはじまりのはじまり

4月の道徳のポイント

道徳科のキーワードの1つに「多面的・多角的」がある。簡単に言えば、様々な考えに触れることが必要とされている。その上で、自分の考え方を柔軟にしていけるようにするのが、道徳科の目指すところである。1年生の最初の最初は、いろいろな意見が言える、知れる楽しさを体感させることが大切である。

ほかの教科書と同様、最初は文字ではなく、絵を見て学習を進める。よって、教師の指示や発問がなければ授業を構成することができない。しかし、心配することはない。いくつかの指示、発問を知っていれば対応することができる。

例えば、次のような問いかけをしてみよう。

> 楽しそうなことを探してみましょう
> 喜んでいるのは誰ですか
> よくないことは何ですか
> 教えてあげたいことは何ですか

これだけで、子供はどんどん気付きを発表するようになる。

4月のオススメ資料

東京書籍の「ようこそ一年生」は、子供達が大好きな資料である。小学校に入学するまでの写真が掲載されている。そして、扉を開くと、これから始まる学校生活のことが写真やイラストで紹介されている。見ているだけでワクワクするページ構成となっている。

前半部分ではこれまでのことを語る時間とする。

> 幼稚園や保育園、子供園ではどんな楽しいことがありましたか。先生に教えてください。

これだけで、教室は騒然とする。自分の話を聞いてほしくて、どんどん発表が行われる。

自分のことを語りたいと思わせることは、道徳の授業ではとても大切なことである。1年生の最初にこのような体験を積ませておくことで、自己開示をすることが楽しいと感じられるようになる。すると、クラスに多様な意見が発表されるようになり、道徳の授業が面白くなる。

対話指導のポイント

高学年になると、自然発生的に対話や討論が生まれてくるようになるが、1年生では、意図的に教師がその場面を仕組まなければならない。例えば、先に紹介した東京書籍の「ようこそ一年生」では、次のような指示が有効であった。

> 学校ではどんな楽しそうなことがありますか。お隣の人に交代で教えてあげましょう。
> お話を聞いたら「教えてくれて、ありがとう」といいます。
> 絶対に「ちがう」ということは、言ってはいけません。

対話を始める前に、お礼の練習が必要となる。それでも、お礼を言われると、話してよかったという雰囲気になる。話してよかったという感覚は、道徳に限らず、他教科でも必要なことである。

正解を求める要素が少ない道徳だからこそ、「教えてくれて、ありがとう」という言葉が必要であり、多くの場面で生きてくるのである。

（奥田嚴文）

4月

英語　あいさつをして友達になろう

英会話授業で大切なこと

友達をたくさんつくりたいと願って入学してくる１年生。子供が英語を話してみたいと思うような簡単な趣意説明をする。

「英語が話せるようになると、外国の人と話ができます。そうすると、外国の人とも友達になれます。たくさん友達をつくりましょうね」

国語科の「あいさつ」の単元と関連させ、「はっきり話す」「相手の目を見て話す」「自分から話しかける」ことが英語でも大切だと説明する。

１年生には外国語活動の年間指導計画はない。週に１、２回、隙間時間に５分程度英語に触れる機会をつくり継続して指導していくと良い。

授業の初めはHelloから

授業の初めは、「Hello!」と笑顔で片手を挙げ、元気よくあいさつをする。子供から「Hello!」と返事が返ってきたら、「Very good!」と力強くほめる。子供を１人指名し、１対１であいさつをする。そして、さらにほめる。あいさつをする見本となり、ほめられる見本となる。

もう一度、「Hello!」と全体に声をかけると、今度は「Hello!」と答える子供が増える。答えた子供の中から１人を指名し、あいさつをする。そして、ほめる。その繰り返しを見せることで、「私も！僕も！」を増やしていく。だんだんと答える子供が増えていく。

ここでポイントとなるのは、大げさなくらい驚いてほめることである。教師の表情や雰囲気は子供に伝わり、ほめられたことがその子供の自信につながっていく。たとえ小さな声でも、教師が笑顔でほめ続けることが大切である。

少しずつできることを増やす

子供が「Hello」と「Bye」の意味を理解したら、次は自己紹介へつなげていく。

T: Hello.	C: Hello.
T: I'm MUTSUKO.	C: I'm ○○.
T: Bye.	C: Bye.

（１）名前を言う

「I'm ○○.」と、手のひらで自分を差し示しながら教師の名前を紹介する。子供１人１人に「I'm ○○.」と自分の名前を言わせる。言えない子供には教師が言い、後に繰り返させる。言えたこと、目を見て話せたことをほめる。

（２）教師と会話をする

次は、全体に向かって楽しそうに自己紹介をする。子供が返すことができたら大いにほめる。子供を１人指名し、１対１であいさつをする。そして、笑顔でほめる。挑戦した数名の子供と教師があいさつをし、見本を見せる。

（３）隣の子と仲良くなる

次は、隣同士。１組ずつペアを立たせてあいさつをさせ、ほめては座らせるというように、教師がついて見てやる。４月は、隣の友達の名前を知らない、一度も話したことがないという子供もいる。まずは、隣の子と仲良しになることを目標にする。英会話を通じて、友達との会話も増やしていくこともできる。

（鈴木睦子）

5月

国語　「はなのみち」
言葉を根拠にした発表方法を指導する

教材解釈のポイントと指導計画

物語文の学習を通して、2点指導する。
・物語文とは何かを教える。
・言葉に注目して考えさせる。

まずは、繰り返し本文を音読させる。読みがたどたどしいうちは、内容の理解はおぼつかない。

すらすらと音読できるようになってきたところで、内容の読解をする。

全6時間扱い。

第1・2時　範読　音読
第3・4時　題名　登場人物の検討
　　　　　登場人物の行動の確認
第5・6時　季節の検討

授業の流れのアウトライン

本文を音読した後、子どもたちに問う。

このお話の名前は何ですか。

子どもたちはすぐに『はなのみち』と答えた。物語の名前を「題名」ということを教える（「作者・絵」は教科書に記載がないので省略）。

同様に「登場人物」を問う。挿絵から関係のない動物を挙げる子もいた。

教師が整理し、物語に関係のある「くまさん」と「りすさん」に絞った。

1年生のうちから「登場人物」を確定し、行動に注目することを習慣付けていく。

年間を通して繰り返し扱うことで、定着させることができる。

この後も物語文を学習する機会がある。

欲張らずに、1つの物語文で1つ新しいことを教えるつもりで指導する。

第5・6時で「季節の検討」をする。

物語の中で、季節が冬から春へと変化する。

同じレイアウトで絵や文が変化している見開きのページがある。

それぞれのページで次のように問う。

このページの季節は何ですか。

「春・夏・秋・冬」の4つの季節があることを確認した後、場面の季節を問う。

子どもたちの意見は、以下のように分かれた。
・春（25人）
・夏（0人）
・秋（1人）
・冬（2人）

「わたしは、春だと思います（結論）。なぜなら〜からです（理由）」と文型を示し、教師の真似をして発表させる。

発表の前にノートに意見を書かせる。ノートが手元にあると、子どもたちは安心して発表できる。

以下、「春」の理由である。
・どうぶつがいないから。
・はなのいっぽんみちがあるから。
・きにはっぱがあるから。
・ふゆのつぎははるだから。

学習困難状況への対応と予防の布石

子どもたちは、言葉よりも絵に注目しがちである。

挿絵を根拠とした子の意見を認めつつ、文中からも根拠を探させる。

本文に注目した意見を取り上げて褒め、言葉に注目して考える習慣を付けていく。

（植木和樹）

5月

算数　「なんばんめ」問いと答えで対話的活動をつくる

なんばんめの『め』の言葉に着目させる

１から10までの数の学習を終えたら、その数が表す場所を示せるようにするための学習に入る。「まえから３だい」「まえから３だいめ」などの場所が確実に示せるように「め」に着目させることが重要である。さらに、「まえ」「うしろ」「うえ」「した」「みぎ」「ひだり」などの言葉も教える必要がある。

作業と言い方で定着させる

教科書にのっている絵を指で押さえる、鉛筆で囲ませる、赤鉛筆で塗らせるなどの作業をいれて定着させる。「まえ」「うしろ」も書き込ませる。囲んだ後は、言い方も教える。

子ども：「まえから３だいです」　まえ　うしろ

子ども：「まえから３だいめです」　まえ　うしろ

果物の場所も言い方をいろいろ変えて、変化のある繰り返しで何回も言わせる。教師が問い、子どもが答えるやりとりが対話的活動となる。

【本時の対話的活動】

教師：「まえから３ばんめは何ですか」

子ども：「めろんです」

教師：「めろんはまえからなんばんめですか」　まえ　うしろ

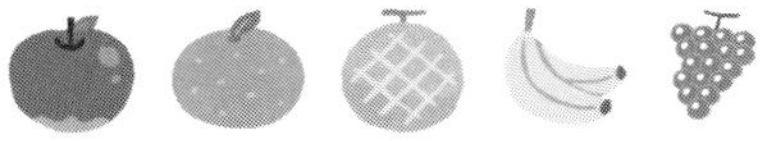

子ども：「まえから３ばんめです」

教師：「まえから３つは何ですか」

子ども：「まえから３つはりんご、みかん、めろんです」

体験で定着させる

実際に子ども達を並べて、手を挙げる、立つなどの作業を入れると子ども自身が体験できるので、身についてくるようになる。「まえから３にん、手を挙げます」「まえから３にんめ、立ちます」。実際にやっている子ども、見ている子ども全員で確認することで対話的活動を取り入れることができる。

参考文献：向山洋一　企画・総監修『「算数」授業の新法則１年生編』学芸みらい社

（津田奈津代）

5月

生活　がっこうにいるひととなかよしになろう

初めて人にインタビューする経験である。相手に伝わる質問の仕方を学ぶ。

調べたい先生はだれ？

学校の中では多くの人が働いている。たくさんの人が自分たちのために働いていることを理解させる。

教：学校の中には、いろいろな仕事をしている人がいます。

どんな人がいますか。

先生カードを見せる。

「保健の先生」「給食の先生」「校長先生」というのはすぐに出る。

←

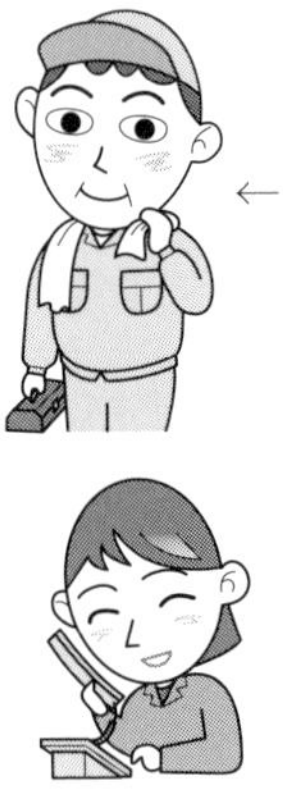

「校務の先生」「事務の先生」というのは、なかなか出てこない。

←

調べたい先生を1人決める。

←

調べたい先生ごとのグループを作る。

決めた先生にインタビューに行く。

1人が1人の先生を調べることで問題意識は明確になり、さらにこのことは、あとで調べたことを交流する必要感につながる。

インタビュー

子：1年○組の○○です。先生に質問があります。いいですか。

子：どんなお仕事をしていますか。

4人1組なら、それぞれの子に質問をさせたい。他にも、

うれしいことは何ですか。

困ることは何ですか。

子：1年生にお願いしたいことは何ですか。

などを聞くとよいだろう。

給食の先生なら、

「みんなが給食をおいしいと言ってくれるとうれしいです」「みんながたくさん残すと困ります」「マナーを守って食べてください」のように答えてくださるだろう。事前に先生方へ「こんな質問をします」とお願いしておくとよい。

聞いたことを伝え合う

グループの中で発表の練習をする。

←

★互いの話し方や態度を見て学ぶ。

←

全体の前で発表する。

★インタビューをした先生の顔写真を大きく印刷してはっておく（教師）。

たとえば、このようになる。

> 私たちは、保健室の先生の仕事を調べました。保健室の先生の仕事は、けがをした人や病気の人の手当てをすることです。みんなが元気なのが一番うれしいそうです。1年生のみんなには、廊下を走らないようにしてほしいそうです。（後略）

時間に余裕があれば……

「私はだれでしょうクイズ」にして発表させるとさらに楽しく対話を通した学びにつながる。

（吉田真弓）

5月

音楽 “ふしづくり”で音楽の基礎力を高める

“ふしづくり一本道” は全 80step からなる、学級担任のための音楽指導法である。授業の他、朝の会等で継続して行えば、音楽能力だけでなく、協働の力が子どもに付く。

「ふしづくり一本道」への導入

（１）♪『さんぽ』に合わせてリズム打ち

教師が手本を示し、子どもがリズム打ちする。

歌　　あるこうＶ　　　　あるこうＶ

手拍子　○○○　Ｖ（タンタンタンウン）○○○　Ｖ～

できる子もできない子も、教師の真似をすればよい。歌いながら、リズム打ちができると更によい。教師は子どもの習熟状況をよく見る。

（２）好きな動物は何？

指示　好きな動物を１つ言います。

端から順に言っていく。（１人１人）

とら、ライオン、うさぎ……、全員に言わせる。

（３）○○○Ｖに合わせて動物呼び

指示　先生のカスタネットのリズム（タンタンタンウン）に合わせ、今言った動物の名前を言います。

ことば　とーらＶ　きつねＶ　ライオンＶ‥

手拍子　○○○Ｖ　○○○Ｖ　○○○　Ｖ‥

端から順番に言わせていく。動物呼びをしない子も○○○Ｖのリズム打ちをする。

○○○Ｖのリズムに乗って、言葉が発せられるのが望ましいが、初めはすぐに手が止まってしまう。

「タンタンタンウン」の「ウン」を感じさせること」がリズム感習得のために重要である

できている子をほめ、常に意識して行わせる。

「動物の名前呼び遊び」（ステップ2）

「○○○Ｖのリズム打ち」に慣れてきたら、グループで言葉回しをする。まず、４～５人のグループを作り、リーダーを決める。

Ｔ　リーダーから時計回りで回していきます。お手本を見せてもらいましょう。

１グループを選び、例示させる。具体的なやり方を見せてからグループ活動を行う。

ＣＲみなさん　　　　　　　Ｃ全はあい

ＣＲ動物回しをしましょう　Ｃ全しましょ

Ｃ１とーら（ウン）　Ｃ全　とーら（ウン）

Ｃ２うさぎ（ウン）　Ｃ全　うさぎ（ウン）

Ｃ終わりましょう　Ｃ全　終わりましょう

CR‥グループのリーダー　Ｃ全‥グループ全員

言葉を回しながら「○○○Ｖのリズム打ち」をするのがポイントだ。最初はジャンプしながら言葉回しをする子も見受けられるが、まず楽しく活動させる。体軸が整い、拍感が身体に入ってくると、安定してリズムが打てるようになる。

「動物」を「果物」や「飲み物」に変えて、言葉回しを楽しみながら、○○○Ｖを定着させる。

ふしづくりでは拍の流れに乗る力だけではなく、即興力やコミュニケーション力も培うことができる。

「名前呼び遊び」（ステップ１）

ＣＲ名前呼び遊びをしましょＣ全しましょ

Ｃ全　島田君（ウン）　　Ｃ１はーい（ウン）

Ｃ全　小泉さん　　　　Ｃ２はーい（ウン）

少しずつ負荷をかけて進める。

５月の音楽授業 45 分間の組み立て

歌 10 分　遊び歌・わらべ歌 15 分・リズム遊び 10 分　ふしづくり 10 分

（関根朋子）

5月

図画・工作

初めて描く「自画像」を成功させる
～かたつむりの線を知り、自分の顔を描く～

入学して間もない1年生でも、「お人形の顔」とさようならした自画像が描ける。酒井式描画法で指導するからである。

触って描く

自画像は、鏡を見ずに顔を触って描く。まず鼻の穴に注目させる。画用紙の中央あたりに、鼻の形だけ出るように三角に穴を空ける。そしてそこに教師の鼻を入れてみる。子どもたちには教師の鼻だけが見える状態だ。

「ほ～ら、穴が空いていますね」と言いながら、鼻の穴に自分の指で触ってみる。

「わ～、先生そんなことしてもいいの」という表情で私を見る子どもたち。

「あんまり突っ込みすぎちゃだめですよ。みんなもやってみてください」とさせてみた。子どもたちも、鼻の穴が2つ空いているのを確かめた。このように、顔の部品をすべて触ってその触覚から感じたことを使って絵にしていく。

かたつむりの線で描く

「今日は、鼻の穴から描きます」

そう言って、黒板に貼った画用紙に鼻の穴を2つ描いた。次に、子どもたちにも描かせる。描く線で大事なことは、「かたつむりの線」で描くことだ。

かたつむりの線とは、ゆっくりゆっくり進む線のことである。鼻の穴を描いた後、次に鼻の骨の部分を△で描いた。

「わ～失敗した」という子もいたが、「絵には失敗はありません」と言って励ますとよい。本当に絵には失敗がない。

鼻が大きくなりすぎたら、口を小さく描けばいい。鼻が小さくなったら、口を大きく描けばいい。画面からはみ出しそうになったら、紙を当てて描けばいい。小さくなりそうだったら、次に描く部分を大きく描けばいい。教師が、子どもの絵を見てそれを生かしてあげるようにする。またあごの位置をうんと下げると、顔は大きく仕上がる。

自画像は、この順で描く。

①鼻の穴、鼻の骨（△の部分）
②口びる（上と下）
③歯
④目
⑤眉毛（触ってみると、顔の内側から外に向かって毛はすべすべだが、逆向きはざらざら。一本ずつ描く）
⑥まつ毛
⑦輪郭（ほっぺたが丸く膨らんだように描く）
⑧耳（耳の穴も描く）
⑨髪の毛（1本ずつ、描く）

目は、右向き、左向き、上向き、下向きなど黒目の位置で変わることを教える。また、目の真ん中に黒目を描くときれいに見える。仕上がった顔の絵を見て、今まで描いてきた「顔」と違うので「わ～」と子どもたちは興奮していた。

クレパスで着色する

色は、クレパスで塗る。肌の色は基本黄土色である。

そこに明るい部分には黄色、ほっぺたのように赤い部分は朱色を塗り、ティッシュでこすって混色をする。

ティッシュを使うと、初めてでも美しく仕上げることができる。

（勇和代）

5月

体育　「ビブス」で体の動かし方を再確認

1年生は「モノ」を使った運動が大好きである。体を動かす楽しさや心地よさを味わい運動好きになるとともに、体の動きを高める体つくり運動遊びを行うことが、その他の運動を行う上でも大切になる。そこで、新提案として教材開発したお勧めの運動が「ビブス」を使った体つくりである。体の動きを高めるためには感覚統合の視点から「触覚・固有覚・前庭覚」を高めることが必要である。1年生向けの授業で使えるパーツを紹介する。

①ビブスでストレッチ（1人技）

1　背伸び。
2　横曲げ。
3　回旋。
4　開脚で前屈。
5　上半身ひねる。
6　手首で時計回りに回す（右）。
7　手首で反時計回りに回す（右）。
8　手首で時計回りに回す（左）。
9　手首で反時計回りに回す（左）。
10　腕を時計回りに速く回す（右）。
11　腕を反時計回りに速く回す（右）。
12　腕を時計回りに速く回す（左）。
13　腕を反時計回りに速く回す（左）。
14　腕を時計回りに大きく回す（右）。
15　腕を反時計回りに大きく回す（右）。
16　腕を時計回りに大きく回す（左）。
17　腕を反時計回りに大きく回す（左）。
18　腕を8の字に回す（右）。
19　腕を8の字に回す（左）。

②ビブスを上に投げとる。
③上に投げ、頭でとる。※趣意説明。これができるとボールの運動が上手になる。
④上に投げ、手を一度伸ばすが、頭でとる。※趣意説明。サッカーのヘディングが上手になる。
⑤上に投げ、背中でとる。
⑥上に投げて、反対の手でとる。
⑦上に投げ、低い位置でとる。
⑧上に投げ、手をたたきとる。※見本で4回たたく。「4回より多い人？」「回数増やすために低い所でとっている！」
⑨上に投げ、足でとる。※つま先や膝等、どこでとっても認め、褒める。
⑩(友達と向かい合い)左右に投げられたビブスをキャッチ。
⑪友達が上に投げ、床に落ちる前に(走ってきて)キャッチ。
⑫友達同士が向かい合う。お互いが上に投げたビブスをキャッチ（走ってクロスする）。
⑬ビブスで片手キャッチボール（キャッチビブス）。
⑭お互いに後ろ向き。両手投げでキャッチボール。
⑮股の下から両手投げでキャッチボール。

グループをつくり、輪になり横にパスを回す（内向き・外向き）。

（桑原和彦）

5月

道徳 簡単な役割演技で授業を組み立てる

5月の道徳のポイント

5月に入ってくると、だんだん45分の授業にも体が慣れてくる。しかし、じっと座って活動することは、まだまだ難しい子供がたくさんいる時期である。

また、ひらがなの習得も途中なので、書く活動は、ほとんどできないといっていい。

もしも、鉛筆を持たせるなら、何かに○を付ける活動か、教師の指示したものを写させる活動ぐらいにとどめておくのが適当である。

このように考えると、1年生の5月は、ノートよりはワークシートの方が、授業を行いやすいかもしれない。

書く活動には制限が大きいので、動作化や、簡単な役割演技を行うことで、扱いたい内容を体感させることが授業の中心になってくる。

例えば、

「ウサギさんは何を話しているのかな」

「ウサギさんになって話してみて」

「みんなの前でやってみたい人」

とするだけで、教室はものすごく盛り上がる。

5月のオススメ資料

東京書籍の「あいさつ」は、「B 礼儀」で、基本的なあいさつの仕方を具体的に理解し、身近な人々といつも明るく接しようとする態度を養うことを目標としている。

様々なあいさつの場面絵が紹介されているので、

「どんなあいさつをしているのかな」

と聞くだけでも、様々な意見が出てくる。だから、たくさんの子供が発表することができる。

絵の中から1つを教師が選び、状況設定をし、役割演技をさせる。やんちゃな子供ほど何度もチャレンジしたがる。しっかりと褒めることができる機会である。

子供の発表が一通り終わったら、

「先生がお手本をやります」

といって、教師が不適当な演技を行う。

例えば、暗い感じであいさつをしたり、何度もしつこく繰り返しあいさつをしたり、怒鳴るようにあいさつをしたりする。

子供達は、懸命になって制止しようとする。対極にあるものを比較することで学びが明確になる。

対話指導のポイント

表現が好きな子供は、いきなりみんなの前で発表することができるが、中には、おとなしい子供もいるのが教室である。

元気な子供だけでなく、そんな子にも表現の機会を保証すること、そして、自信をつけるという意味で、隣同士で役割演技をさせておくことが重要である。

> 「どんなあいさつをしていますか。隣の人と言い合ってみましょう」
> 「先生にあいさつをするようにお隣同士であいさつしてみましょう」
> 「先生のあいさつのどこがいけませんか、隣の人と言い合ってごらん」

クラスの人数や実態にもよるが、全体に発表させる前に、一旦ペア学習をさせることで、全体の発表がより充実したものになる。また、どの子にも学習活動が保証され、教師も子供の様子を見取る機会が増える。授業をより意図的にくみたてるためにも、対話活動が必要となってくる。

（奥田嚴文）

5月

英語　ごきげんいかが?

フラッシュカードで分かりやすく

「Hello. I'm○○. Bye」が話せるようになったら、次は「Nice to meet you.」を付け加えた４文往復の長いあいさつを話せるようにする。

T: Hello.	C: Hello.
T: I'm SACHIKO.	C: I'm MICHIKO.
T: Nice to meet you.	C: Nice to meet you, too.
T: Bye.	C: Bye.

あいさつのダイアローグを理解させるのに最も適した教材は、「自己紹介フラッシュカード」（NPO 英語教育研究所）である。２人の女の子が会話をしている様子をイラストで表している。このイラストを使えば状況を日本語で説明しなくても一目瞭然、すぐに状況を理解させることができる。

日本語で説明しにくい「Nice to meet you.」も、このイラストを使えば、あいさつをする時に話す言葉だと理解させることができる。

このダイアローグを１回繰り返すのにかかる時間は、たったの 15 秒である。隙間時間にもピッタリである。

いつも授業の始まりをこの自己紹介のあいさつで始めたところ、１学期終了時には、この４文往復のあいさつは定着率 100％になった。

フラッシュカードで楽しく

fine, hot, cold, hungry ４枚の表情フラッシュカードがあれば、How are you? I'm fine. の授業がすぐにできる。

５月は暑い日もあれば、涼しい日もあるので hot と cold の意味が伝わりやすい。

まずは単語練習。次に、教師がジェスチャーをつけて状況設定を理解させる。ここは教師の演出がものをいう。思い切ってジェスチャーをするとよい。ペアで何のジェスチャーかを当てっこをさせると、上手にジェスチャーを見せる子供が出てくる。それを取り上げ大いにほめる。ほめられた友達を真似して、どの子供もだんだん大きなジェスチャーに変わっていく。

次は、I'm fine. のダイアローグ練習。変化を付けながら繰り返し練習をさせる。

（１）教師の後に続いてリピート１回
（２）男子だけ、女子だけ
（３）右だけ、左だけ（教室を２つに分け）
（４）子供だけで１回

最後は How are you? の尋ね方。両手を自分の胸の前から相手に向けるように尋ねているジェスチャーを付けて練習させると、すぐに覚えることができる。

５月になれば友達の輪も広がり、いろいろな子と話ができるようになる。隣同士だけでなく、３人見つけて会話をするなど、いろいろな友達と話す機会を作り、コミュニケーションを図っていく。

（鈴木睦子）

6月

国語　「おむすびころりん」音読の工夫の仕方を指導する

教材解釈のポイントと指導計画

前単元『はなのみち』の学習に続き、音読を十分にした後、内容の読解へと進む。新たに「音読の工夫」を扱う。

実際の音読を通して、工夫を体感させていく。全5時間扱い。

第1時　範読　音読
第2時　題名　登場人物の確認
第3時　登場人物の行動の検討
第4・5時　音読の工夫

授業の流れのアウトライン

「おじいさん」と「ねずみ」の掛け合いで物語が進んでいく。

登場人物を確定した後、問う。

おじいさんは、働き者ですか。

子どもたちから「やまのはたけをたがやして、と書いてあるから働き者」という意見が出た。

本文から登場人物の人柄を想像して読むことができていた。他にも、

「おじいさんは、わざと穴に落ちましたか」
「ねずみは、よろこんでいますか」
「おじいさんは、宝物を出そうと思って、こづちを振ったのですか」

と問い、意見を発表させる。

内容を読解する中で、自分が考えた意見と根拠を併せて発表させる。

次第に根拠を挙げて意見を発表することが身に付いてくる。自分の意見を持つことは、対話への第一歩である。

第4・5時で「音読の工夫」を扱う。

物語の中で、同じフレーズが何度も繰り返されるところがある。同じように読むのではなく、声の大きさや強弱など、読み方の工夫を考えさせたい。

おじいさんが落としたおむすびを追いかけていく場面である。

「まて　まて　まて」は全部、同じ読み方でいいですか。

「だんだん大きく読む」と「だんだん小さく読む」と意見が分かれた。

次第におにぎりが遠ざかっていくことから「だんだん大きくなる」と考えられる。実際に音読させることで、子どもたちは納得していた。

その後、同じフレーズが繰り返されるところで問う。

3回ある「おむすびころりん　すっとんとん。ころころころりん　すっとんとん」は、全部同じ読み方ですか。

実際に教師が読んで聞かせると、どのように読み方が変化するのかわかる。

おじいさんが落としたおにぎりを、ねずみたちが喜ぶ様子から、「喜びが大きくなるにつれて、声が大きくなっていく」と意見が出た。

次第に声が大きくなってくるように音読させた。読み方が変化したことが体感でき、子どもたちは満足していた。

学習困難状況への対応と予防の布石

音読の工夫のイメージを持つことは難しい。実際に音読させたり、教師が読んで聞かせたりすることで体験と結び付けて理解させる。

（植木和樹）

6月

算数　「たしざんひきざん」立式のわけを言えるようにする

たしざん、ひきざんの意味を理解させる

初めてたしざん・ひきざんを学習する。たしざん・ひきざんとは何かを理解させなければならない。そして、指、ブロック、二十玉そろばんなどの具体物を使って操作をたくさんさせる。子どもは数え足しや数え引きのやり方で答えを出す。このような作業と共にたしざん・ひきざんの意味を理解させる。
さらに、文章問題からたしざん・ひきざんの式になる言葉を教える必要がある。

教科書に出てくる主な言葉
【たしざん】　あわせていくつ（合併）　ふえるといくつ（増加）
【ひきざん】　のこりはいくつ（求残、求補）　ちがいはいくつ（求差）

①言葉で、②作業で、③立式でできるようにさせる。「なぜその式になったのですか」と問うと対話も生まれる。

式・図・答えの３点セットで発表することが対話的活動の第一歩

文章問題では、式・図・答えの３点セットでノートに書かせる。「しき：３＋２＝５　こたえ：５こ」とノートに書いたものを黒板に書いたり、発表したりすることが子ども同士の対話的活動の第一歩となる。

【本時の対話的活動】
子ども：「これは、たしざんです。しき：３＋２＝５　こたえ：５こです」　【３＋２＝５】
教師：「なぜその式になったのですか」　○○○←●●
子ども：「『あわせてなんこですか』ときいているからです」
教師：「次の問題を式に書いて答えましょう」　【５－２＝３】
子ども：「しき：５－２＝３　こたえ：３こです」
教師：「これは、なにざんですか」
子ども：「これは、ひきざんです」
教師：「その式になったわけを言いましょう」
子ども：「なぜかというと、『のこりはいくつ』と書いてあるからです」

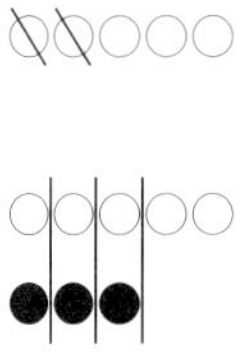

参考文献：向山洋一　企画・総監修『「算数」授業の新法則１年生編』学芸みらい社　（津田奈津代）

6月

生活　もっとがっこうたんけんでみてこよう

「学校探検？」「学校散歩？」

2年生に案内してもらった学校探検は、楽しかったけれどあまり覚えていなかったという経験がある。問題意識をもたずに探検したために「学校散歩」になったのだ。次のように提案する。

教：1年生だけでもう1回、学校探検に行こう！

2回目の学校探検をさせる際には、しっかりと問題意識を持たせたい。

見てきたことを思い出そう

1年生の子どもにとっても、一番なじみのある保健室を取り上げる。局面を限定して問うことで、対話につなげる。

教：紙を1枚渡す。　←

教：保健室にあった物を紙にかく（字でも絵でもよい）。　←　10分後

教：黒板に1枚紙を貼る。　←

教：みんなのお話を聞いて、先生が保健室の絵を描いていくよ。保健室にあるものを教えてください。　←

子：椅子があったよ！

子：ベッドもあるよ！　←

教：ベッドを1つ描く。　←

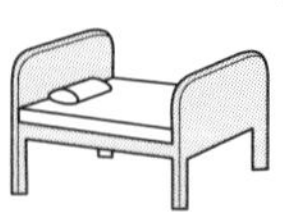

子：ベッドはもう1つあるよ。　←

教：そうなの？　2つなんだね。（別の場所に2つベッドを描く）　←

子：「違うよ！」　←

子：「3つだよ！」（大騒ぎ）　←

教：わからないなあ、困ったなあ。

「もっと学校探検」で見てこよう

同様に椅子や机、ソファなどの数や場所を聞く。教室は騒然。大混乱。

教：みんな見てきたはずなのに、困ったなあ。これじゃあお家の人に、教えてあげられないよ。どうしよう。

「探検で見つけたことを、教えあったり、参観日でお家の人に教えてあげたりしよう」ということにしていたのだ。

今すぐ見に行こう！

すぐにでも行きそうな勢いとなる。

教：他の場所も分からないことだらけかもしれないね。今度は一年生だけで、学校探検に行こう。

見てくることは何かな？

教：今度こそちゃんと見てこようね。じゃあ、今度はどんなことをみてきたらいいかなあ。　←

子：なにが何個あるか。お部屋のどこにあるか。

見てくる視点がわかったので、今度は問題意識を持った学校探検となる。

同時に、聞く視点も明確になっているため、活動後の発表でも、お互いの意見を真剣に聞き合うようになる。

【参考文献「教え方の基礎基本小事典」（明治図書）青坂信司氏論文】

（吉田真弓）

6月

音楽　ことばであそぶ　共通教材の歌い方

共通教材は「ひらいたひらいた」「かたつむり」「ひのまる」「うみ」の４曲。日本語を意識させるのに適している。歌って遊びながら、ことばがもつリズムや語感を身体で感じさせる。

「かたつむり」で遊ぼう（第１時）

指示「先生が歌を歌います。静かに聞きます」

「かたつむり」１番を範唱する。その後、教師→子どもの順に、追い歌いをする。

指示「真似します」

１番が歌えたら、後半を取りあげる。

T　つのだせ　やりだせ　あたまだせ
C　つのだせ　やりだせ　あたまだせ
T　つの**だせ**　やり**だせ**　あたま**だせ**
C　つの**だせ**　やり**だせ**　あたま**だせ**

太字部分をはっきりと歌ってみせまねさせる。

T　つの　（合図）C だせ
T　やり　（合図）C だせ
T　あたま　（合図）C だせ

教師は手で合図を出しながら歌わせる。

T　今の「だせ」では、「つの」は出ないなあ
C　もう一回やらせて！

子どもたちは懇願し、必死に声を出す。

T　あらまあ、少し「つの」が出たわ。でも、まだ、やりはでないなあ……

と焦らして進める。

教室を「つのチーム」と「だせチーム」に分け、対決させる。入れ替えて行う。

ペアを組み、「つの担当」と「だせ担当」に分け、歌い合わせる。

「かたつむり」で遊ぼう（第２時）

２番を歌う。

１番と２番は混同しやすい。教える日をずらすと定着し易い。「つのだせ　やりだせ　目玉だせ」と、２番の歌詞で歌い分けをする。その後、ペアを作り、かたつむり役と人間役をつくって歌う。

指示「今度は１人で歌います。自分１人で、２役歌い分けられたらすばらしいです」

対話を元に作られている曲は多い。役割を意識して、楽しく歌う。

「ひらいたひらいた」（第１時）

この曲では強弱を体感できる。低学年期は音楽感覚を体感させる遊びを数多く取り入れる。

【遊び方】

①大きな円をつくる。
②手をつないでまわりながら歩く。
③歩くのが安定してきたら、教師は「ひらいたひらいた」を歌う。教師の真似をしながら、１人また１人と歌い始め、間もなく全員が歌えるようになる。
④動作化する（歌えるようになっても歌を途切れさせない）。ひらいたり、つぼんだりして遊ぶ。

「ひらいたひらいた」（第２時）

「呼びかけとこたえ」に分けて歌う。

C　ひらいたひらいた　T　何の花がひらいた
C　れんげの花がひらいた
T　ひらいたとおもったら～
教師と子どもで歌い分けて遊ぶ。

やり方がわかったら、２人組で役を分担して歌わせる。歌い分けをすることで、歌詞の内容がイメージしやすくなり、歌詞の意味に興味を持つようになる。　　　　（関根朋子）

6月

図画・工作　クレパスのこすり出し「アジサイを描こう」

準備物

画用紙・クレパス・はさみ・セロテープ

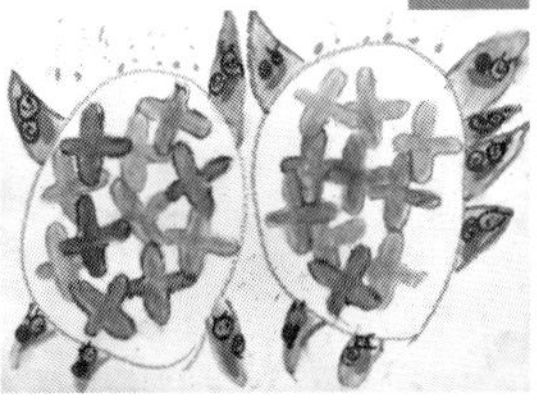

授業の流れ（全3時間）

①お話をする（概略のみ紹介。膨らませて話してほしい）

【雨の日。かたつむりのカア君がおさんぽにいったよ。わあ！　きれいなアジサイ。今日はここでお昼寝だ！　かたつむりのカア君はアジサイの花に登りはじめました】

②画用紙を1辺10㎝ぐらいの正方形にきったものを配布。そこへ鉛筆でアジサイの花を描く。

T「花をはさみで切ります。」

C「先生、どこから切ればいいのかわからないよ」

T「そうだね。だからお助けの線を入れます。ここ（矢印）から切ります」。なお、切り取った後はお助けの線をセロハンテープでとめておく。切りぬいた花は使わず、セロハンテープでとめた外側の型紙を使用する。

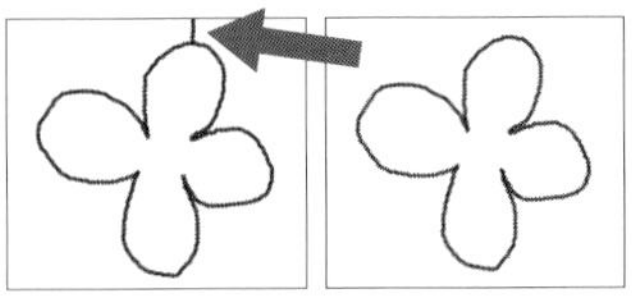

③画用紙に水色のクレパスで大きな丸を描く。その中に②で作った型紙を入れ、型紙の内側を水色のクレパスで左図のようになぞる。型紙を押さえながら指で花びらの中へこすする。型紙がずれないように。

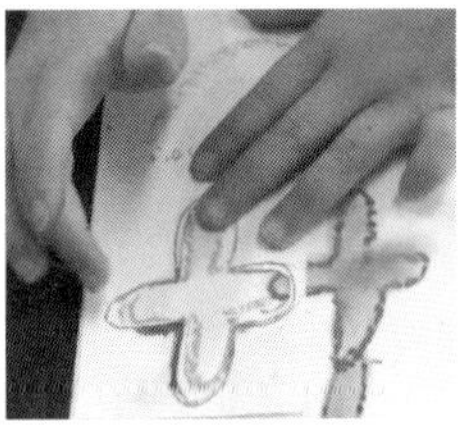

C「うわあ。きれい」。水色・紫・青などで花を重ねると青っぽいアジサイができる。

ピンク・紫・赤のクレパスで花を作ると、ピンクっぽいアジサイができる。大きな丸からはみ出ないように花と花を少し重ねるときれい。クレパスの「こすり出し」の美しさに子どもたちはびっくりする。

教師は大いに褒める。

④アジサイの葉を緑で描き、これも指で中にこすり出す。

⑤最後にかたつむりのカア君と雨を描く。

雨は多くなりすぎるとうるさくなるので少なめに。

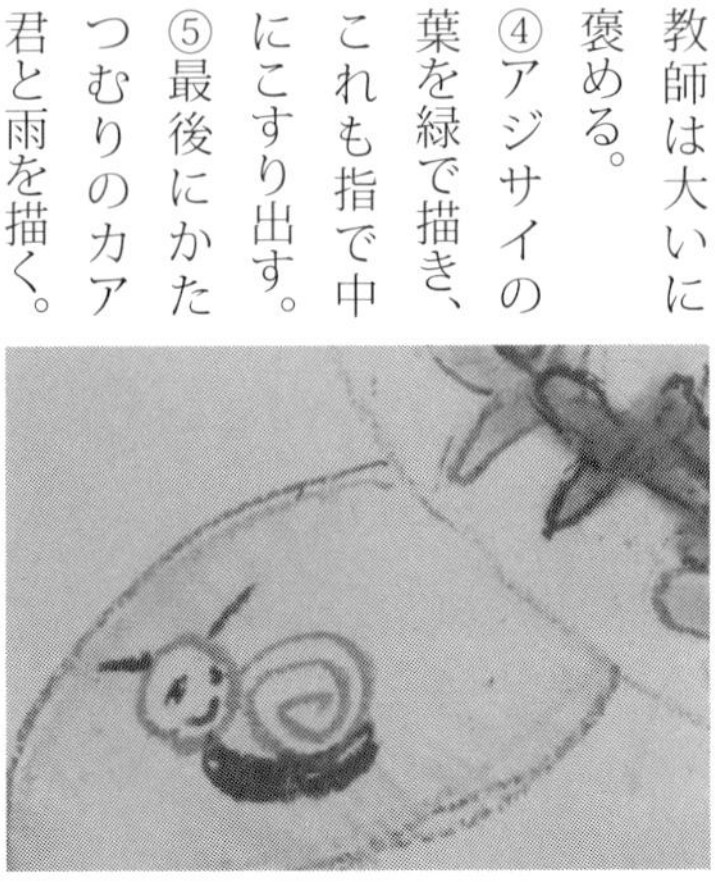

（寺田真紀子）

6月

体育　変化のある繰り返しで楽しく折り返しリレー

子どもはリレーが大好きだ。1年生ならば「手でタッチ」や「リングバトン」にすると良い。

ここでは「折り返しリレー」を題材にする。スタートラインと折り返しラインの間にカラーコーンを配置する。

スタートし、コーンに来たら、ぐるっと回ってから折り返しラインまで行って戻ってくる。このコーンの場所を自由に変えられることが醍醐味である。

> 1つのコーンを回って、戻ってくるリレーをします。コーンをどこに置いてもかまいません。

試しのリレーをする。これだけでも他チームとの違いが生まれ盛り上がる。

回旋の向きや走り方などのルールの確認ができたところで、次の活動に取り組む。コーンを3つ用意して、どのコーンも回旋して戻ってくるゲームをすることを伝える。

> 今度は、カラーコーンは3つです。スタートしたら、全てのコーンを回るリレーになります。3つのカラーコーンを好きな場所に置きます。どこに置いてもよいです。

この指示で頭を働かせて、勝つための戦略を練るようになる。主体的・対話的な活動になる。

最初の活動の応用編になる。子どもたちが混乱しないように、競争前に確認しておくことが必要である。

「どこがスタートラインなのか」「どこで次の走者は待っているのか」を確認し、活動に入るとよい。

子ども達は、様々な置き方を試しだす。3つのコーンの距離を均等に置く、スタート地点にまとめる、折り返し地点にまとめるなど。1年生なりに話し合い・譲り合い・試しながら決めていく。

リレーは、数回行う。その度に、「作戦タイム」を持つことで変容していく。

作戦タイムと称して、子どもたちがコーンの置き場所を工夫することで、さらに楽しく取り組むことができる。

相談を通して、各自が自分に合った目標を考えながら楽しく取り組むことができる。

さらに、体の使い方も学ぶ。それは、

> コーナーの曲がり方が上達する

ことである。体を倒しながら走ることが上手に回旋することだと知っていく。

さて、数回リレーをすると、何度も1位になるチームが出てくる。そこで、接戦にするために、「コーンを回る数を2周に増やす」「スタートラインの位置を下げる」「コーンの数を増やす」などのハンデを追加するとよい。

（桑原和彦）

6月

道徳　道徳ノートを使い始める

6月の道徳のポイント

この時期になるとひらがなの学習を一通り終え、書くことが少しずつ増えてくる。

『小学校学習指導要領　特別の教科道徳編』に次のように書いてある。

> 書く活動の工夫
> 書く活動は、児童が自ら考えを深めたり、整理したりする機会として、重要な役割をもつ。この活動は必要な時間を確保することで、児童が自分自身とじっくりと向き合うことができる。また、学習の個別化を図り、児童の考え方や感じ方を捉え、個別指導を行う重要な機会にもなる。さらに、一冊のノートなどを活用することによって、児童の学習を継続的に深めていくことができ、児童の成長の記録として活用したり、評価に生かしたりすることもできる。

国語や算数でもノート指導に力が入る時期である。道徳もノートを使っての学習をそろそろ始めたい。

6月のオススメ資料

東京書籍「はしのうえのおおかみ」は言わずと知れた有名資料である。古くから、全国の実践家たちが記録を残してくれているので、ネット検索すれば数多くの指導案を手に入れることができる。

まずは、指導案を5種類以上手に入れる。そして、それらを比較し、追試したい部分を選ぶ。私は、プリントアウトして、○を付けていく。

自分では扱わないと思っていた部分でも、どの指導案でも扱われている内容であれば、大切である可能性があるので、検討すべきである。

このようにして、取捨選択と創造を繰り返し、自分自身や子供の実態に即した授業を組み立てていく。

私たちは、先人の知恵を引き継ぎ、工夫改善し、後世に伝えていくという、大切な役割を担っている。

自分自身でどう授業するのかを考えることは、もちろん不可欠である。先人の仕事の上に創造的な活動を行うことで、更によい授業を作り出していくことにつながる。

対話指導のポイント

書く活動を取り入れるため、授業のスピードは4月や5月に比べてゆっくりになる。また、書くことには個人差も生まれやすいので、油断すると、空白ができてしまい、子供の授業への集中が途絶えてしまう。

そこで、対話活動が必要となる。例えば次のようにする。

「早く書き終わったら、先生のところにノートを持ってきなさい」

と、ノートに○を付けてやる。

そして、

「ノートに○をもらった人は、黒板の前に集まって、読み合いっこしなさい」

大体の子供が書き終わる頃に全員を席に戻し、全体発表につなげていく。

時間差があまりできないよう、書かせる文字数は少なくなるよう調整することも大切な授業マネジメントとなる。

書くことで、授業のスピードは落ちるが、書いたことで、子供は話しやすくなり、考えもより明確化する。道徳に限らず、他教科でも対話活動を増やしていきたい。

（奥田嚴文）

6月

英語　数えてあそぼう

準備ゼロで盛り上がるSeven Steps

英語の歌 Seven Steps は準備なしですぐにでき、必ず盛り上がる定番歌である。CD や伴奏がなくても、アカペラで O.K. だ。

♪1・2・3・4・5・6・7

黒板に1から7までの数字を書く。初めは、教師の後にリピートをさせて、歌を覚える。次に、歌に合わせて、手をつないで横に移動して歌う。手拍子や足踏み、ハイタッチなどをしながら歌うなど、いろいろなバリエーションで、短く何度も取り組む。

中でも、子供達が特に熱中するのは、指定した数字は歌わずに、動作をする歌い方である。

最初は普通に歌う。次に、黒板に書いた「3」の数字を消し、「手」のイラストに替える。「手」のイラストのところは、歌わずに手を叩く。はじめのうちは教師がリズムを取り、少しゆっくり目に歌ってあげると良い。

今度は「5」の数字を消し、「足」のイラストに変える。「足」のイラストのところは、歌わずに床を踏み鳴らす。「手」と「足」に気を付けながら歌う。

♪1・2・✋・4・👣・6・7
♪1・2・✋・4・👣・6・7
♪1・2・✋
♪1・2・✋
♪1・2・✋・4・👣・6・7

さらに「7」の数字を「1回転」のイラストに変える。「1回転」のイラストのところはジャンプをして1回転する。

慣れるまでは、ゆっくりめで歌うと良い。動作に変える数字は、子供のリクエストによって変えると、さらに楽しくなる。

6歳と7歳で盛り上がる1年生

5月からの自己紹介につなげて、自分の年を紹介する「I'm seven.」のダイアローグを指導する。

6月の時点では、1年生の学級は6歳児が多くを占め、まだ7歳の誕生日を迎えている子供はクラスに2〜3割であることが多い。

A: Hello.	B: Hello.
A: I'm SACHIKO.	B: I'm MICHIKO.
A: Nice to meet you.	B: Nice to meet you, too.
A: I'm Seven.	B: I'm six.
A: Bye.	B: Bye.

7歳の子供は誇らしげに自分の年を「I' m seven.」と話す。6歳の子供より年上なことを自慢したい様子である。これまで、名前しか知らなかった友達の誕生日に興味を持ち「○○くんって何月生まれ？」「もう7歳なの？」「ぼくは、2月生まれだから、まだ6歳だよ」などの会話が聞こえてくる。

以前担任したクラスでは、6月の時点で7歳児が3人しかいなかったため、その3人はI' m seven. と言えることで注目を浴び、みんなの憧れの的となった。

授業の始まりに、いつも自己紹介のあいさつをするとだんだんと定着していく。1年間を見据えて、短いダイアローグをつなげて、長く話せるようにしていく。

（鈴木睦子）

7月

国語　「おおきなかぶ」場面の変化の読み取り方を指導する

教材解釈のポイントと指導計画

登場人物が次々と増えて、物語が展開していく。「場面の変化を読み取らせる」ことが指導のポイントである。

全6時間扱い。

第1・2時　範読　音読
第3・4時　登場人物　事件の検討
第5・6時「誰が一番の力持ちか」の検討　天秤を使った実演

授業の流れのアウトライン

これまでの物語文と同様、十分に音読した後、内容の読解へと進む。

登場人物ごとに役割分担をして音読をさせる。

同じ役割の子と一緒に音読することは、音読が苦手な子への配慮になる。

「題名、登場人物」を確認した後、場面の変化を読解する。

登場人物が増える中で「けれども→それでも→やっぱり→まだまだ→なかなか→とうとう」と言葉が変化していくところがある。

どこが変わっているのかを指摘させることで、繰り返しの中の変化がわかった。

第5時は「誰が一番の力持ちか」を検討する。

登場人物を確定した後に問う。

誰が一番の力持ちですか。

以下のように意見が分かれた。

・おじいさん（9人）
・いぬ（3人）
・ねこ（5人）
・ねずみ（10人）

（おばあさん、まごは0人）

自分の意見と根拠をノートに書かせた後に意見を発表させた。

以下のような意見が出た。

・身体が大きいから、おじいさん
・ねずみが来たらかぶが抜けたから、ねずみ
・犬は猫より強いから、犬

身体の大きさに注目した意見と、全員の力が合わさったことで抜けたとする意見に分かれた。

全員が力を合わせてかぶが抜けたことが、本文だけではわかりづらい。

意見を発表させた後、天秤を使ってかぶが抜ける様子を実演した。

片方にかぶに見立てた粘土を置き、もう一方を登場人物に見立てた粘土を置いていく。

子どもたちに音読をさせながら、教師が粘土を置いていった。

天秤はなかなか動かない。天秤の動きに期待しつつ、子どもたちは熱中して音読していた。

最後にねずみが乗ったとき、天秤が動き大きな歓声が上がった。

学習困難状況への対応と予防の布石

「誰が一番の力持ちか」は文中に書かれていない。登場人物全員が力を合わせて、かぶが抜けたことが読み取れればよい。

自分とは異なる、多様な意見を知ることが対話に繋がっていく。

理由を書けなくとも「誰」と立場だけでも発表はできる。

理由が言えなくとも、立場を決めて発表したことを褒める。

（植木和樹）

7月

算数　「10よりおおきいかず」自分の数え方を発表させる

10より大きい数を様々な見方から言わせる

10 より大きい数を学習する単元である。「10 と３で 13」「13 は 10 と３」など様々な言い方をさせたい。また、数直線のもととなる数の線で 13 を示せること、「13 より２大きいかずは 15」と答えられること、空いている数を言えること、も身につけさせる。

10のまとまりを意識した数え方を発表する

10 より大きい数を様々な見方から言えるようになるための前提として、10 のまとまりを意識させる活動を入れる。そして、10 のまとまりでくくると便利ということを体感させる。10 のまとまりを作る活動では、どのように 10 のまとまりを作ったのか発表させると対話的活動にもなる。

【本時の対話的活動】

教師：「どのようにして数えたのですか」

子ども：「印をつけて数えました」

子ども：「10 のまとまりをつくりました」

子ども：「２、４、６、８、10 と数えてまとまりを作りました」

子ども：「５ずつ数えて 10 のまとまりを作りました」

子ども：「10 のまとまりを作って 10 と書きました」

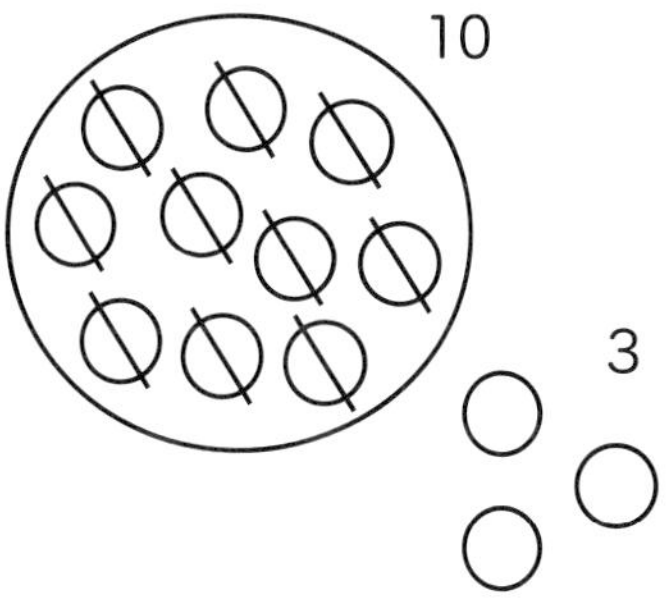

数の線の目盛りや数の順序も言えるようにする

数の線では「一目盛り分がいくつ」を押さえるために、百玉そろばんで、２とび、５とび、10 とびを行っておくと馴染みやすい。数の順唱、逆唱もすらすら言えるようにさせておく。

「一目盛り分は１です」

「２とびです」

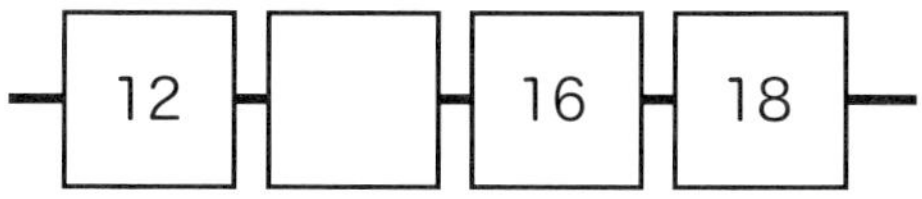

「５とびです」

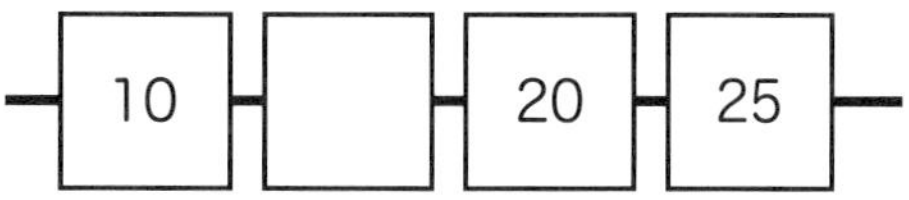

参考文献：向山洋一　企画・総監修『「算数」授業の新法則１年生編』学芸みらい社

（津田奈津代）

7月

生活　なつだ　いっしょにあそぼう

砂遊びは万能の遊び！

体をしっかり動かして自然とふれあうことができ、また主体的に友達と関わり合い、対話が生まれる活動である。

この時期になると学校の様子がおおよそわかり、落ち着いて学校生活を送ることができるようになってきている。それと同時に友達の存在を意識し始める時期で、

「もっとみんなと仲良くなりたい」
「友達と思いっきり遊びたい」

という思いや願いをもつようになる。

自然に交流が始まる！

小グループ（生活班）でスタート

初めは小さいグループのほうが、活動しやすい。

子：もっと高い山をつくりたいなあ。
子：トンネルを開通させたいな。

←

子：「砂を持ってきて」
子：「そっちからあなをあけて」

のように、自然に友達との対話と協力が始まる。

道具は少なめに

スコップやバケツ・容器などの道具を用意しておくと活動が広がる。しかし必ずしも豊富にある必要はない。

道具が足りない。

←

「貸して」「待って」などの交流が生まれる。

もう1つ、砂遊びのよいところがある。場所が限定される。

←

グループを越えた活動に広がる。

交流をつなぐ教師の役割

またこの頃には、砂だけでなく水を使った活動に広がっていると思われる。

教：丸いお団子いいね。どうやったの？

教師が言葉をつなぎ、声掛けの見本を示す。

また、完成した作品をみんなに紹介したりするのも良い。

教：これ名前はなんていうの？

見て見てこのトンネルすごいよ！

片付けさせるちょっとした工夫

意外に苦労するのが、活動に区切りをさせることだ。

終了時刻が近づいたら、声かけ

教：あと10分で、片付けの時間になりますよ。そろそろ完成にしてくださいね。

子どもが進んで後始末に取り組んでいくことができるように。

音楽を流して終わるまでに片付け

友達のよさに気づく振り返り

教：友達といっしょにして、よかったと思うことはありませんか。

子：教えてもらってまねしたらできたよ。

子：友達に「すごいね」って言ってもらってうれしかった。

友達と話して楽しかった、よかったという体験を積むことで、対話の基礎ができる。

（吉田真弓）

7月

音楽　鍵盤ハーモニカを吹こう①

身体で拍を感じたり、音楽に合わせて手拍子を打ったりする活動をたっぷり取る。「夏休み前後」から、鍵盤指導を始める。

鍵盤ハーモニカ指導でおさえておきたい点

鍵盤ハーモニカ嫌いの原因の１つに、執拗な指使い指導がある。身体機能や感覚が未発達な子どもが増えている今、すべての子に“指使い”まで強いるのは一考を要する。

また、ホース吹きが主流となり、音を聴かない子が増えている。ホース吹きの場合、鍵盤を見ながら吹くが、不器用な子や余裕のない子は、押さえる場所や運指に集中してしまい、肝心の音が聴けなくなってしまう。

それよりも、マウスピース（唄口）で音を探らせて吹かせる方が、最終的に効果的だ。

音が出て嬉しい、楽器が吹けて楽しいと子どもが感じる指導を基本に据えたい。

指の体操

「指と指がこっつんこ」「お指のたいそう」など、簡単な指の体操を毎回入れると、手や指の筋肉が少しずつ鍛えられる。

鍵盤ハーモニカの導入①

初めて鍵盤を触る子どもと、就学前に習熟している子どもがいる。スタートの違いだけで自己肯定感が低くなる。

初めて演奏する子ども達が劣等感を持たないように授業を進める。

【第１時】

(1) ドを見つける

『どんぐりさんのおうち』１番を歌う。

指示「鍵盤ハーモニカを出しなさい」

指示「膝の上に置きます」

指示「ドの音を指で押さえます」

押さえるだけなので、音は鳴らない。

指示「ヒントは『２つのおやまの左がわ』です」

教師は全員の鍵盤をチェックし、希望すればドに赤いシールを貼っていく。

(2) 鍵盤を構える

指示「マウスピースを出します」

「鍵盤にはめます」

「鍵盤を構えます」

「ドを鳴らします」

短く指示を出し、１つ１つ、一緒にやらせる。

(3) ドのリズム吹き

全員が音を出せることを確かめたら、教師が吹くリズムを真似て吹かせる。

T　ドドド（ウン）　　C　ドドド（ウン）
T　ドドドド（ウン）　C　ドドドド（ウン）
T　ドードド（ウン）　C　ドードド（ウン）

できるようになったら、１人ずつ教師の演奏するリズム（上記にある簡単なもの）を真似させていく。教師は丁寧に見取る必要のある児童を確認する。

【第２時】

『どんぐりさんのおうち』２番を歌う。

発問「３つのおやまに聞きましょう。『ソ』はどこにあるのですか？」

鍵盤ハーモニカ拡大図で子どもに示させる。

指示「鍵盤ハーモニカを膝の上に置きます」

指示「ソの音を指で押さえます」

教師は、全員の鍵盤をチェックしながら、ソに青いシールを貼っていく。後半は第１時と同様に進める。

（関根朋子）

7月

図画・工作　初めての絵の具「あさがおをぬろう」

初めての絵の具。「1年生への絵の具指導は闘い」である。ここでの指導がずっと基本となるので心して準備しよう。

準備物

絵の具・クレパス・コピー用紙・色画用紙・のり・はさみ

授業の流れ（全4～5時間）

①あらかじめ、コピー用紙にピンクか水色のクレパスで朝顔の花びらを描いておく。真ん中は白のクレパスで星のように塗りつぶす。つぼみも描くとよい。

②黒板に次のような図を描き、この通りに準備させる。

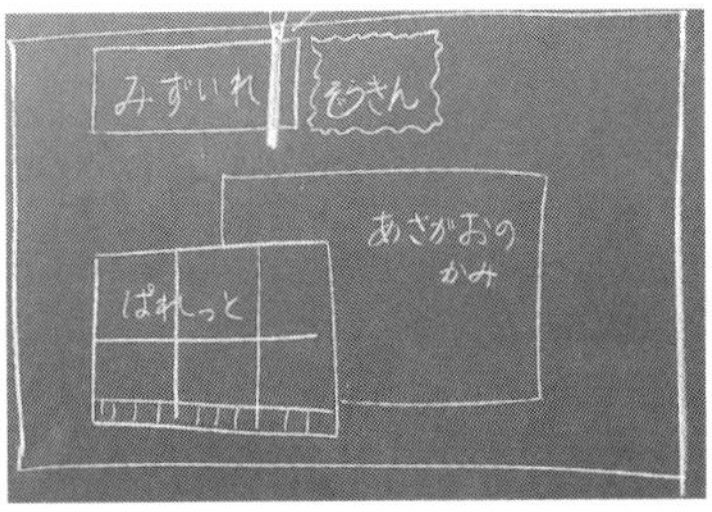

これだけでも1年生は大変だ。水入れの水は半分位入れる。

T「パレットの小さいお部屋に赤・青をだします。親指の爪ぐらい」。子どもたちを前に呼んで実演する。

T「筆をチャポンと水入れにつけて、パレットの大きいお部屋に水を落とします。1回・2回・3回。水たまりができたね」

T「ここへ赤を溶かします。赤ジュースになったね。そして朝顔をこうやってぬります」

「水入れのじゃぶじゃぶ池でジャブジャブ洗います。すすぎ池でスッスッ。筆がきれいになったら今度は青ジュースを作るよ」

「次は赤と青を混ぜます」

C「うわあ！　紫になった」子どもたちは大喜び。

このように教師の手元を見せてから、自分でさせる。この時に「カサカサ筆・にこにこ筆・泣き虫筆も教える。

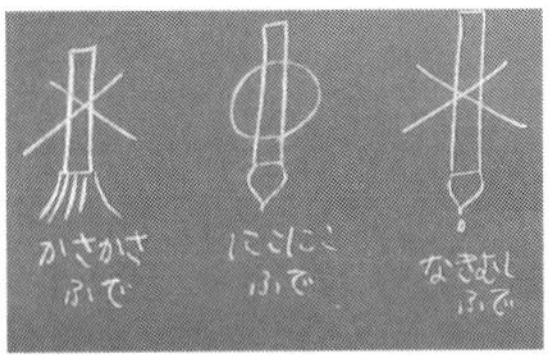

③乾いたら朝顔をはさみで切り取る。失わないように名前を描いた袋に入れる。

④黒の色画用紙（4つ切りを縦半分に切った大きさ）にクレパスで植木鉢とつるを描く。

⑤朝顔を黒の色画用紙に貼る。

どこか1か所でもいいので「重ねて」貼る。これで完成でもよいが、コピー用紙に「自分」を描いてクレパスで彩色し（右写真）、切り取って貼るのもさらによい。子どもたちは「ぼくにもこんな絵が描けるんだ！」と大いに満足する。

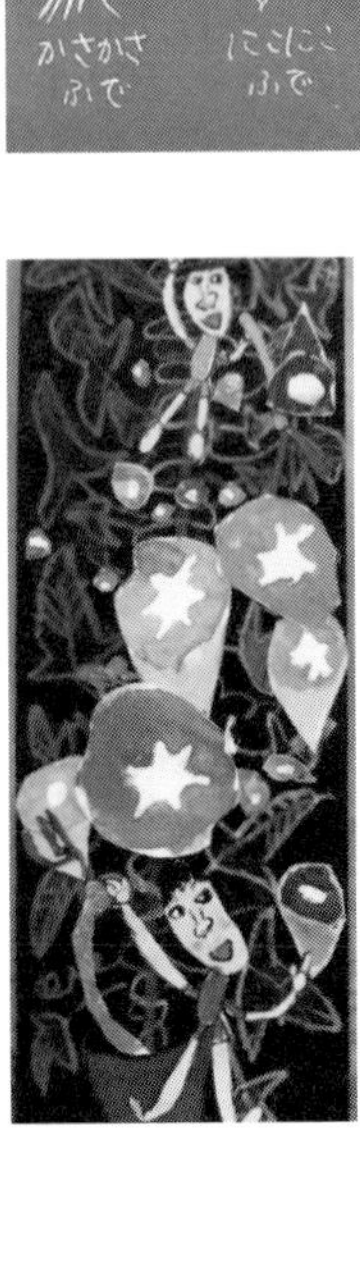

（寺田真紀子）

7月

体育　プールサイドで習得するだるま浮き

水に浮くことは、泳ぐためにきわめて大切な技術である。そこで、だるま浮きに挑戦させる。ポイントは、

プールサイドで指導する

ことである。水中でのだるま浮きをイメージさせることが大切だ。

手足を縮め手で足を抱えましょう。あごをつけて、息を止めます。10数えます。

誰でもできることから始める。体育座りをさらに小さくするようなイメージだ。

念のため、全員の姿勢を確認し、呼吸を止めて10数える活動を行う。「こうすると、身体が浮くようになります」と教え、体から余計な力を抜く姿勢であることを意識させる。

次に、「おしりを上げなさい」と指示する。よりだるま浮の姿勢に近づける。

陸上で活動することが大事である。陸上で取り組むことで、より具体的にイメージしやすい。子どもによっては、腰の部分を教師が動かして「このように、水中では、へんてこに動くこともあります」と体感させる。

さらに、子どもの後頭部付近を押して、「ぐっとおへそを見るように頭を入れます」と教え、体感させるとよい。

この後、膝を離して、立ち上がる練習を行う。立ち上がる練習をしっかり取り組むことで、水中でだるま浮きをした時の怖さを軽減することができる。このようなことをプールサイドで行ってから、いよいよ入水となる。

ここからは、個別指導になる。入水後もプールサイドでの動きと同じように、だるま浮きに挑戦させる。水を怖がる子どもがいるため、教師が、しっかりと支えてあげることが大切である。そして少しずつ少しずつ補助する手を離していく。

わずかな進歩を見て取って、ほめ、励ましていく。

苦手な子には、次のような手立てが効果的である。

①お化けになってごらんなさい。
②クラゲになってごらんなさい。
③ボールになってごらんなさい。

1年生に「力を抜きなさい」といってもどのように力を抜いたら良いのかイメージがしにくく、できない場合がある。だから「お化け」や「クラゲ」といった体の動きをイメージさせる言葉が有効である。まねするように動かすから、自然に力が抜ける。

また、ヘルパーという補助器具を腰に付けて、水面に浮かぶようにすると体が浮いてくる。

（桑原和彦）

7月

道徳　自然体験を生かす

7月の道徳のポイント

道徳教育を充実させるためには、個々の体験が充実していなくてはならない。子供の生活体験の差が著しいということから「生活科」が生まれた。道徳で学んだことを自己の生き方に反映させることも大切であるが、これまでの生活経験をもとに学習を深めるということもまた必要である。

特に、内容項目のD「主として生命や自然、崇高なものとの関わりに関すること」については、子供の経験が必要不可欠となる。

7月には生活科で育ててきたアサガオやヒマワリが大きくなり、花を咲かせる時期である。

鉢を用意したり、種まきをしたり、毎日の水やりを行ったりすることをどの子も体験する。その中で、わずかではあるが、自然と人間の営みとの関わりが、つながってくる。また、夏休みには、様々な自然体験や社会体験のチャンスがあるので、子供に投げかけたり、保護者にその大切さをお知らせしたりすることもまた、道徳の充実につながる。

7月のオススメ資料

東京書籍「ぼくのあさがお」は、「D自然愛護」で、身近な自然に親しみ、優しい心で動植物の世話をしようとする心情を育てることをねらいとしている。

生活科でアサガオを育て、土に触れることの楽しさ、種をまくときの楽しみ、目が出た時の喜び、つぼみができた時のワクワク感など、様々な感動体験をしている。

資料は、水やりを忘れ、葉っぱがしおれてしまった不安感と、つぼみができた喜びが描かれている。

実際に長い時間をかけて世話をしてきた子供達だからこそ、この主人公の心情に寄り添うことができる。

先生に言われる通り、素直に水やりをしてきた子供達は枯れそうになる体験はしていない。

しかし、時間をかけて、自分が育ててきたからこそ、失敗を疑似体験することができる。

失敗することで子供達の考えは広がり、優しい気持ちを持つことができるようになる。

対話指導のポイント

しっかりとした体験があるときには、子供にそれを十分に語らせたい。

> 生活科でアサガオを育てました。最初はこんな小さな種が今では花を咲かせています。みんなはどんなことをしてきましたか。お隣の人と話しましょう。

1年生はまだ、グループ学習が難しい。なぜなら、グループ学習はいろいろな人の意見を調整しながら聞き、自分の出番を理解して話すということを考えなくてはならないからだ。だから、基本的にはペア学習が中心となる。2人なら、自分か相手を考えればよいからである。

書くことに慣れてきた子供たちは、ノートに箇条書きができるようになっているかもしれない。まずは書くということをさせてからペア学習をさせるとさらに学習が充実する。

お世話のことを思い出し、全貌が明らかになるからこそ主人公の失敗をより理解することができる。

（奥田巖文）

7月

英語　色であそぼう

１年生に新出単語を教えるときには、できれば単数形と複数形が同じものを選びたい。

「動物」「果物」「野菜」などは、単語だけを教えるには馴染みが深いが、ダイアローグになると複数形になるため、少し難しいと感じる子供が出てくる。そこで、「色」「複数形のない飲食物」「日本食」「スポーツ」などから選ぶと良い。また、新出単語を教えるときは一度に３～５個にする。何回かに分けて指導する方が、どの子供もできるようになる。色の新出単語を 12 個扱うときは、このように３回に分けて指導した。

１回目　red blue yellow green pink
２回目　orange purple black white
３回目　brown silver gold

フラッシュカードで単語練習した後は、楽しいゲームで定着を図る。

定番ゲーム①カラータッチゲーム

準備物なしで行うことができ、子供達が楽しんで取り組むゲームである。

教師が言った色のものを子供が触る。やっているうちにルールは分かってくるので、説明せずにゲームの中で分からせるのが良い。

T: Touch something… “red!”
C:（赤色のものを触る）
T: Very good!
（早く赤いものにさわった子供をほめる）

教師のかけ声を「Touch something」から、次のレッスンでは「I like …」「Do you like … ?」に変えるなどしても応用可能なゲームである。

定番ゲーム②カルタとりゲーム

準備するものは、通常のサイズの４分の１の小さい折り紙だけ。教師が色を言い、子供が札（折り紙）を取る。

隣同士、列ごとのグループなど２～４人組をつくらせ、カードを机に並べる。ゲームは、１枚札（折り紙）を残して終える。最後の１枚まで争うのは取り合いになり、危険であるので気を付ける。取ったカルタの枚数を聞いて、勝った人に拍手をして終わる。

コミュニケーションの基本Here you are.

４月、プリントなどを配る際、必ず相手の目を見て、両手で「はい、どうぞ」と配ることを教えている。これは、英会話でも大事にしたいコミュニケーションである。

T: Here you are.（ものを渡す）
C: Thank you.（ものを受け取る）

かるたを取りに来た子供に「Here you are.」と言って渡す。かるたを返しに来た子供に「Thank you.」と言って受け取る。

このように教師が使うことで、真似して言ったり、受け答えしたりする子供が出てくる。

日ごろから英語でのあいさつを取り入れていくと、子供が負担を感じることなく、楽しんで話せるようになる。子供同士、「はい、どうぞ」「ありがとう」「Here you are.」「Thank you.」の広がる温かい教室になっていく。

（鈴木睦子）

9月

国語　「ゆうやけ」心情の変化の読み取り方を指導する①

教材解釈のポイントと指導計画

・登場人物の気持ちを想像する。
・自分の体験と結び付けて考える。

以上の2点「登場人物と自分の相違点を考える」ことをポイントとして指導する。全8時間扱い。

第1時　範読　音読
第2時　題名　作者　登場人物
第3時「何日間のお話か」検討
　場面分け
第4～7時　4つの場面の読解
第8時　自分と登場人物を比較して作文を書く

授業の流れのアウトライン

新しいズボンを履いて出かけた「きつねのこ」と、「くまのこ」、「うさぎのこ」との交流が書かれている。

音読した後に「題名、登場人物」そして初めて記載のある「作者」を扱う。

この単元で初めて「作者」を教えた。子どもたちはすぐに理解できた。

第3時の授業、設定を理解させるための発問である。

何日間のお話ですか。

時を表す言葉に注目させて、意見を発表させる。1日の中の出来事が、4つの場面に分かれて展開していくことを確認する。その中で「きつねのこ」の気持ちが変化していく。登場人物の気持ちが表れている描写に注目させる発問をする。

きつねのこは、2人と遊んで楽しかったのですか。

新しいズボンを汚さないようにしていたきつねのこが、次第に気持ちが変わっていくことが読み取れる。思いつきの意見ばかりになると収拾がつかなくなり、正確な読解ができなくなる。安易に登場人物の気持ちを問うのでなく、本文から根拠を挙げさせる。最後に、きつねのこと自分の相違点を考えさせる。

「きつねのこ」と自分は、似ていますか。似ていませんか。

以下、子どもの意見である。

《似ている派（10人）》
・あそぶことがすきだから。
・わすれんぼうだから。
・しっぽとみみとはなはちがうけど、ズボンをはいていてともだちがいてあそぶのがだいすきだから。

《似ていない派（20人）》
・そとであそぶのがきらいだから。
・はしりまわったり、ころげまわったりしないから。
・しっぽがはえていないから。

外見の特徴に注目した意見だけでなく、内面に注目した意見が出た。

学習困難状況への対応と予防の布石

「登場人物の気持ちを想像する」ことが難しい子がいる。行動に注目させることで、気持ちが想像しやすくなる。

登場人物と自分とを比較して考えることは難しいが、「似ているか、似ていないか」の立場であれば全員が決めることができた。口頭作文させたり、教師が作文したものを真似させたりして書くことを支援する。

（植木和樹）

9月

算数　「どちらがながい」ゆさぶりをかけて意見を出させる

子どもが熱狂する授業

「学問の世界では多数決はなじまない」（向山洋一氏）という考えで実践にトライする。長さの比較の種類など、学習の重要事項が子ども達から出てくるようになる。これで子供が熱狂すること、教師もまた手応えを感じること間違いなしである。

全ての比べ方が出る教師の発問

【本時の対話的活動１】
教師：（１m近い２本の棒を用意し、棒を十字型に示して）「どちらが長いですか」
子ども：「たてが長いです」「横が長いです」「同じです」（３通り出る）
教師：「人数が多い方に決めよう」（ゆさぶりをかける）
子ども：「ダメ！」「ちゃんと調べなきゃ！」

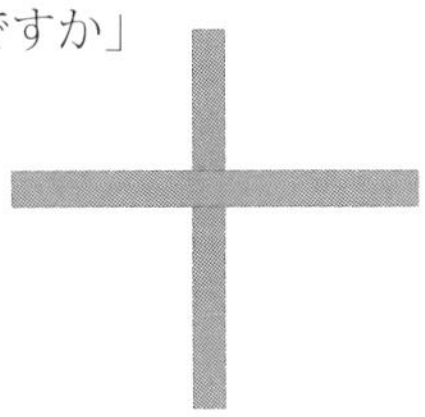

【本時の対話的活動２】
教師：「どのようにしらべればよいですか」「今はこの２本は動かせないとしよう」
子ども：「２本の棒を合わせる」（直接比較）
子ども：「紙に写し取る」（間接比較）
子ども：「みじかい棒いくつ分と数える」（任意単位による測定）
子ども：「定規ではかる」（普遍単位による測定）
子ども：「手のはばで比べる」「よく見てきめる」（比べ方として、正確でない方法）

さらに熱狂させる教師のゆさぶり

意見がたくさん出たら、最後に両方をあわせる。子どもを注目させ、十字型をⅡ型にした。右のように並べる。

【本時の対話的活動３】
教師：「ほら、左の方が長い」
子ども：「ちがうよ～！」「ダメ～！」「下をそろえなきゃだめ！」

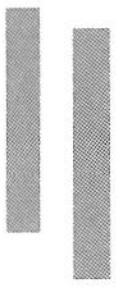

子ども達の知的興奮を促す実践である。

参考文献：向山洋一　企画・総監修『学年集団形成の道筋と実践　学年通信あのね』明治図書出版
向山洋一　『小学一年学級経営　教師であることを畏れつつ』学芸みらい社
向山洋一　企画・総監修『「算数」授業の新法則１年生編』学芸みらい社

（津田奈津代）

9月

生活　いきものとなかよし

やんちゃな男子を活躍させる！

「虫を見つけて飼う活動では、対話の中心は先生ではなく「やんちゃな男子」。彼らの得意技を生かして子ども同士の交流を仕組みたい。低学年は、生き物が大好き。男子を中心に図鑑は大人気である。しかし、子どもも生き物と触れる機会が少なくなってきた。苦手な子はもちろん、好きな子でも生き物の名前を知っている子どもは多くはいないように思う。

図鑑は1人に1冊！

身近な虫や植物に興味をもたせるためにはその名前を知ることが大事である。そのためには、図鑑が大切だ。しかし図書館にある図鑑は、返却しなくてはならないので必要な時に持っていることができにくく、重たくて持ち歩くこともできない。また、載っている虫や植物が多すぎて低学年の子どもたちには調べるのが難しい。そこで、おすすめの図鑑がある。

わくわくずかん
「こんちゅうはかせ」
「しょくぶつはかせ」（正進社）

ポケットに入る大きさで、子どもたちに身近な昆虫や植物が紹介されている。また、1冊420円と安いので、1クラス分用意をしておけば、1人ずつ持ち歩いて使うことができるし、次の学年でも生活科や理科で使用可能である。

ダンゴムシを見つけよう

虫が苦手な子どもにも比較的抵抗が少なく、どの学校にもいるダンゴムシを最初に取り上げるとよい。数も多くいるので、1人1匹つかまえることができる。

教：ダンゴムシはどこにいるでしょう。
←
子：葉っぱの下にいるよ。
　石の下に多いよ。
←
校庭や中庭に取りに行く。

虫嫌いを公言している虫取りの経験のない女子も実際に活動が始まると、積極的に探し始める。

見つけたものの、さわれない場合は、男子に取ってもらったりして、ケースに入ったダンゴムシをうれしそうに見せに来ることもある。中には名前を付けて呼んであげる姿も見られる。自分でとったダンゴムシは、自分のものなのだ。

虫を飼ってみよう

取るだけで夢中になって終わることがないように、責任を持って育てたい。

教：ダンゴムシを飼います。
　ケースの中に何を入れないといけませんか。
子：土・葉っぱ。
（ここでも、図鑑が大活躍）

教師に聞きに来たら、「○○くんにきいてごらん」と言う。普段は優等生女子も、こういう場面では、やんちゃくんに一目置いて聞きに行っている。

子：それじゃあだめだよ。
　草をとってくるよ。

と虫博士たちも面倒を見る。虫とふれあう活動の中で、自然に子ども同士の対話や交流が生まれる。

（吉田真弓）

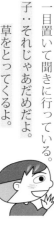

9月

音楽　楽しくことばを表現する　ひのまる

歌詞の意味をわかって歌うこと、話し方や歌い方で表現が異なることを楽しみながら体感する。この経験が他曲の演奏の工夫に生かされる。

ひのまる（第１時）

T　先生が歌を歌います。曲名は何でしょう。

一番を通して歌う。言葉をはっきり、子どもに伝えるように歌う。日本の旗、日本の国、青い空等、答えは様々だ。

T　先生がもう一度歌います。

と言って、白い画用紙を示す。

白い画用紙を人差し指で示しながら、「♪しろじに」と歌い、「♪赤く」では赤マジックで画用紙に丸を描く。「♪ひのまるそめて」で、描かれた丸を赤く塗りつぶす（河原木孝浩氏の追試）。

完成した絵（国旗）を指さしながら、

“♪あ～美しい　日本の旗は”と歌う。

「わかった！　ひのまるだ」と答える子もいれば、きょとんとしている子もいる。

T　教科書にこの曲が出ています。探します。

こう言うと、子どもはあっという間に教科書を広げ、探し始める。日本の国旗“ひのまる”を歌っていたことを確認する。

T　“ひのまる”を指さします。

教科書には、他の国の国旗も掲載されている。他の国旗にも触れ、教室にいる国旗博士に活躍の場を与えても良い。

最後に通して歌い、第１時を終わる。

ひのまる（第２時）

通し歌いをし、前時の復習をした後、問う。

T　“あ～美しい”みんな、言ってみて。

T　それではこれから“あ～美しい”検定をします。本当に美しいと感じるように言えた人に◎をつけます。

端から１人１人言わせ、テンポ良く評価していく。棒読みの場合は○、抑揚がついている場合は◎で評価する。

T　上手でしたね。では、レベルアップ。

“あ～美しい”という気持ちで、この曲を歌います。先生が歌ってみますね。

“♪あ～美しい！”

ペアでやってみましょう。

２人組になり、じゃんけんの勝者がまず歌う。“♪あ～美しい”と表情が加わっていれば聴いている者は頭上に両手で”マル”のサインを示す。じゃんけん敗者が入れ替わり歌う。

T　最初から通して歌います。

最後に通して歌う。

ひのまる（第３時）

リズム伴奏をつけてみよう

T　どんたんどんたんどんたんたん

言ってみせてまねさせる。

T　まねっこするよ。

どんは足踏み。たんは手拍子。やってみせてまねさせる。うまくできてきたら、どん（足踏み）チームとたん（手拍子）チームに分かれてやる。

T　♪しろじにあかく……

足踏み＋手拍子のリズムに乗り歌ってみせる。

T　歌も歌って。

歌いながら足踏み、手拍子をする。チームを交代したり、楽器（どん＝タンバリン、たん＝カスタネット）を入れたりして遊ぶ。

（関根朋子）

9月

図画・工作　給食大好き「牛乳をのむぼく・わたし」

大好きな給食。給食の牛乳はなんだか家よりもおいしく感じる！　そんな、「牛乳を飲むぼく・わたし」を描こう。

準備物

色画用紙（ぎんねずみ、8つ切り）・クレパス・綿棒・見本用牛乳ビン・コンテ（こげ茶）

授業の流れ（全5時間）

①牛乳ビン・唇・鼻を描く。

T「牛乳ビンをどこに描こうか考えます」

画用紙にいろいろな向きで牛乳ビンを置いてみせる。場所が決まったら鉛筆で薄く描く。ビンの形は難しいので長丸に四角でよい。小さくなりすぎないように。できたら唇・鼻をコンテで描く。

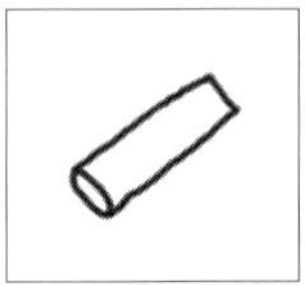
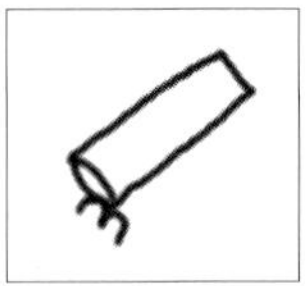

②顔・手を描く。目玉は牛乳ビンを見つめるように描く。

手は酒井式の「丸→親指→残りの指」の順に描く。

③胴体を描く。

「どう描くか指でなぞってから」描かせる。そうでないと胴体が小さすぎる子が出てしまう。

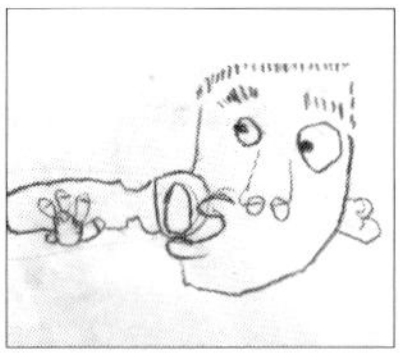

描いてから手とつなげる。両手で牛乳ビンを持ってもよいし、そうでない場合は「必殺技」のドーナツ半分（↓部分）を描く。最後に服を着せる。模様は自由。

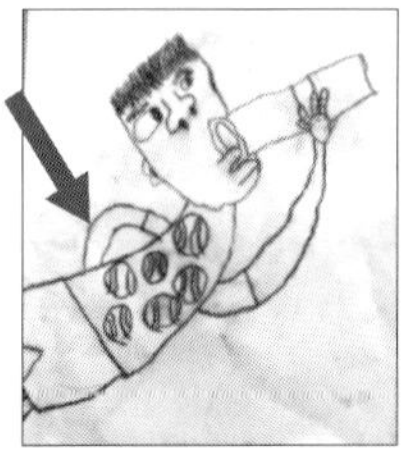

④クレパスで着色。肌の部分は、おうど色を薄く、その上にうすだいだいを濃く塗る。ほっぺの色は赤を薄く、そしてうすだいだいを上に濃く塗り重ねると……ほんのりピンクになる。

最後に綿棒でまるくやさしくこする。

⑤仕上げ。白目と牛乳の部分を白のクレパスで塗る。牛乳は口に入っているように。服の色は自由とする。塗れたら綿棒でこする。

要らない部分を切り取り、色画用紙に貼って完成。

（寺田真紀子）

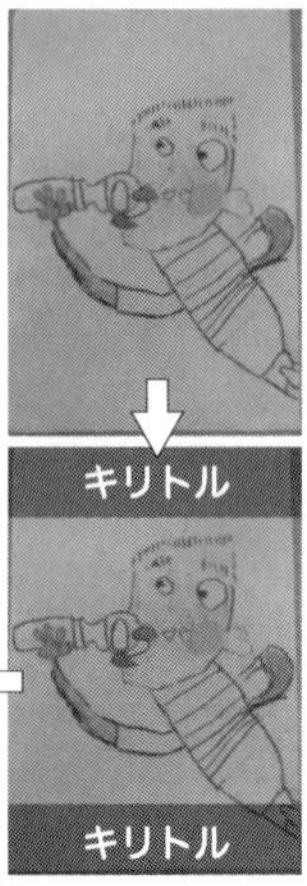

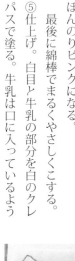

9月

体育　熱中して走り回る「安全地帯ありの鬼ごっこ」

1年生が混乱しないようにスモールステップで指示を出し、鬼遊びができるようにする。安全地帯を取り入れた鬼遊びを取り上げる。

> フラフープを使った鬼遊びをします。フラフープに入れば、鬼につかまりません。ただし、1つのフラフープに入れるのは2人までです。

1分間の練習をする。鬼は1人。教師が指名する。鬼には、つかまえた人数を数えておくように指示しておく。つかまえた人数が得点になる。

1分間たったら集合させ、鬼につかまえた人数を発表させる。つかまえた人数を数えることが難しい場合には、つかまったら帽子を脱ぐよう鬼以外の子に事前に伝えておき最後に人数を確認する。その後、鬼を交代して数回行う。

ルールを追加する。

> 3秒間しか中にいることはできません。

このルールが無いとフラフープの中にずっと滞在する子どもが出てくる。鬼になりたくないからだ。しかしこれでは、運動量確保にはならない。よって安全地帯にいる時間を制限するのである。このルールで、スピード感・全体の運動量が向上する。

次に「グループ対抗戦」を行う。クラスを赤組、白組の2つにわけ、鬼を一人ずつ選ぶ。赤組の鬼は白組の人を、白組の鬼は赤組の人をつかまえる。

> 鬼は20秒間だけつかまえます。何人つかまえられるかな？　逃げる人は、安全地帯を上手に使いましょう。

20秒たったら、集合させ、得点を確認する。つかまえた人数が多いチームの勝ちである。次いで、2回戦、3回戦を行う。その都度、鬼は入れ替わり、短い期間に全員が鬼を経験できるようにする。

慣れてきたら、「たくさんつかまえるにはどうしたらいいですか」「鬼から逃げるにはどうしたらいいですか」などと発問し、チームで話し合う時間を設けるとよい。対話的な場面を生み出せる。チームで協力する意識が高まってくる。

コートの広さは、学級の人数にもよるが、しっかりと走れ、子ども達同士が衝突することの無い広さを確保したい。慣れてきたら、線を引かないで「フラフープより遠く離れたところまでは逃げません」などとしても良い。体育館であれば、バスケットボールコートなどがそのまま利用できる。安全地帯の数は実態に応じて変えていくとよい。

（桑原和彦）

9月

道徳　夏休み明けにやる気を出させる

9月の道徳のポイント

保育園に通っていた子供にとっては、初めての夏休みであったはずである。いつもより長い時間、家の人と過ごしたこともあって、久しぶりの学校には様々な思いが交錯することだろう。

そんな中で、学校って楽しいと思わせ、やる気を出させることは、教育活動全体を通してやるべきである。

だから、9月の授業は、内容と共に、雰囲気を大切にしていきたい。

雰囲気をよくし、やる気を出させるためには、たくさんのほめ言葉を使うのがよい。

ほめるためには、子供の学習活動をたくさん確保することが必要になってくる。

じっと座って、聞いているだけでなく適切な学習活動をどんどん行わせるのがよい。読ませる。発表させる。挙手させる。隣の人と話をさせる。発表させる。ノートを持ってこさせる。このような活動をするから、その行動をほめるという、適切な評価を行うことができる。

教室の雰囲気が良ければ、次第に内容もよくなってくる。

9月のオススメ資料

東京書籍の「みんな　だれかに」は、「B感謝」で、日頃、自分たちの生活を支えてくれたり助けてくれたりしている人々に感謝し、自分ができることをしようとする心情を育てることをねらいとしている。

虫と花の関係、リスと木の実の関係、ワニとワニチドリの関係、クマノミとイソギンチャクの関係、生き物とフンコロガシの関係、そして、人間と乳牛の関係が紹介されている。絵だけでも十分に理解できるようになっているが、映像資料と共に紹介すると子供達の理解はさらに深まる。

ほかに助け合っている関係を教えてください。

・「ぼく」と「○○君」
・「お父さん」と「お母さん」
・「わたし」と「おばあちゃん」
・「わたし」と「ペットの○○」

など、気持ちが温かくなる意見がたくさん出てくる。

対話指導のポイント

助け合っている関係を子供に聞いた後、その理由を予想させる。

□□君は○○君と助けあっっていると先生も思います。
どうしてだと思いますか。
予想してお隣と話してみましょう。

この時期になると、理由を伴って発表することにだんだん慣れてきている。

4月から、多様な意見が出てくることを承認してきているので、子供達も安心して話をすることができるようになっている。

同じ意見、同じ事象でも、理由が異なることで、また、多様性に触れることができる。だから、道徳では、

どうしてそう考えたのですか。

という問い返しがよくみられる。

子供にもこの言葉が使えるようにしておくと、子供同士の話し合いがより充実したものになる。

（奥田嚴文）

9月

英語　すきなものをつたえよう（肯定文）

１年生の教室のロッカーには、子供達の色とりどりのランドセルが並んでいる。聞いてみると、自分で好きな色を選んだ子供が多い。７月に習った「色」を使って、好きな色を紹介する「I like blue.」の指導をしていく。

学校の先生が登場する状況設定

日本語を使わずに「私は○色が好きです」の意味を理解させるには、教師が自分の好きな色を紹介する状況設定がおすすめである。

私はピンク色が好きなので、学校で使うファイルや文具もピンク色のものが多い。以下のように状況を設定した。

（教師のファイルを指さす）
T: What color is it?
C: Pink!　T: That's right!
（教師の腕時計を指さす）
T: What color is it?
C: Pink!　T: OK!
（教師の着ている服を指さす）
T: What color is it?
C: Pink!　T: Very Good!
T:Pink, pink, pink.　I like Pink!

好きだという感情が分かるように、「I like pink.」と話す。次に、同じ流れで他の先生が、持ち物を見せながら好きな色を紹介する動画を見せる。１年生の子供に馴染みのある同じ学年の先生や、養護教諭などにお願いする。他の先生たちが登場する動画に子供達は興味をもち、状況をすぐに理解することができた。

目の前の子供に合わせて、状況設定を考えることが大切である。

変化のある繰り返し練習で定着させる

ダイアローグ練習は、飽きずにたくさん練習させることが大切である。

【ダイアローグ口頭練習ゲームの例】
①フラッシュカード（教師の後に続いて）
②キーワードゲーム（教師の後に続いて）
③ラインゲーム
④ハイタッチゲーム
⑤クラッシュゲーム

クラッシュゲームは、英語版ドンジャンケンである。１チーム３～５人のグループを偶数チームつくる。２チームで対決する。両者の間にはイラストカードが一列に並べてある。１つのチームは右端から、もう１つのチームは左端から、カードを指さして「I like ○○.」と言いながら進んでいき、両者がぶつかったところで「Rock, Scissors, Paper, 123!」とジャンケンをする。相手チームの端まで行けた方の勝ちである。

チームでの教え合いを大いに賞賛すると、さらに子供達同士の関わりが生まれる。

ゲームのやり方がわかれば、取り上げるダイアローグを変えるだけで応用することができる。

自己紹介とつなげて発表

自己紹介の受け答えをなくすと、スピーチ発表ができる。

Hello. I'm SACHIKO. I like red. Bye.

９月になれば、４文の自己紹介も定着し、１年生でも英語でスピーチできる子供が出てくる。挑戦したことをほめ、話せたことをほめ、自信を育てていく。

（鈴木睦子）

10月

国語 「しらせたいな、見せたいな」作文の書き方を指導する

教材解釈のポイントと指導計画

学校のことを家の人に伝える「報告文」を書く学習である。

1年生は、書く経験が十分でないため、自分が思うように作文できない。

他学年以上に、スモールステップでの指導が求められる。

・文型に沿って、作文させる。
・視写から自作のステップを踏む。

以上2点が、指導のポイントである。

教科書では10時間扱いであるが、子どもたちは飽きてしまう。

余計な時間を短縮し、書く活動を十分に確保する。全員が作文できるよう「視写から自作」のステップで授業を進める。

全4時間扱い。

第1時　学習内容の確認
第2時　例文の音読　視写
第3時　共通の題材で作文
第4時　自分の選んだ題材で作文

原稿用紙の使い方は、村野聡氏の「向山式二〇〇字作文ワーク」が参考になる(http://s-murano.my.coocan.jp)。

授業の流れのアウトライン

いきなり自分の好きな題材について書かせると混乱が起きる。

「例文を視写させる」ステップが極めて重要である。

教科書では、モルモットについての例文がある。これを原稿用紙に書き直したものを配布して視写させる。

続いて、全員で共通の題材について作文する。視写と併用することで、文型を理解させる。

授業では、机を共通の題材とした。全員が自分の机を間近に確認することができるからである。子どもたちは机をあらゆる角度から観察し、気付きをノートに書いていた。

箇条書きでたくさん書かせた後、作文に使う3個を選ばせる。

板書で説明し、文型に沿って作文させた。

最後に、自分が題材に選んだものを作文する。

選んだ題材を観察し、ノートに気付きを箇条書きさせる。その中から3個を選んで清書をさせた。

直前にしたことと同じ流れなので、混乱することなく、全員が報告文を書くことができた。

以下、子どもたちの作文である。

・学校に、さつまいもがあります。そのさつまいもを、1ねんせいはそだてています。はっぱはハートのかたちで、あかいはながさいています。ねっこがふといです。

・学校に百玉そろばんがあります。玉の色はあかときいろです。わくはちゃいろです。かぞえかたは1、2、5、10とかぞえます。うごかすときにかちんとなります。

・学校に、ジャングルジムがあります。上に5だんあります。ジャングルジムは、しかくがいっぱいあります。ジャングルジムには、のぼれます。

学習困難状況への対応と予防の布石

「①視写→②自作」の2ステップが重要である。このステップで指導することで、全員が作文できた。

全員に達成感を持たせることができる作文指導である。

（植木和樹）

10月

算数　「たしざんひきざん」計算の仕方を発表させる

くりあがりのあるたしざん、くりさがりのあるひきざん

くりあがり、くりさがりのある計算では、10 のまとまりを意識させることが重要である。「１と９で 10、２と８で 10……」「10 は１と９、10 は２と８……」のように、10 の合成・分解をすらすら言えるようにさせておくことが必要である。ブロック・20 玉そろばんなどを操作して、10 のまとまりや数の認識をさせる。

計算の基本型を教える

計算の仕方をブロック・20 玉そろばんを操作して言えるようになったら、さくらんぼ計算の基本型をノートに書かせる。数字を１マスに１つずつ書く、マスいっぱいにさくらんぼの○を書くことなどを教える。

【たしざんの基本型】

① ９＋４のけいさん。
② ９はあと１で 10。
③ ４を１と３にわける。
④ ９に１をたして 10。
⑤ 10 と３で 13 です。

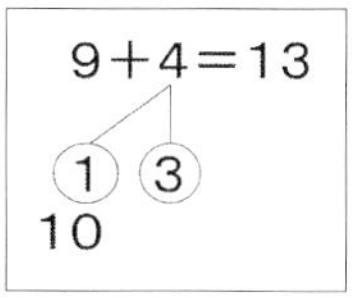

【ひきざんの基本型】

①13－９のけいさん。
②３から９はひけない。
③13 を 10 と３にわける。
④10 から９をひいて１。
⑤１と３で４です。

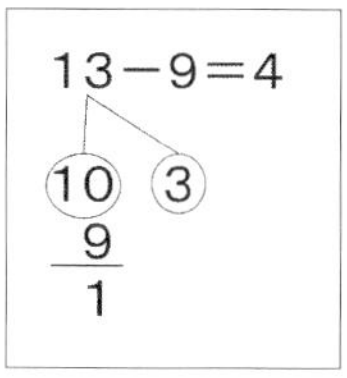

計算の仕方を発表させることで対話的活動の基礎をつくる

計算ができるようになったら、その計算の仕方を発表させる。１年生の段階では、発表できたことが次の対話的活動の基礎をつくるもととなる。

【本時の対話的活動】

教師：「８＋５の計算の仕方を言いましょう」
子ども：「８＋５のけいさん。８はあと２で 10。
　　　５を２と３にわける。８に２をたして 10。10 と３で 13 です」
教師：「11－８の計算の仕方を言いましょう」
子ども：「11－８のけいさん。１から８はひけない。11 を 10 と１にわける。
　　　10 から８をひいて２。２と１で３です」

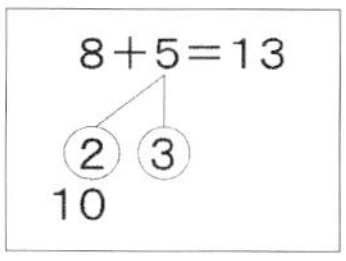

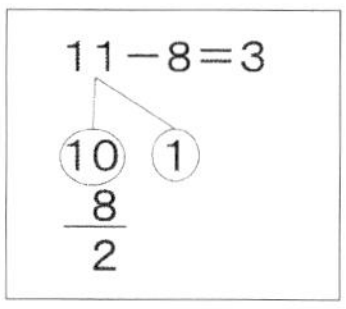

計算の過程をノートに書くことと、発表する活動が定着につながる。

参考文献：向山洋一　企画・総監修『「算数」授業の新法則１年生編』学芸みらい社　（津田奈津代）

生活　あきをさがそう・あきとなかよしになろう

子ども同士の対話が起きる工夫

季節の変化を見つけ、実物や言葉、絵で伝える活動は1年を通して行う。

1年の折り返しの秋。春・夏みつけの経験を生かして、季節の変化をみつけていきたい。

あえて教師が離れる秋見つけ

教：外に出て、秋をさがします。
　秋に関係ある物を見つけて、先生のところに来ましょう。

↓

外にでかける。

↓

教師は外で場所を決め、待っている。

↓

発見した子が報告にやってくる。
色々なものを手にもって。

低学年はまだまだ実物に触れることが大切だ。見つけたものを、教室でカードに書かせる方法もあるが、そのまま遊んでしまったり、いざカードに書くときに忘れてしまったりすることもある。また、春さがし・夏さがしで経験を積んでいるこの時期である。夏と比べながら、自分たちで秋をさがすことができるだろう。

・落ち葉
・どんぐり
・松ぼっくり
・枯れた草

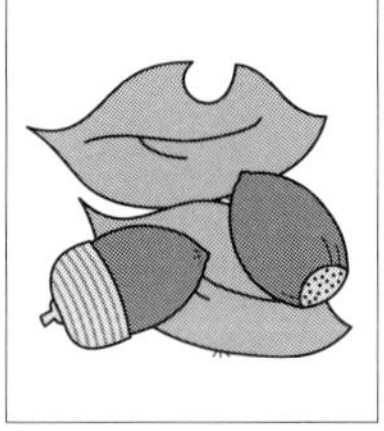

いつもの校庭や中庭である。取る時に、「これ秋かなあ」と自然に夏のころと比べて考えたり、友だちに聞いたりしている。教師がそばにいたら、教師に尋ねてしまうだろう。教師がいないことでいつの間にか友達との対話がおきるだろう。

列の中に、手に何も持たずに並んでいる子がいたら、大成功である。

教：どんな秋を見つけたの？

↓

子：太陽の日が気持ちいい。
　半そでだとさむい。

↓

教：すごいすごい。

↓

並んで聞いていた子どもたちの発想が広がる。

秋は、目に見えるものだけでないことに子どもたちは気づいていく。

発見チャンピオンを選ぶ

教室に帰って、カードを描く。

↓

発見を発表・教師が紹介。

いつもならそれで終わりだが、今回は次のように指示する。

教：誰の発見がすごいか、発見チャンピオンを3人選んでごらん。

↓

3人選ぼうとすることで自然に友達の発見をじっくり見る。

↓

選んだ3人を発表する。

自分が気づかなかった秋に気づいた友達の発見を聞き合い、認め合うことができる時間となるだろう。

見つけた物で遊ぶ

持って帰った秋の物は、かざりやおもちゃを作ってみんなで遊ぶ。秋の物はおもちゃ作りにぴったりである。こうして秋となかよしになることができる。

【参考文献「教え方の基礎基本小事典」（明治図書）、水野庄司氏論文】

（吉田真弓）

10月

音楽　鍵盤ハーモニカを吹こう②

音をよく聞き、楽しく演奏させることが鍵盤指導のポイントだ。指使いや運指にこだわると、音をよく聴かなくなる。

「ドレミ遊び」

「ドレミで遊ぼう」で、歌を覚えたら、「音の階段」（写真）を使って遊ばせる。

「音高」に合わせ作成した「音の階段」を、グループごとに囲み、順にジャンプする。

「ドレミ」「レミファ」「ミファソ」と順番に上がり、「ソファミレド」で後ろ向きに下がり、最後のドミドで、前後の動きがある。

ジャンプする子は動きを考え、応援する子は一緒に歌いながら階名が頭に入ってくる。

遊びながらドレミの高低感を体得する絶好の機会である。

「ドレミで遊ぼう」を鍵盤で吹く

「ドレミ遊び」で遊べば、簡単に鍵盤が吹ける。

指示　鍵盤を膝の上に出します。（確認）
「ドレミ」と指で押さえます。（確認）
１人ずつ見ていきます。（確認）
合格、合格、合格……（確認）

指使い（1、2、3）ができていれば合格である。間違っている子がいれば、その場で直し、合格させる。

全員で吹いて確認する。

指示　先生の鍵盤を見ます（拡大図）。
「♪ドレミ」と同じように、指を動かします。
「♪レミファ」、「♪ミファソ」

すべて 1、2、3 の指使いで演奏させれば、簡単に演奏できる。できてしまった子に、スペシャルバージョンとして「レミファ」（運指 2、3、4）、「ミファソ」（運指 3、4、5）を教える。

教科書にはスペシャルバージョン（上記）の指使いが示されている。しかし、1 年生の指は小さく、力は弱い。一律に難しい課題を課するには無理がある。「ソファミレド」は順次進行なので 54321 の指使いに挑戦させる。

「きらきらぼし」

(1) 歌詞唱、階名唱をする（第1時）

歌詞で歌った後、階名で歌う。

「ドレミ遊び」と同様、「音の階段」で遊ぶ。

ドとソの跳躍が大きいことを体感することがポイントだ。「ドレミで遊ぼう」で弾いた「ソファミレド」が「ソソファファミミレ」と似た形で出てくる。遊びながら、何度も階名を歌うので、どの子もスラスラ歌えるようになる。

(2) 鍵盤１段目を吹く（第２時）

鍵盤を膝の上に出し、歌いながら指を動かす。

「ドドソソ」（繰り返し練習し、全員できたら）
➡「ララソ」（同様）➡「ドドソソララソ」（同様 ）
➡「ファファミミレレド」（同様）

１回の授業で扱うのは上記が精一杯である。

(3) 鍵盤２段目を吹く（第３時）

(4) 鉄琴を演奏する（第４時）

グループ毎、順番に叩かせる。

（関根朋子）

10月

図画・工作　切って飾ろう「立体ハロウィンかぼちゃ」

はさみでチョキチョキ。たのしいハロウィンかぼちゃを作ろう。

準備物

色画用紙（黒・オレンジそれぞれ８つ切り）はさみ・のり・セロテープ

授業の流れ（45分）

T「もうすぐハロウィンですね。今日はこんなかぼちゃを作ります」

C「うわあ、先生、すごい。おもしろそう！」

オレンジ色の色画用紙を半分に折る。ピラピラ開いているほうを廊下側に向ける。

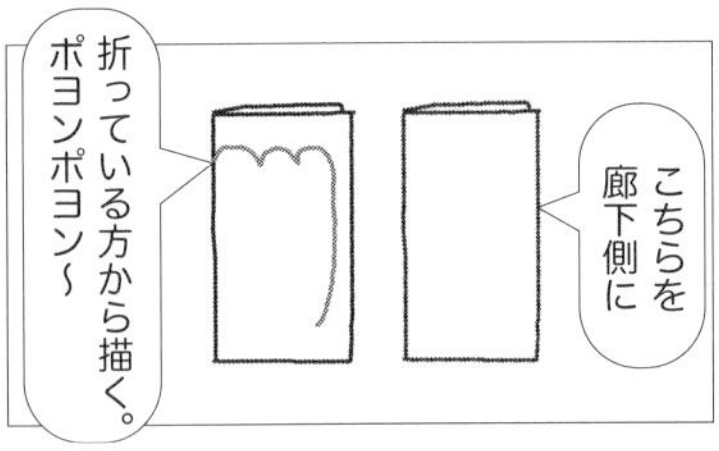

ここは子ども達に絶対に失敗させてはいけない。ここが間違ってしまうともう顔ができなくなってしまうからである。

T「かぼちゃの上は丸くてポヨンとしていますね。窓側のほうから描きます。ポヨンポヨン～～」

T「時々こんな人がいます。これはどう？」

C「だめ、バラバラになる」

実際に切って見せる。

T「そうですね。折った線からスタートして、また必ずここまで戻ってこないといけません」

ここはしっかりおさえる。

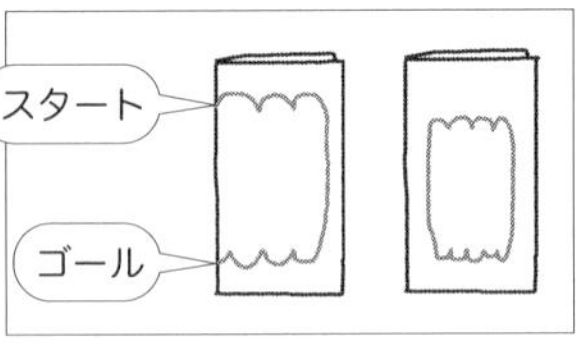

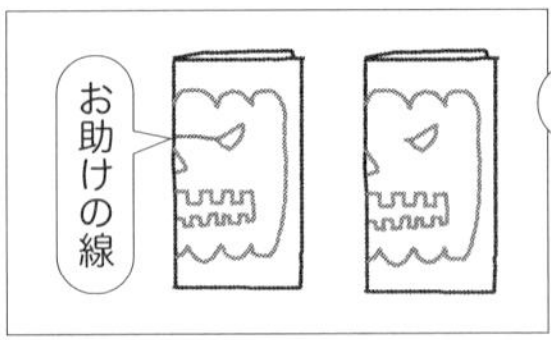

T「口はカックンカックンです」

（カックンが難しい子は普通の口でもよい）

T「鼻・目を描きます。でも、目だけ、はさみでは切れないのです。だからお助けの線を引きます」

ここで子どもたちを前に集め実演をする。

T「線の上だけを切ります。他は切りません。切る時は紙を動かします。はさみは動かさないよ。切ったら、鉛筆の線が見える方を上にします。目のお助けの線がピラピラするので、お助けの線の上をセロテープでとめます。裏返してきれいなほうが見えるように折ります。そして、●のところに糊をつけて膨らんでいるように黒い紙に貼ります」

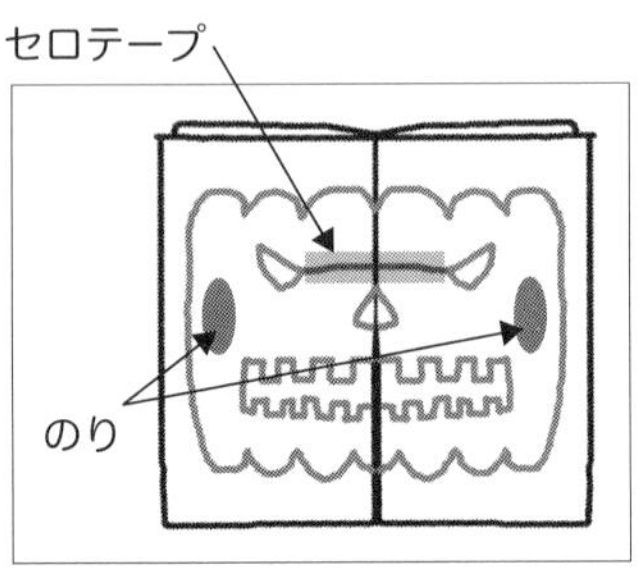

特にカックンカックンの部分は、切るのが難しい。紙を回しながら切っている子を褒める。

黒の色画用紙に立体的に貼って完成。後ろに掲示すると壮観。（寺田真紀子）

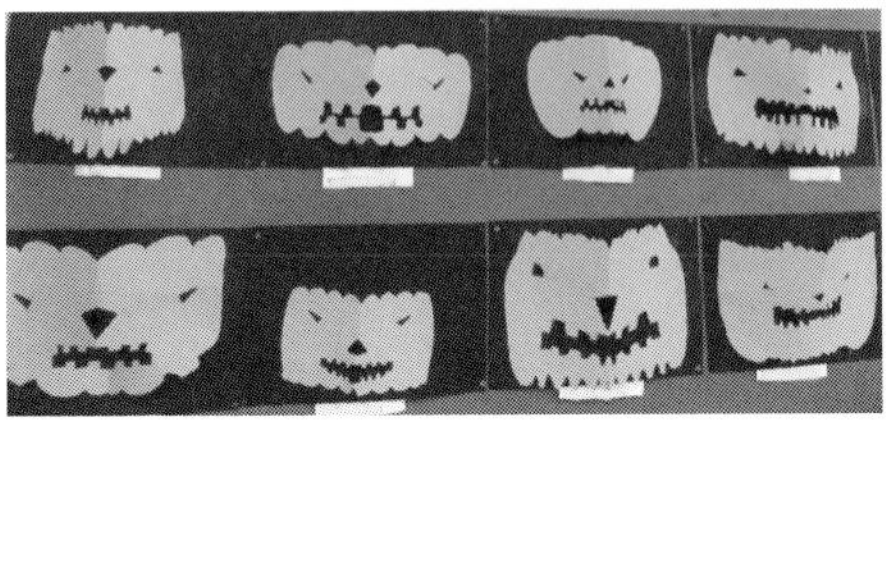

10月

体育　次から次と展開する「跳び箱遊び」

跳び箱遊びを授業するにあたり、出発点となるのは向山洋一氏の考えである。

> 1年生2年生では、跳ばせることより、跳び箱を使ってさまざまな運動を体験させる方が大切だ。上を歩く。上を走る。横からこえる。上から飛び降りる。飛び降りる時手を1回たたく……。このように、次から次へと10も20も変化のある繰り返しを体験させるのだ。こうして、運動能力は育てられていくのである。

ポイントは「変化のある繰り返し」である。次々と展開されるため、子どもの関心意欲は持続する。結果的に楽しく技能が高まっていく。挑戦意欲が湧き、何度でも練習していくからである。その上で、教師がとらえておくべき事項は3つある。

①できなくてもよし、そのうちできるようになる、経験させることを重要視

体育指導では、詰めない。多少、苦手だなと臆する運動もテンポ良く行えば、苦にならない。できないことをいつまでもやらされると、子ども達の自信や意欲はどんどん低下する。

②安全面への配慮

跳び箱から落ちるといった経験は、後々まで引きずるケースがある。「跳び箱から落ちたから、跳び箱嫌い」という児童を生み出さないようにしたい。

③運動の意味を理解した教師の指導

なぜこのような運動をするのか？　子ども達には必要な場合には伝えることはあるが、1年生にはあまり必要ない。しかし、教師はその意味を理解して取り組ませることが大切だ。子どもの動きの変化を見て取れるようになるからだ。

授業では、1段か2段の跳び箱を使用する。指示するパーツを挙げる。

①跳び箱の上から片足をかけて跳ぶ。
②両足から跳び降りる。
③両足踏み切りで、両足で乗る。
④両足踏み切りで、片足で乗る。
⑤両足踏み切りで、正座で乗る。
⑥両足踏み切りで両足で乗り、「バンザイ」「拍手」「大の字」「回転」「音がしないようにそっと」などして降りる。
⑦両足踏み切りで両足で乗り、「床を触って」降りる。
⑧両足踏み切りで両足で乗り、『顔を上げて』降りる。

ポイントは、ふみきり足の徹底だ。きちんと両足で踏み切ることを、この運動の流れの中で習熟させておきたい。今回の授業では省くが、通常の授業であれば、跳び箱をやらせる前の準備運動で扱う。

体育館のフロアで、「ケンケンパー」「ケンケングー」「歩いてグー」「走ってグー」といった動きである。さらに、馬跳び遊びなども入れていきたい。

もう1つのポイントは、安全面である。跳び降りた際に、顔から倒れる児童がいる。顔を上げることの重要性を、児童を集めてきちんと伝える。ここで連続した運動は途切れるが、大切なことはきっぱりと伝えることが大切だ。

次に「跳び箱の端を使っての足ジャンケン」。腕支持の練習になる。グー・チョキ・パーをくり返したり、2人組みでジャンケン（普通の速さやゆっくり）を行う。

（桑原和彦）

10月

道徳 友達とのよりよい関係を築く

10月の道徳のポイント

様々な園から集まってきた子供達も1年○組としてのチームになってくるのがこの時期である。

友達関係も、ただ、楽しいということだけでなく、善悪を判断し、互いに声を掛け合えるようになっている。『小学校学習指導要領 特別の教科 道徳編』に次のように書いてある。

> 指導に当たっては、積極的に行うべきよいことと、人間としてしてはならないことを正しく区別できる判断力を養うことが大切である。また、よいと思ったことができたときのすがすがしい気持ちを思い起こさせるなどして、小さなことでも遠慮しないで進んで行うことができる意欲と態度を育てる指導を充実していくことが大切である。

また、資料の文章量も増えてくる。そこで、読み聞かせたり、設定を確認したりするなど、資料の内容を読み取れるような工夫が必要である。

10月のオススメ資料

東京書籍の「ダメ」は、「A 善悪の判断、自律、自由と責任」で、よいと思ったことは、恐れないで、勇気を持って行おうとする意欲や態度を養うことがねらいである。

「ダメ」ときっぱり言い切ることは実際の場面では躊躇されることもある。特におとなしい、優しい子は、この一言が言えず、悲しい思いをしてしまうことがある。

この資料は、「ダメ」と言えなくて、もやもやした場面と、言えてよかった場面が紹介されている。この資料を読むことで、子供達は、「だれでも言えない時があるんだ」と安心するだろう。

そこで、役割演技をさせることで、いやだという気持を伝えるスキルを身につけさせたい。

『「ダメ」検定』をすることで、教室は笑顔でいっぱいになる。そして、「ダメ」と伝えることがスタンダードになる。

「ダメ」が言いやすいように、「くまくん」の優しさにも着目させ、よい雰囲気の学級に育てたい。

対話指導のポイント

新指導要領で言われる「対話」とは人対人に限らない。本を読んで先哲の考え方に触れることも「対話」としてとらえられる。

資料に書いてあることを読み取ることも「対話」の一部と考えられる。

今回の資料のように、比較的長い文章を扱う時には、設定を確認しておく必要がある。

> 誰が出てきますか。
> 主役は誰ですか。
> 何に困っていますか。

ぐらいの確認は全員で行っておく必要がある。これを怠ると、「りすくん」と「くまくん」のどちらが主役なのか分からなくなってしまう子供が出てくる。今後、道徳の資料は、話が複雑になってくるので、このような設定の確認は欠かすことができない。

資料についてある程度、共通認識しておかないと、その後の話し合いがかみ合わなくなってしまう。

（奥田嚴文）

10月

英語　すきなものをつたえよう（疑問文）

１年生と話をしていると、「先生、何色が好き？」「先生、給食何が好き？」などの質問を受ける。そして、「わたしはね……」「ぼくはね……」と、たくさん自分の好きなものについて話をしてくれる。そこで「I like bule.」の後に「Do you like blue?」の疑問文の指導をしていく。

学校の先生が登場する状況設定

肯定文で登場した先生に色を尋ねる状況を設定した。担任と同じ色を好きな先生を探す状況を設定した動画を見せる。

T: 担任はピンク色が好きな設定
A、B は肯定文で登場した先生
C は今回新たに登場する先生

T: Do you like pink?
A: No.（残念そうに）I like red.
T: Do you like pink?
B: No.（いやそうに）I like green.

T: Do you like pink?
C: Yes!（うれしそうに）I like pink.
　Do you like pink?
T: Yes!（喜んで）I like pink.

３年生で「Yes, I do.」「No, I don't.」を習うため、１年生では「Yes.」「No.」と簡単な答え方にとどめる。

ダイアローグ練習は子供を巻き込んで

単調になりがちなダイアローグ練習を、対話形式で練習することで、飽きさせず、アクティビティにつながる練習をさせることができる。

（1）短く区切ってリピート練習
（2）色のフラッシュカードを使って、教師の後に続いて１回リピート練習
（3）男子だけ、女子だけに分けて

（4）子供全員が教師に尋ね、教師が答える
T: Everyone, ask me.
　Do you like, 1, 2.（リズムを取る）
C: Do you like red?
T: Yes.（教師が自分の好みを答える）
C: Do you like blue?　T: No.
C: Do you like yellow?　T: Yes.
C: Do you like green?　T: No.

（5）子供が尋ね、代表の子供が答える
T: Everyone, ask him(her).
　Do you like, 1, 2.（リズムを取る）
（子供に色カードを見せる）
C: Do you like red?
C1: Yes.（C1 が自分の好みを答える）
以下同様に３人目まで

最後の子供が答える前に、ストップをかけ、Yes、No を想像させても盛り上がる。

Yes探しゲームで会話量を増やす

最後は、Do you like? のダイアローグを使って友達に話しかけ、「Yes」の返事をもらったら１ポイントゲットできる「Yes 探しゲーム」を行う。時間を区切り、会話量を確保する。ポイント制にすることで、多くの友達に進んで話かけようとする意欲を高めることができる。

（鈴木睦子）

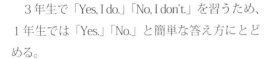

11月

国語　「じどう車くらべ」説明文の読み方を指導する

教材解釈のポイントと指導計画

いろいろな自動車の「しごと」と「つくり」が書かれた説明文である。

・どんな「しごと」をしているか。
・「つくり」はどんなものか。

自動車によって異なる「しごと」と「つくり」を比較し、特徴を理解させることが指導のポイントである。

音読させる中で、繰り返し出てくる文型に気付かせる。自動車による違いを意識させながら、内容を読み取らせていく。

全12時間扱い。

第1時　範読　音読
第2時　問いと答えの確認
第3〜5時　自動車の「しごと」と「つくり」を書く。
第6・7時　はしご車の「つくり」を書く。
第8・9時　救急車の「しごと」と「つくり」を書く。
第10〜12時　自分の好きな車の説明文を書く。

授業の流れのアウトライン

教科書には「じょうよう車・バス、トラック、はしご車」の3種類の説明文がある。

音読していくうちに、子どもたちは同じ文型が繰り返されることに気付いた。

・〜のしごとをしています（しごと）。
・そのために、〜があります。
〜がついています（つくり）。

同じ文型の中で、自動車によって言葉が変わっているところがある。違いに注目させることで、自動車による違いがわかっていく。

第12時に、自分の好きな車で説明文を書かせる。混乱を防ぐため、いきなり自由には書かせない。

本文の後に出ている「はしご車」を活用して文型を確認する。

はしご車のしごとを確認した後、「つくり」をノートに箇条書きさせる。

子どもたちから出た「つくり」から、文型に沿って書かせた。

選んだ「つくり」を当てはめて書くことで、全員が作文できた。

「救急車」も同様に扱うことで、より習熟させることができる。

続いて、自分の好きな自動車を選んで説明文を書かせる。

「パトカー・清掃車・ブルドーザー」など、何台かを選んで写真と説明をプリントにまとめておく。

その中から好きな自動車を選ばせて、「しごと」と「つくり」を文型に沿って書かせた。あらかじめ情報がまとめてあるので、自分で調べたり情報を取捨選択したりする負担がない。

このステップで全員が説明文を書くことができた。

学習困難状況への対応と予防の布石

1年生の子どもたちには、本や図鑑を読んで、必要な情報だけを抜き出すことが難しい。

「文型に沿って書く」ことが大切であり、情報を集めたり、取捨選択させたりすることは別の技能である。

教師が必要な情報を厳選して示すことで、書くことに集中できるよう配慮する。

（植木和樹）

11月

算数 「かたちあそび」モノを用意し、分類させる

形の特徴をとらえた分類作業で基礎概念が身につく

立体図形の基礎概念を学習する場面である。身近にある立体をたくさん用意し、触れて、「かたちあそび」を行わせる。そして、特徴をとらえた、分類作業を通して、基礎概念を身につけさせる。

モノと広いスペースを用意する

授業を行う前にたくさんのモノを用意しておく。ティッシュの箱、ジュースの缶、お菓子の空き容器など集めておく。学校の算数教材室等に立体の模型が教材として準備されているところも多いので、それも活用する。教室で活動する際には、机と椅子を後ろに寄せるなどして、活動できるスペースを確保する。子ども同士の交流や対話的活動も生まれる。

かたちあそびから分類へ

触る、見る、転がす、積む、形を作る、たくさん活動させたら、形の特徴をとらえた分類を行う。分類も、㋐形の機能（手でさわって動かしてみるような動的なとらえ方）としての分け方、㋑形の形態（いろいろな方向から眺めてみるような静的なとらえ方）としての分け方に分かれる。

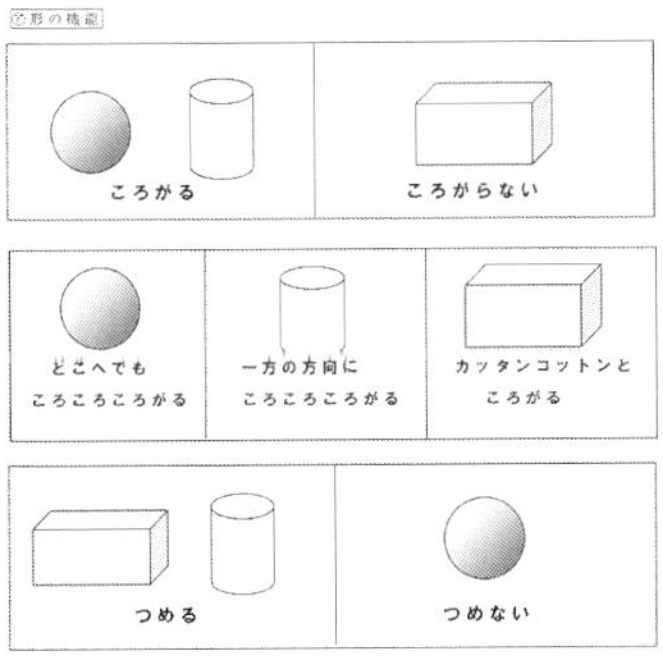

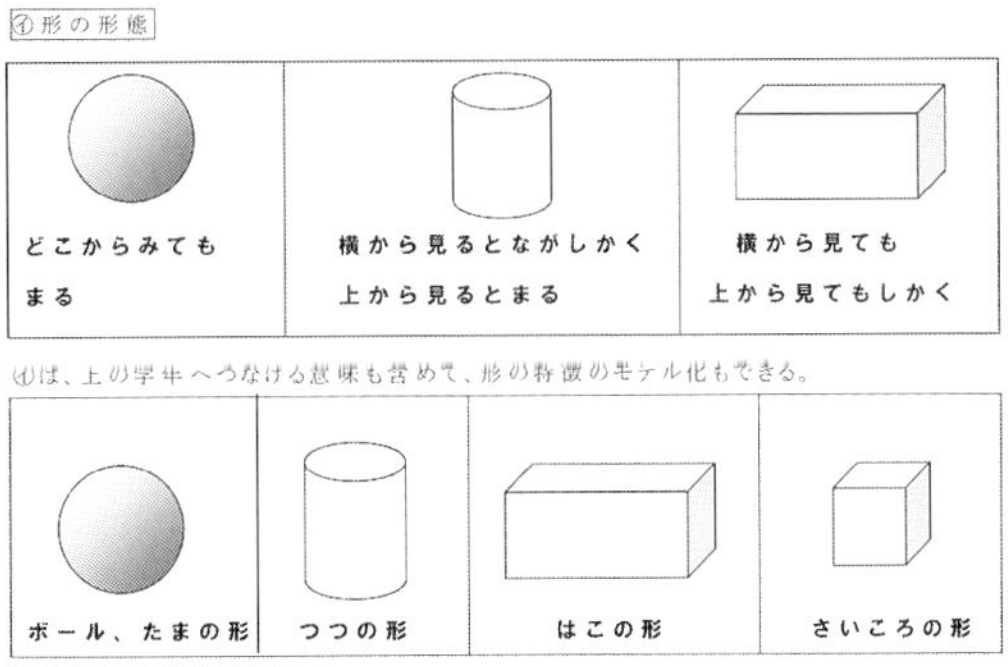

【本時の対話的活動】
教師：「形をどのように分けたのですか」
子ども：「丸の形と□の形に分けました」
子ども：「転がる形と転がらない形に分けました」
子ども：「積める形と積めない形に分けました」
子ども：「ボールの形と筒の形と箱の形とさいころの形に分けました」

子どもが形の特徴をとらえ、教師や子ども同士で分類する作業こそが、対話的活動になる。

参考文献：向山洋一　企画・総監修『「算数」授業の新法則１年生編』学芸みらい社　（津田奈津代）

11月

生活　作って遊ぶ「秋ランド」チャレランで楽しく対話する

子どもが夢中で遊ぶチャレラン

秋を題材にして遊ぶ時は、チャレランがお勧めである。チャレランは、子ども達が夢中になってランキングを競うゲームである。例えば「棒バランス」というチャレランがある（上イラスト）。掌に棒を立ててどれだけ長い時間、倒さずにバランスを保てるかを競う。TOSSはこうしたチャレランを２００種類以上作ってきた。生活科の中で遊びを考える場面がある。チャレランの遊びを取り入れることで、様々な遊びが生まれる。

「秋チャレラン」を作る

まずは、教師が子ども達にチャレランを教える。一緒にやってみる。次は、子ども達にチャレランを考えてもらう。

いきなり考えるのは難しい。そこで、下のテキストを使う。チャレランを創造するためのテキストである（下写真）。

秋をテーマにチャレランを作成する。

「秋チャレラン」である。対話をより活性化させるために、グループで考える。

①何を使うか？（秋がテーマ）

前時の秋見つけの体験がいかされる。どんぐりや松ぼっくりなど様々出る。

②どうするか？（選択肢から選ぶ）

ここもグループで対話が活発になる。選択肢があるから、支援を要する子もどれかを選ぶことができる。

③何に挑戦？

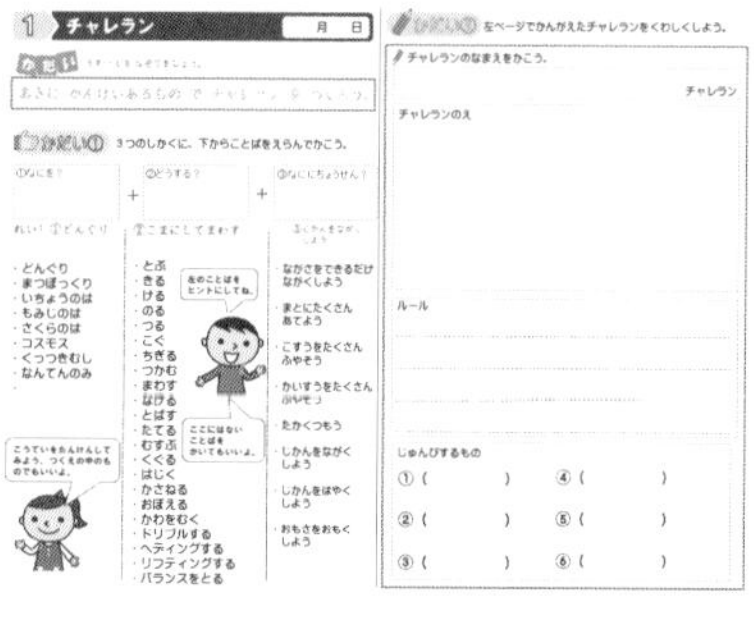

ゲームにするために、選択肢をヒントに考える。①②③が決まれば、右ページでより具体的にしていく。例えば次のような秋チャレランが考えられる。

- 豆うつしチャレラン（大豆の替わりにどんぐりを使う）
- お手玉洗面器入れチャレラン（お手玉の替りに松ぼっくりを使う）
- 棒バランス（公園で拾った枝を使う）
- ペットボトルダーツ（ペットボトルに公園で集めた木の枝を入れる）

『TOSSランド　生活科　あきはともだち』徳本孝士氏実践より

「秋ランド」を開く

まず、グループでやりたい種目を選ばせる。次に、秋チャレランを行う。全員1度にはできない。遊ぶグループとチャレランのお店を開くグループに分ける。後半は、交代する。お店を開く時には、役割分担も必要になる。役割を分担する際、対話が生まれる。クラスで遊んで慣れた後は、幼稚園や保育園の人やお家の方をご招待することで、多くの人との対話の場面を創る。

（西村純一）

11月

音楽　いろいろな音をたのしもう

リズム楽器で遊ぼう

１年生は、カスタネット、タンブリン、トライアングル、すず、ウッドブロックなどの持ち方やならし方を知る。常に教室に置き、歌や鍵盤ハーモニカに合わせて、リズム伴奏を楽しめるようにしたい。

（1）カスタネット・タンブリン

拍を感じてリズム打ちをさせたいときは、カスタネットやタンブリンが適している。

１年生では、４種類のリズム打ちで遊ぶ教材が教科書に掲載されている。歌に合わせてリズム打ちを楽しみながら、持ち方やならし方に慣れさせる。音色に親しみ、特徴を感じ取らせる。

①タンタンタンウン『じゃんけんぽん』（芙龍明子作詞・橋本祥路作曲）

②タンタンタンタンタンタンタンウン『みんなであそぼう』（長井理佳作詞・長谷部匡俊作曲）

③タンウンタンウンタンタンタンウン『しろくまのジェンカ』（平井多美子作詞・ケンウォール作曲）

④タンタンタンウンタタタタタンウン『ぶんぶんぶん』（村井四郎作詞・ボヘミア民謡）

（2）トライアングル・すず

ならし方により、トライアングルなら「チーンチーン」「チリリリリン」「チッチッチッ」など音が変わる。すずは、打てば「シャンシャンシャン」となるが、振れば「シャラランラン」と音が変わる。その変化を、歌に合わせて打つうちに感じ取らせる。

（3）既習曲に合わせて

指示　好きなリズム楽器を選びます。

『ぶんぶんぶん』に合わせて、リズム打ちをする。カスタネット、タンブリンに加え、トライアングル、すずから自由に一つ選ばせる。楽器をいろいろと取り換えて、飽きるまで遊ばせる。

指示　♪おいけのまわりにのばらがさいたよ♪のところを、工夫します。

歌の通りにタタタタタタタタとカスタネットを細かく打つ子、すずを細かく振る子、タンブリンを細かく打ったり、揺らして音を出したりする子、トライアングルをトレモロ奏する子、さまざま出てくる。

工夫がみられる子を取り上げて、みんなに知らせ、まねさせる。さまざまな打ち方ができるようにする。

きらきら星　星空のおんがくをつくろう

説明　一番星み〜つけた!!

言いながら、トライアングルを「チーン」と鳴らしてみせる。星をトライアングルの音で表現していることに気付くと良い。

説明　明るい星だなぁ〜〜

強く打ってみせる。

説明　あ、かわいい小さな星

弱く打ってみせる。

説明　少しずつ、星が増えてきたね。

指示　みんなならどうする？　ようすを思い浮かべながら、音を鳴らしましょう。

トライアングル、すず、鉄琴（グロッケン）など星をイメージした楽器が選べると良いが、タンブリンやカスタネットも選択肢に入れておく。互いに聴き合って、適した楽器を選ぶ。

指示　たくさん星がでましたよ。

指示　もうすぐ朝です。星がだんだん見えなくなってきました。

ならし方に、強弱をつけることができると良い。

（中越正美）

図画・工作　お話の絵を描こう「虫にのって空をとんだよ」

準備物

画用紙・クレパス・綿棒・絵の具・刷毛・のり・黒ペン・コピー用紙・はさみ

①お話をする（概略のみ紹介。それぞれ膨らませて話してほしい）。

【魔法で体が小さくなった僕たち。でも、この魔法は虫とも話ができる魔法なんだ。トンボが言った。

「ボクの背中に乗せてあげるよ」うわあ〜空から見る景色はいいなあ！　僕の家も見える！　すごいや！】

まず、コピー用紙に描き方を練習する。

○→目・口→胸・腹→胸から羽を描く。

②画用紙に黒のペンでトンボを描く。

③空を塗る。１年生なので、こちらで色を作ってあげる。刷毛で水をサッと塗ってから、別の刷毛で水色・緑・黄色をにじませる。夕焼けにする子は赤・朱色・黄をにじませる。

ポイントは水多めで薄く。

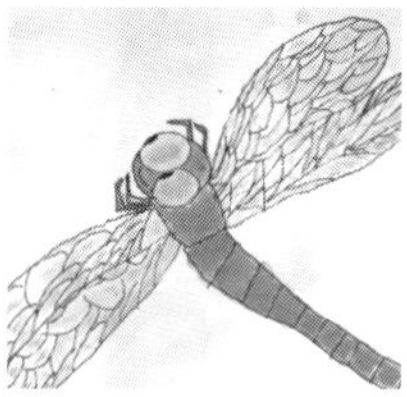

④クレパスでトンボを塗る。赤とんぼ・シオカラトンボなど自由。透明の羽は水色やうすだいだい色を薄く塗って白で濃く塗るとそれらしくなる。

⑤ぼく・私・友達をA４コピー用紙に黒ペンで描く。頭→胴体→手・足→つなげるという酒井式の人物の描きかたにそって描く。全部で４人描く。描けたらクレパスで着色し綿棒でくるくるこすってのばす。

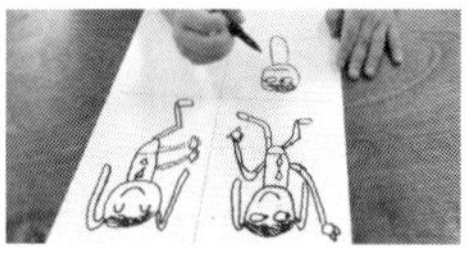

⑥人物をはさみで切る。切るだけで1年生は大変。大きめの茶封筒に、切ったものを入れるようにすると紛失せずにすむ。

⑦人物をのりで貼る。どこに貼るかいろいろ置いてみて決める。「ここがいいかな」「こっちがいいんじゃない？」ペアで話し合うとよい考えが浮かんでくる。

トンボに乗ってる子、「おーい」と叫んでいる子、下に落ちそうな子……人物を貼ることで絵にストーリーが生まれる。

⑧小さく家を描く。街並みは3角と4角と長4角でほとんど描けるので1年生でもできる。

１軒描いたら隣にくっつけて描く。

後ろに山を描くと遠近が出る。

⑨家並み・山をクレパスで塗って完成！

（寺田真紀子）

11月

体育　思い通りに扱えないから対話が生まれるボール遊び

サッカーボールを使った運動遊びやゲームを取り上げる。ポイントは、

ボールを使って運動する楽しさ

である。意のままにボールを動かせる楽しさとボールを捕ったり追いかけたりする楽しさを味わわせたい。

①ドリブル

自由にボールを転がして歩かせる。次いで「ボールから離れないようにね」とポイントを指示する。すぐに遠くに蹴りだし、ダッシュで捕りに行くという子どもがいる。そうではなく、離れないように、歩いてもいいと伝える。

次にボールを止める動きを覚える。

「笛（太鼓）が鳴ったら、右足で上からボールを押さえて止まります」。上手にできるようになったら、ドリブルの速さを少し速くしてもいいと指示する。さらに、止める足を反対の左足もやらせる。

さらにドリブルの時、足の内側だけを使ってドリブルさせていく。インサイドである。逆に足の外側を使ってのドリブルもさせる。アウトアサイドは、難しいが経験させることが大切である。

②思い切り遠くへ蹴る

巧みにボールを操りドリブルできることも大切だが、思い切り全力でボールを蹴ることも重要である。

グランドの端に、全員1人1個ずつボールを持って1列に並ばせる。反対側のグランドの端まで、何回か蹴って辿り着かせる。

少ない回数のキックで到着することが良いことを伝える。子ども達は大騒ぎで蹴り出す。

「どこで蹴ったらよいか」「真っ直ぐな方向に蹴るにはどうするか」など、疑問がわいてくるので、友達と相談させる時間を設けるとよい。この経験が、シュートの上達につながる。

③たまごわりサッカー

グランドにたまごの形にラインで引く。1チーム4人。攻撃側は、たまごの両側から交互に蹴る。守備側が卵の中に位置し、パスが通る（たまごが割れる）のを防ぐ。

たまごわりサッカーをします。ボールが守っているチームの間を抜けたら、攻めているチームの得点です

足のどこでけるか、味方にパスを通すための位置取りなど、これまでの練習をゲームに生かしだす。

教師はほめればよい。高すぎるボールの時には、「ボールの抜けた高さが守備側の子が両手を上げた高さより高い場合は、得点とならない」といったルールをつくるとよい。2～3分後、攻守交替する。

（桑原和彦）

11月

道徳　失敗することはだれだってある

11月の道徳のポイント

規則を守らなくてはならないという気持ちは持ちながらも、自己中心性の方が強く、つい興味のあること、楽しいことに流されがちである。『小学校学習指導要領　特別の教科　道徳編』にも次のように書いてある。

> この段階においては、まだ自己中心性が強く、ともすると周囲への配慮を欠いて自分勝手な行動をとることも少なくない。また、身の回りの公共物や公共の場所の使い方や過ごし方についてどうするのがよいのか、そしてそれはなぜなのかといった理解は十分とは言えない。
> 指導に当たっては、身近な約束やきまりを取り上げ、それらはみんなが気持ちよく安心して過ごすためにあることを理解し、しっかりと守ろうとする意欲や態度を育てることが大切である。

決まりを積極的に守ろうとする態度を早い段階で育てたい。

11月のオススメ資料

東京書籍の「よりみち」は、「C　規則の尊重」で、学校や家庭での決まりや規則の大切さを知り、決まりや規則を守ろうとする心情を育てることをねらいとしている。

1年生の子供にはありがちな「よりみち」の話である。学校でも1年に一度、あるかないかではあるが、放課後に電話がかかってくる内容ではないだろうか。職員室は騒然となり、捜索係、連絡係が組織される。私の経験では、幸い、すべて「よりみち」が原因であった。

かくいう私も、「よりみち」で親を心配させた経験がある。

ありがちとは言え、ほとんどの子供はこのような経験をしていない。

先生がなぜ抱きしめたのか。お母さんがなぜ涙でいっぱいになっていたのかは、1年生でも容易に想像できる。

昨今、不審者対応の避難訓練も毎年行われており、周りの人がどれだけ心配するかもよくわかるようになってきている。

それでも、ついやってしまう「よりみち」で規則について学ばせたい。

対話指導のポイント

最も意見が出やすいのは、先生やお母さんに焦点を当てた発問である。

> 先生はどうしてだっこしたのかな。お母さんは、どうして涙でいっぱいになったのでしょうか。

このような発問には、意気揚々と発表をする。

> けがもしていないし、友達の家に行っただけです。
> この女の子は悪くないと思います。

と反論できそうな意見を教師から提示する。

「議論」もこれからの道徳には大切なパーツとなってくる。子供達の発表から、自然発生的に議論になればよいのだが、いきなりそのようなことができるわけではない。そこで、教師が反論できそうな意見を出して、議論することの素地を鍛えておくことが、より深い対話を可能にする。

（奥田嚴文）

11月

英語　すきなものをつたえよう（好きな食べ物）

「like」の意味が理解できたら、次は自分の物、好きなことを紹介する時間を設け、定着を図る。取り扱う単語は、複数形のない飲食物と日本食（日本語 OK）などで、会話を広げる。

思わず話したくなる状況設定

登場するのは、１年生に人気のキャラクターである。以下、TOSS 型英会話指導法「三構成法」で展開する。

（１）単語練習

DORAYAKI, pudding, chocolate, cake

教師の後に続いて、「２回、１回、子供だけ」の手順でリピート練習をする。

（２）状況設定

おやつの時間に、教師がドラえもん、おじゃる丸、ジバニャンに好きなおやつを聞く。

T: It's おやつタイム（３時の時計を見せる）
T: Do you like DORAYAKI?
DORAEMON: Yes!

T: Do you like pudding?
OJARUMARU: Yes!

T: Do you like chocolate?
JIBANYAN: Yes!

T: Do you like GO-YA cake?
全員 : No!

子供達は、誰が何を好きか知っているので、教師が「Do you like …」と間をあけて話すと、口々に「pudding!」「Yes!」とつぶやきだす。

キャラクターとの会話が終わったあと、全体に Do you like DORAYAKI ？と尋ねると、すぐに「Yes」と反応していた。そこで、教師が「Me, too」と相槌を打ち反応する。ゴーヤケーキのところでは、「No!」と言う子供がほとんどであるが、「Yes!」と言う子供がいても、「Really?」と答える。少しずつ英語のリアクションに慣れさせていく。

（３）ダイアローグ練習

変化のある繰り返しで、口頭練習をする。

友達のことを知りたくなるアクティビティ

（４）アクティビティ

まずは、状況設定で出てきたおやつ４つのことについて、友達３人と「Do you like…?」「Yes/No」の会話をする。

次は、spaghetti, salad, pizza, orange juice などの複数形のない飲食物や sushi, natto などの日本語も含めた単語を扱い、いろいろな友達と「Do you like…?」「Yes/No」の会話をする。

「なんでもいい」と伝えても思い浮かばない子供もいるため、上記の単語のイラストを提示し、会話のよりどころとなるようにする。

英会話の中に「えー、そうなの？！」「ぼくもだよ」などの子供達の日本語のつぶやきが聞こえてくる。

【教師と代表児童の会話テープ起こし】
教師が饅頭好きであることは、子供達は知っている。
T: Do you like お饅頭？
A: No!
T: Oh, no.（悲しい顔をする）
A: だって、あんこが苦手なんだもん。

後に、「Why?」「Because….」に続く思考は、１年生の時から芽生えていることが分かる。その思考を継続して育てたい。（鈴木睦子）

12月

国語　「ずうっと、ずっと、大すきだよ」主役を指導する

教材解釈のポイントと指導計画

『本をえらんでよもう』という単元に含まれる物語文の学習である（光村図書）。

物語文自体は「読んで、自分の好きなところや面白かったところを発表する」という簡単な扱いである。

主役を考えさせるのに、うってつけの物語文である。

ただ読み流すのではなく「主役の検討」を新たに指導する。

全4時間扱い。

第1時　範読　音読
第2時　登場人物の検討
第3時　主役の検討
第4時　最後の一文の検討

授業の流れのアウトライン

「ぼく」と飼い犬の「エルフ」のふれあいが描かれている物語文である。

登場人物を確定した後に問う。

このお話の主役は誰ですか。

「物語の中で、気持ちや行動が大きく変化している人物が主役」と定義した。

以下、子どもたちの意見である。

《ぼく派（6人）》

・ぼくがぜんぶのページにのっているから。

・エルフはしんだから。

《エルフ派（22人）》

・なぜなら、しんでしまったエルフのことをはなしているからです。

・エルフということばがたくさんあるから。

・なぜなら、エルフのことをはなしますということがいちばんさいしょにかいてあるからです。

「ぼく」目線で物語が描かれ、心情の変化が描写されている。

「ぼく」を主役と考えると予想したが、子どもたちの多くは「エルフ」が主役と考えた。

初めて「主役」を考えさせたが、子どもたちなりの論理で主役を考えることができていた。

意見を発表させた後、お家の人に意見を聞いてくるよう話した。

翌日、お家の人の意見を聞くと半々に分かれていた。

大人でも意見が分かれることを伝え、正解・不正解はなく、「自分なりの根拠を持ち、意見を発表できたこと」を褒めた（混乱を防ぐため、「対役」は扱わなかった）。

本文を根拠にして、自分なりの考えを持つことは対話する上で必要である。

「主役（対役）」を考える活動をすることで、自然と本文に注目して読むようになる。

物語文の学習の度に「誰が主役（対役）か」を問い、継続して指導していく。

学習困難状況への対応と予防の布石

教科書では「①図書館から読みたい本を選んで読む、②読んだ本についてカードを書く」という学習が設定されている。

日常的な読書指導と並行して、好きな本を選んで紹介する活動をする。

読書カードを書かせる際には、文型や書き方を示し、子どもが混乱しないよう配慮する。

（植木和樹）

12月

算数　「ひろさくらべ」広さをくらべて対話をつくる

広さ比べから対話的活動をつくる

広さも１学期、２学期に学習した長さ・かさと同様に比べ方をたくさん出させる。子どもから出てくる比べ方は、①直接比較、②間接比較、③任意単位による測定、④普遍単位による測定、の４つに分かれる。

「はしをそろえる」「ますいくつ分」などの比べるときのポイントも押さえる。教師がゆさぶりをかけて子どもから出させることもできる活動である。子どもからたくさん出させることが主体的学び・対話的活動につながる。

広さ比べなどの遊びも取り入れて行う

陣取りゲームなどの広さ比べを行う際は、「ますのいくつ分」という言い方、「どちらがいくつ分広い」という言い方も教える。また、どちらが広いか問い、説明させることで学びが広がる。

【本時の対話的活動】

〈広さ比べ〉

教師：「ＡとＢ、どちらが広いですか」

子ども：「Ａが広いです」

教師：「Ａが広いわけを言いましょう」

子ども：「わけを言います。

Ａはますの５つ分です。Ｂはますの３つ分です。

だから、Ａが広いです。Ａがますの２つ分広いです」

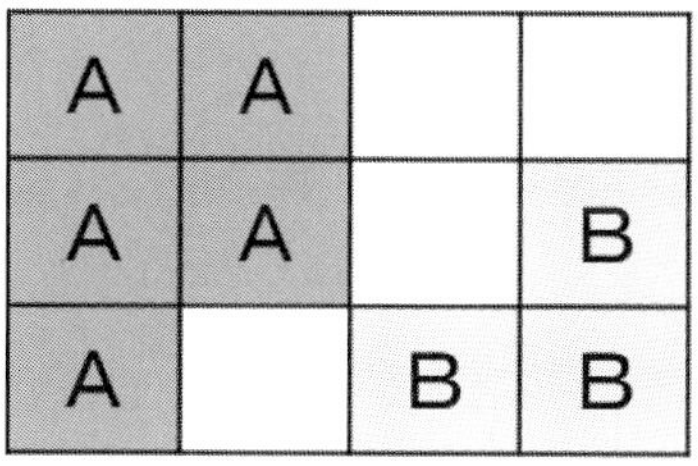

〈どちらが広い〉

教師：「どちらが広いですか」

子ども：「Ｃが広いと思います。Ｃの方が背が高いからです」

子ども：「Ｃが広いと思います。ますで数えるとＣの方が多いからです」

子ども：「Ｃがます９つ分です。Ｄがます８つ分です。だからＣが広いです」

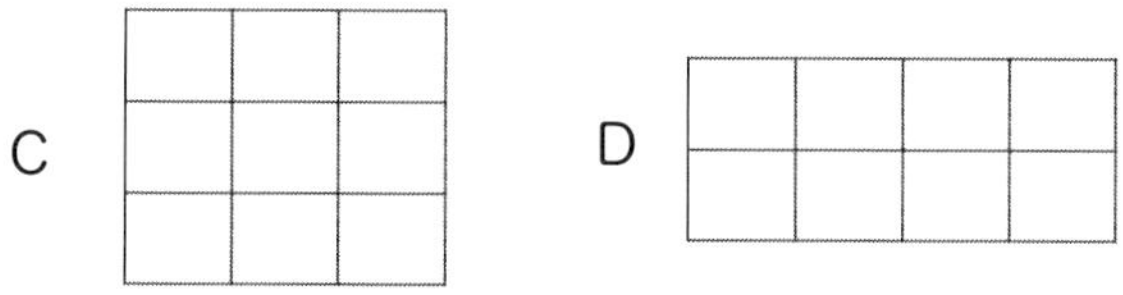

参考文献：向山洋一　企画・総監修『「算数」授業の新法則１年生編』学芸みらい社　（津田奈津代）

12月

生活　かぞく大すき

自分の1日の生活を振り返る

1日の生活を振り返りましょう。朝起きて、学校に行くまでにどんなことをしますか。

誰でもできる発問、導入でつかむ。

学校から帰って、夜寝るまでの間にどんなことをしますか。

少し変化させて聞く。一目で分かるように板書する。

お手伝いしていることは何ですか。

板書で箇条書きにした行動に赤丸をつける。

グループで自分の1日を紹介しよう。

板書を参考に自分の1日を友達に紹介する。友達と対話することで、思い出すことや新たに知ることがあるだろう。

自分の1日を詳しく思い出せるようにする。

家族の仕事を調べる

お家の人がやってくれていることは、何ですか。グループで家族のお仕事を紹介しよう。

例えば、朝ご飯はお母さんが作ってくれる。お風呂は、お父さんが準備してくれる。家族ごとの仕事分担があるだろう。たくさんの人に支えられていることに気付けるようにする。

皆が知っている他にも家族の仕事があるかもしれません。もっと家族の仕事を知りたいですね。どうすればよいですか。

「お家の人に聞く」。インタビューして、誰がどんな仕事をしているのかを調べる。例えば、お母さんが朝ごはんを作っている。感想も書かせる。「おかあさんは、とてもいそがしそうでたいへんだなあとおもいました」。お母さんだけではなく、お父さん、おじいちゃん、おばあちゃんなど家族の1人1人がお仕事を分担していることに気付くだろう。

家族のために自分ができることは

家族のためにできることは何ですか。

「自分のことは自分でする」

「手伝いをする」

お手伝いはどんなことがしたいですか。自分が挑戦したいお手伝いのグループに分かれてくわしく話しましょう。

次の3つを考える。

（一）やることは何か

（二）いつやるか

（三）どのようにやるか

家でお手伝いをしてみましょう。

各家庭に学級通信等で毎日の手伝いの励ましをお願いしたり、最後のメッセージを依頼したりするとよい。

手伝いしたことをふり返ろう。

（一）どんな手伝いをしたのか

（二）うまくできたことは

（三）難しかったことは

（四）思ったことは

という観点で振り返らせる。次の時間は、全員の前で発表する。友達にお手伝いのこつを教えてもらってもよい。

これからも自分でできるお手伝いは何ですか。

友達と対話し、自分の生活と比較する中で、家族の中の自分の役割について考えさせたい。

（西村純一）

12月

音楽 鑑賞は身体を動かしながら

鑑賞は子どもが大好きな活動だ。音楽に合わせ身体を動かしながら、わくわく感、ドキドキ感を教える。同時に、「曲想と音楽構造との関わり」についても気付かせる。

鑑賞「くまばちはとぶ」

問 出てくる動物は何ですか。

冒頭20秒を聴く。

答えを言いたい子を指名する。答えは様々であり、様々あってよい。

問 出てきた動物は何ですか。

冒頭部分を再度聴く。

今度は、端から1人ずつ、全員に言わせていく。

「この曲を創った人と同じ答えの人がいました。もう一度聴きます。何でそう思ったのか、理由も言えるといいです」

再々度、冒頭部分を聴かせる。

聴くたびに、集中して聴くようになる。

「ハエです、ブンブンいっていたからです」

「象です、象が歩いている感じだった（からです）」

友だちの意見を聞きながら、「聴き方」を学ぶ。

動物が出す音と、楽器があたかもブンブンというように出している音を、同じものとして捉えるという聴き方を学ぶのだ。

話 たくさんの動物が出ました。どの答えも大切な答えです。自分の答えが言えたことが素晴らしいです。この曲を作った人は、くまばちをイメージしました。

どういう答えを言っても、自分の答えが大切にされる雰囲気をつくる。

指示 もう一度、音楽を聴きます。くまばちが大きな音を出していたら、皆の体を大きく伸ばす、小さくなったら皆の体を小さくします。ただし、今立っている場所から一歩も動いてはいけません。

固定された場所で、子ども達は音の強弱に合わせ伸びたり縮んだりするのを楽しんだ。

この曲のイメージを、「強弱」という「音のものさし」を通し理解することができたのだ。

鑑賞「おどるこねこ」（第1時）

問 出てくる動物はなんですか。

冒頭を20秒聴く。

教師は何度も聴かせながら、「あ！ 猫の鳴き声だ！」と子ども自身が気づくのを待つ。答えをすぐに言うのは簡単だ。

問 この曲には、猫の他、もう1匹、動物が出てきます。それは何でしょう。

こう問いかければ、2分半もある長いこの曲を最後まで集中して聴くことができる。

最後に犬が出てきて、教室が大騒ぎになる。

鑑賞「おどるこねこ」（第2時）

指示 真似します。
1、2、3、1、2、3……（動きを示す）
左右に揺れます。

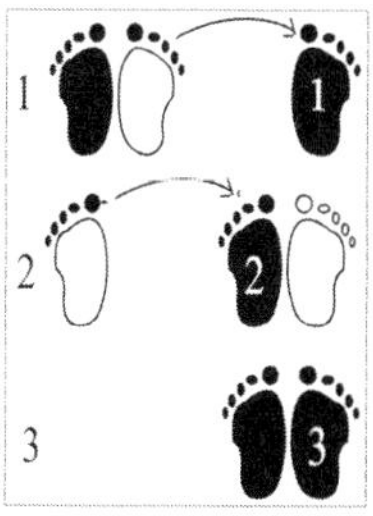

右のステップを踏ませる。

ペアになり、向き合って手をつなぎステップを踏む。

指示 音楽に合わせて踊ります。

音楽を聴きながら、体を動かす。3拍子のステップで踊れない部分はしゃがませる。こうすることで、曲の感じと曲の構造がわかる。

（関根朋子）

12月

図画・工作

ちぎり絵で表現しよう！
～新シナリオ「ねことんじゃった」～

「ちぎる」は手作業の原型である。だが、「ちぎる」ことが苦手な子どもが多いのが現状だ。ちぎる経験を小さいころからさせたいと思う。

「ちぎり絵」の良さは「並べ替え」「修正」が簡単にできることである。これは、打率10割の酒井式の原点にぴったりかなっているといえる。

「ねことんじゃった」は、「ちぎる」を使った新シナリオである。

指導の目標

①紙をゆっくりちぎり、考えた形を作ることができる。

②ねこの動きを考え、台紙に貼り付けることができる。

準備物

色画用紙（折り紙）・のり（指で塗るタイプ）・下に敷く紙・はさみ

ねこの色（8つ切り）→黒・白・茶・こげ茶

空の色（4つ切りより小さめ）→うす青・みずいろ・うすみずいろ・あさぎなど

小さい色画用紙か小さい折り紙

単元計画（全8時間）

1時　お話を聞く。ねこふんじゃったを歌う。ねこの顔の輪郭をちぎる。

2時　ねこの耳・耳の中をちぎる。顔と耳を貼り合わせる。

3時　顔の部品（目・鼻・口・ひげ）をちぎる。並べ替える。貼り合わせる。

4・5時　胴体・手足・しっぽをちぎる。並べ替え、ねこの動きの追求をする。

6・7時　台紙に並べ、鉛筆で印を入れる。のりで貼り付ける。

8時　背景をクレパスで書き込む。

授業の流れ

1．ねこの顔をちぎる

①ねこの色を決め画用紙を選ぶ。

②ねこの顔と耳をちぎる。

③ねこの顔の部品をちぎる。部品ははさみを使っても良い。目の形や色は自由に選ぶ。

部品ができたら、何通りにも並べ替える。空へ飛んでいったねこの顔は、どんな顔がいいかな。～びっくりしている。驚いている。などを考えて貼る。

④ねこの胴体をちぎる。

⑤手足は左のように曲げられる。

⑥しっぽをちぎる。

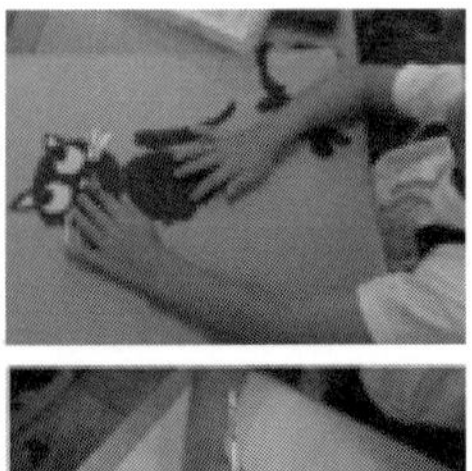

2．部品を置いて並べ替える

胴体と手足のつなぎ方を試行錯誤する。

3．台紙に貼り付ける

初めに鉛筆で印をつける。ちぎれた部分はそれだけちぎり直し、貼り付ける。

4．傘を作る。背景を描く

太陽や雲・木・家・公園・人間（女の子・家族）・鳥など。ねこの爪やまつ毛を描き足すとまた雰囲気が変わる。

子どもたちが喜ぶシナリオである。

（勇和代）

12月

体育　教材とユースウエアで上達するなわとび運動

縄跳びを跳べるようにするには、縄跳びをさせればよい。

この考えがどこか薄らいでしまうと、つい安易に細かく丁寧に跳び方を教えてしまう。子ども達自身が乗り越えていく期間を待てないのだ。

> 今、できなくてもいい。
> やっているうちできるようになる。

ということである。毎時間毎時間、取り組ませ、できない子はできている子を見ながら真似ればいい。繰り返し繰り返し、真剣に取り組む時間を設定するから上達する。努力の壺である。そのために必要となるのが、

> 教材とユースウエア

である。縄跳びの場合は「スーパー跳び縄」「向山式なわとび級表」「縄跳びシール」を活用することである。このユースウエアは次のようになっている。

①「なわとび級表」（カード）の作成。これは、スーパーとび縄についている級表AとBである。

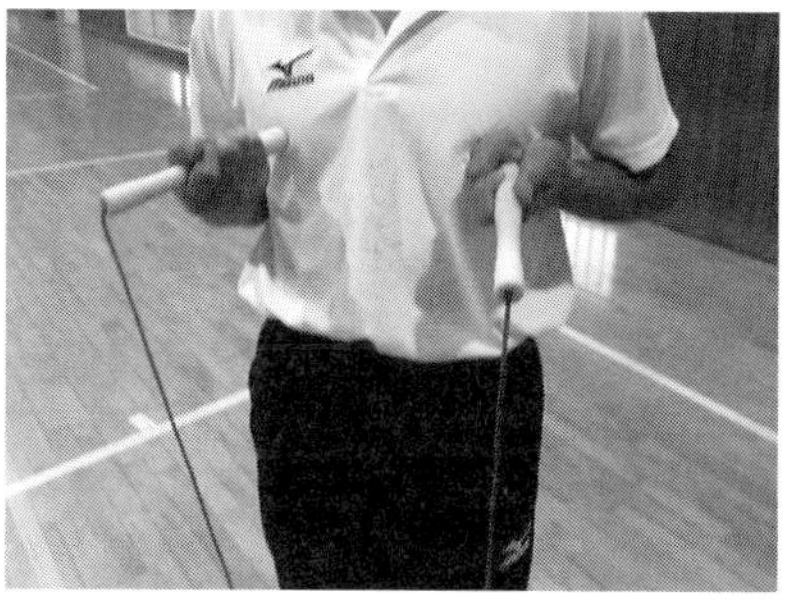

②進級のしくみ。2人1組で、1人が挑戦者、1人が審判。跳べた所までその場で級表に色をぬらせる。級表を横に見て、「全部ができているライン」が、その子の級となる。一斉指導後、ペアごとに挑戦させる。

③休み時間や放課後にやる時は「審判が2人」いることを条件に許可する。家でも同様。やり過ぎへの歯止めになる。

④縄跳びの縄に「縄跳びシール」を貼る。例えば20級から16級までは白のテープ、20級は白テープ1本、16級なら5本となる。15級から11級は黄色テープという風に上の級になるに従って濃い色を使う。

⑤クラス名簿表の活用。20・19・18……と級を書いておき、自分が到達した級までを赤鉛筆（マーカー）できれいにぬらせる。教室に掲示。子ども達の励みとなる。

⑥上学年用の「級表B」は、全て二重まわしが基本となる。

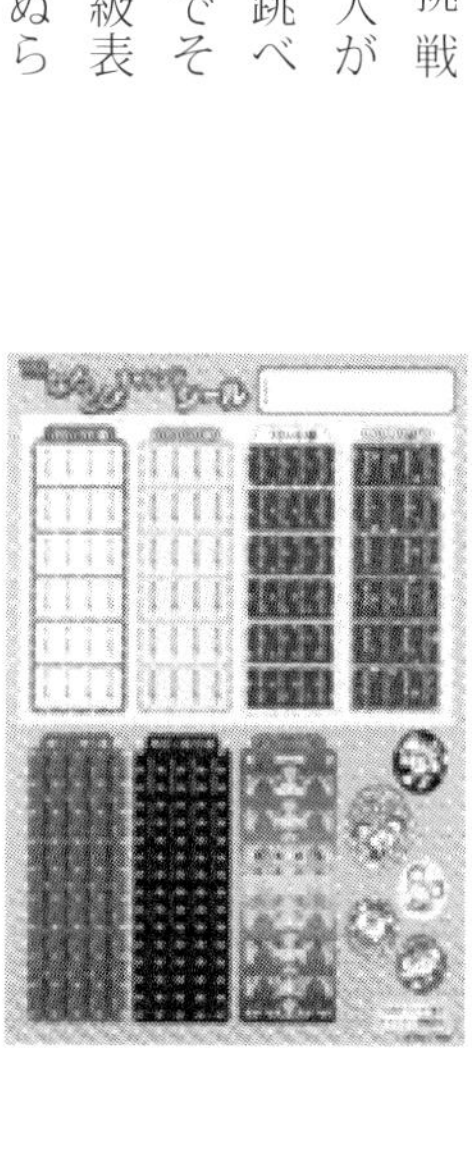

この中で、子ども達に人気があるのは、「TOSSなわとびチャレンジシール」をなわとびのロープに貼る場面だ。各シールは、色別になっていて綺麗。更に「やったね」といった文字も入っていて嬉しい。

これ1つで、何を言わずとも子ども達は不思議なくらい熱中して取り組むのだ。「黄帯いったよ！」「あやとびが30回いった！」と興奮した顔が飛び込んできた。1シートが100円で、クラスの人数分用意して使うことができる。使い方の説明書も付いており、シールを跳び縄のどこに貼ればよいのかも分かる。

良い教材とユースウエアを使うと子どもの事実と腹の底からの実感を体感できる。

（桑原和彦）

12月

道徳　お年寄りへの親切な気持ちを育てる

12月の道徳のポイント

年末年始が近づき、おじいちゃんや、おばあちゃんと関わる機会が多くなる時期である。

孫の存在はおじいちゃん、おばあちゃんにとってはとても大切であり、元気の源にもなっている。

子供達には、かわいがってもらえることだけで満足するのではなく、自分も何かをしてあげたいという親切な気持ちをもってほしいと願うばかりである。

また、親族に限らず、地域の方々も子供の安全や安心を見守るために日々、力を貸してくださっている。いつもお世話になっている方に対しても、親切な気持ちで接してほしいものである。

『小学校学習指導要領　特別の教科道徳編』に次のように書いてある。

> 相手の喜びを自分の喜びとして受け入れられるようにし、具体的に親切な行為ができるようにすることが大切である。

親切を行動に移せる子供に育てたい。

12月のオススメ資料

東京書籍の「はなばあちゃんがわらった」は、「B　親切、思いやり」で、友達やお年寄りなどに優しい気持ちを持ち、相手を大切に思う心情を育てることをねらいとしている。

本資料は、いつも元気なおばあちゃんが、落ち込んでしまう事件を機に、元気を取り戻してもらおうと行動する小学生の話である。

毎日、会っているからこそ、相手の変化に気付き、落ち込んでいれば何とかしてあげたいと思うのが人情である。

1年生の子供達は、資料の中の子供達と同化して、おばあちゃんを助けてあげたい気持ちになる。

また、おばあちゃんが元気を取り戻した後は、一緒にすがすがしい気持ちになれる。

授業では、自分だったらどんなことができるのかを話し合うことで、1年生なりにできる親切や、あこがれる親切などを認識することができる。

困った人がいたら助けたい。そんな雰囲気のクラスにしていくきっかけになる。

対話指導のポイント

大切に育てていた花が盗まれるというショッキングな出来事が描かれているので、「犯人が許せない」という方向に向かいがちである。

しかし、ここで扱う内容項目は「親切」であるので、子供達の意識を「親切」にむけたい。そこで、

> 自分だったら、どんなことをして励ましてあげますか。ノートに書きなさい。

そして、いろいろな意見を発表させる。それぞれの意見を認めた後で、再度、子供達に問う。

> 自分だったらどんなことをして励ましてあげますか。この中から1つ選びなさい。

そして、選んだ理由を語らせる。理由を発表していく。意見を聞くうちに友達との共通点や相違点が見つかってくる。

（奥田嚴文）

12月

英語　すきなものをたずねよう（好きな遊び）

生活科の冬の単元に「昔遊びを楽しもう」がある。けん玉やコマ回し、お手玉、福わらいなどの昔遊びを祖父母や地域の年配の方と体験する学習である。この学習の後には、休み時間に昔遊びをしている子供が多い。

そこで、友達に好きな昔遊びを尋ねるやりとりを「What do you like?」のダイアローグを用いて指導する。

単語練習の工夫

昔遊びを新出単語として指導する際には、子供によっては、経験したことのない昔遊びもあるため、遊び道具を見せながら紹介するとよい。

道具があれば、コンテンツやフラッシュカードがなくても単語練習ができる。

必然性のある状況設定

「ねえ、あそぼ？」「いいよ、何する？」休み時間に聞こえる子供達の声。このやりとりを「What do you like?」「I like ○○.」に置き換えて状況を設定する。

好きな遊びが同じ場合は一緒に遊ぶことができ、違う場合は他の友達を見つけて、声をかける。

口頭練習では、「What do you like?」の「What」は新出単語なので短く切って、既習の「Do you like?」とつなげてリピート練習をさせる。どの遊びも日本語なので、すぐに話せるようになる。

【月曜日】It’ s 休み時間．（チャイムの音）
数々の昔遊び道具を見せる。
A: What do you like?
B: I like KENDAMA.　What do you like?
A: I like KENDMAMA.
AB: Let’ s start!（一緒にやる）
【火曜日】It’ s 休み時間．（チャイムの音）
数々の昔遊び道具を見せる。
A: What do you like?
C: I like KOMA.　What do you like?
A: I like OTEDAMA.
AC: Bye.（残念そうに別れる）

アクティビティでは、答えが同じ遊び同士で仲間になる「仲間集めゲーム」を行う。その後、生活科の時間を使って昔遊びをして楽しむこともできる。

リアクションで楽しい会話

アクティビティの応用編として、「Me, too ゲーム」を紹介する。

上記ダイアローグの会話の後、相手の答えが自分と同じときは「Me, too.」と言って、ハイタッチをする。違うときは、「Oh! No.」と言って別れる。

まずはゲーム感覚でリアクションを身に付け、その後、会話の中で自然に反応できるようにしていく。リアクションができるということは、相手の話をよく聞き、理解していることである。対話が深まっている表れである。大いにほめ、広めていくことを心掛ける。　（鈴木睦子）

国語　「たぬきの糸車」心情の変化の読み取り方を指導する②

教材解釈のポイントと指導計画

分量が増え負担が増しているため、場面ごとに区切って音読や読解をする。『ずうっと、ずっと、大すきだよ』でも学習した「主役の検討」も再度扱い、習熟させる。

・主役の検討をする。
・登場人物の気持ちの変化を検討する。

以上の2点が指導のポイントである。全8時間扱い。

第1時	範読　音読　初発の感想書き
第2時	題名　作者　登場人物の確認
第3時	場面分け
第4時	主役の検討
第5時	おかみさんの心情の変化の検討
第6・7時	たぬきの行動の検討
第8時	たぬきの心情の変化の検討

授業の流れのアウトライン

「たぬき」と「おかみさん」の交流が描かれている。

たぬきの行動の変化やおかみさんの心情の変化を読んでいく。

登場人物を確定した後、主役を問う。以前と同様「物語の中で、気持ちや行動が大きく変化している人物が主役」と定義した。

主役はどちらですか。

子どもたちの多くは「たぬき」が主役と考えた。

・さいしょにたぬきってかいてあるから。
・きょうかしょにたぬきの糸車ってかいてあるから。
・たぬきがたくさん出てきているからです。
・たぬきがいないとこのおはなしがすすまないから。
・おかみさんがいちばんさいしょにことばをいったからです。

「言葉にこだわる」ことを継続して指導する中で、本文に注目した理由が出てくるようになる。

「題名、登場人物が出てきた回数、登場した順序、登場人物の行動」に注目した意見が出てきた。

意見発表の最中に席を立ち、同じ意見の子と一緒に教科書を見て交流する姿があった。自然と対話が生まれていた。

続いて、物語の中で「おかみさん」の気持ちが変化したところを問う。

おかみさんの気持ちが変わったところは、どこですか。

子どもの意見が分かれる発問である。教科書に鉛筆でサイドラインを引かせた。子どもは6箇所を指摘した。

「いたずらもんだが、かわいいな」という、一文を多くの子が指摘した。いたずらもののたぬきに対して、好意が芽生えてきたことが読み取れる。

本文から登場人物の心情を想像して、読むことができていた。

学習困難状況への対応と予防の布石

「自分なりの意見と根拠を持つ」ことは、対話に欠かせない。

自分の意見が書けない子には、口頭作文させたり、友達の意見を参考にさせたりして対応する。

（植木和樹）

1月

算数　「おおきいかず」数のしくみを言葉で言える

10のまとまりを意識させる

一の位、十の位など位取りができるようになるために、数える際に右下のように 10 ごとに○で囲ませることで、10 のまとまりを意識させると同時に、「10 のまとまりにする」便利さを体感させる。

数のしくみ、組み合わせを言えるようにさせる

数字を書いたり、言葉で言ったり、百玉そろばんを提示したりして具体的に意識させ、数量感をつかめるようにしておく。

問題：●はいくつありますか。

【本時の対話的活動】声を出してかずを言える。
10 が 9 こで 90、1 が 7 こで 7、
90 と 7 で 97 です。

97 は、10 が 9 こと 1 が 7 こです。

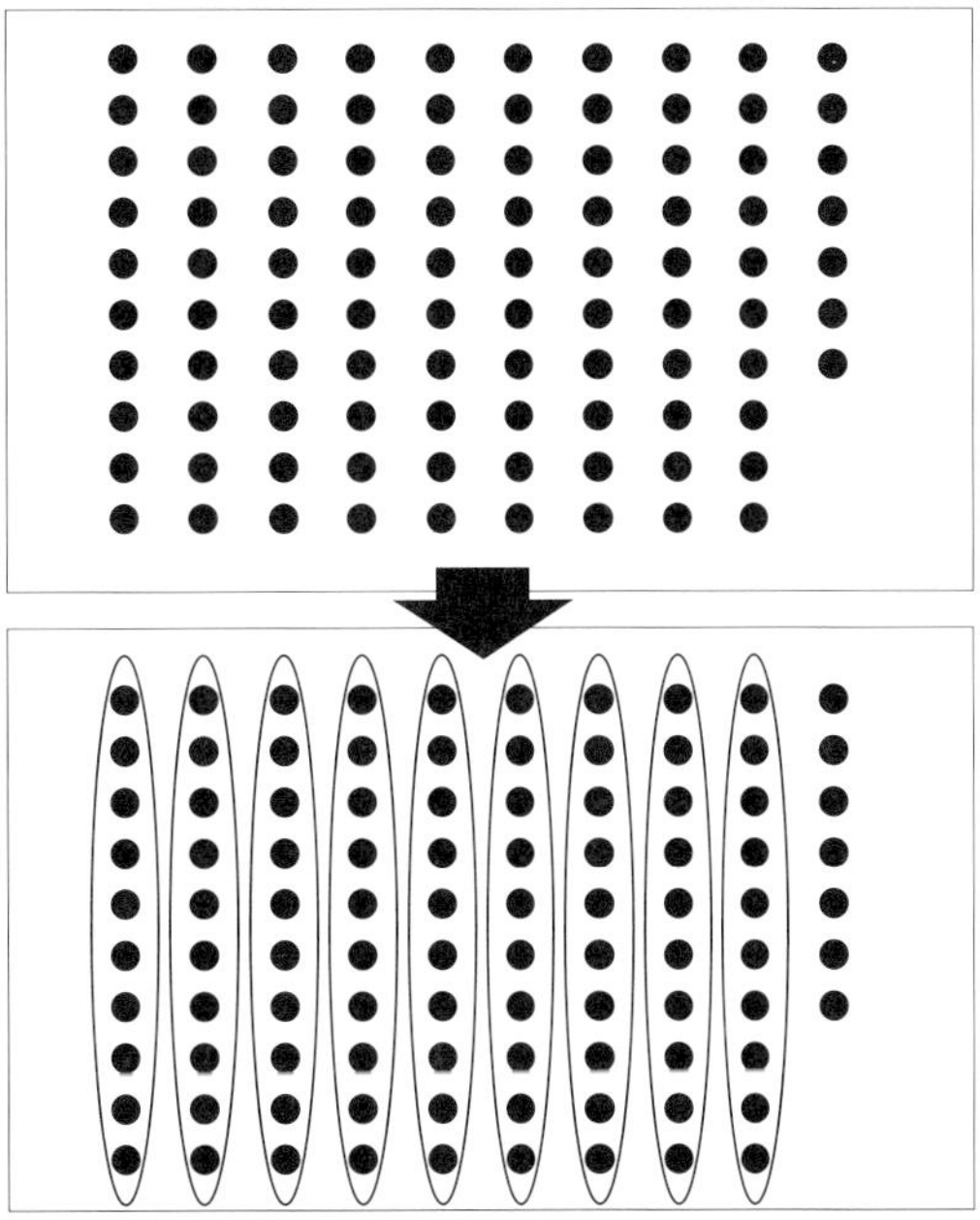

数の線が読めるようにさせる

数の線は、まず一目盛り分がいくつと確定させ（下の数直線の場合は 10）、読めるようにさせることが重要である。その際に百玉そろばんなどで、1 玉いくつ、2 とび、5 とび、10 とびを普段から行っておくとよい。すらすら言えるようになるとスムーズに学習に入れる。

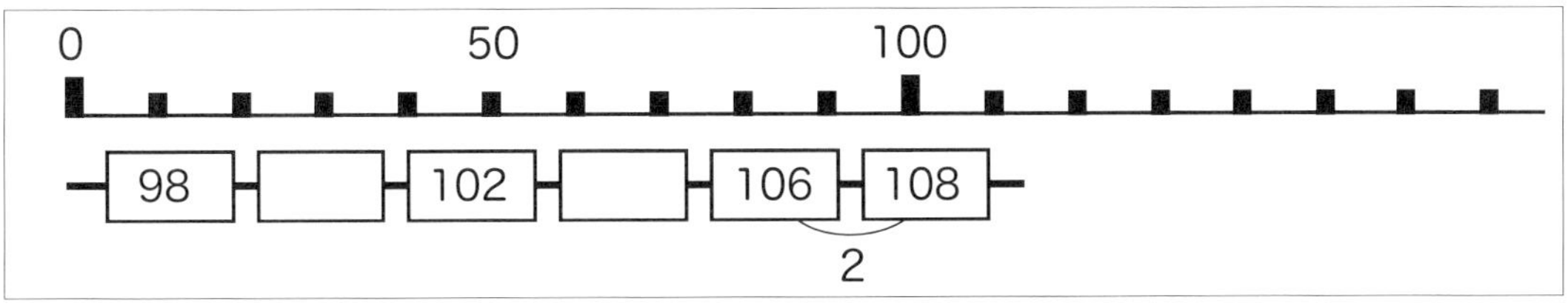

参考文献：向山洋一　企画・総監修『「算数」授業の新法則 1 年生編』学芸みらい社　（津田奈津代）

生活　高齢者との昔遊び
おしえてほしいないろいろなあそび

クラスで昔遊びを体験させる

冬休み明け、次の昔遊びを準備しておく。「竹トンボ」「けん玉」「羽つき」「福笑い」「こま」「メンコ」「竹馬」「おはじき」「ビー玉」などである。

先生、いいものを持ってきました。

最初は、福笑いから始める。輪郭を黒板に張り付け、次々顔のパーツを貼っていく。わざとパーツをずらすと盛り上がる。この時点では、目隠しをしない。

福笑いです。顔をつくる遊びです。

「先生、簡単にできるよ」「福笑い、正月にやったよ」「目隠しをしたよ」という児童が出るかもしれない。

1グループに1つ、福笑いを配ります。目隠しをしてやります。

福笑いは、誰でもできる昔遊びだ。目隠しをすることで大いに盛り上がる。

たくさん笑うことで家族に福が来る、よいことが起こるといわれている昔からの遊びです。他にも昔遊びしたいですか？

「したい！」と言うだろう。他の昔遊びも紹介する。安全に配慮してできるようにルールを決める。１週間程度、自由にできるようにクラスに置いておく。

けん玉やこまなどやんちゃな子がすぐうまくなる。憧れの存在になり、他の子が「どうやったら上手になる？」とコツを聞くようになる。また、遊び方を知らない子もいるだろう。「どうやって遊ぶの？」と友達に聞くかもしれない。自然と対話が生まれていく。その後、地域の高齢者や老人ホームの方にゲストティーチャーとしてお越しいただく。

高齢者に教えてもらう

児童からどんな遊びを習いたいのか希望をとっておき、ある程度同じ希望をもった子とグループを作っておく。グループは、高齢者にも伝えておく。当日は、初めて会う方もたくさんいる。児童が緊張することを想定し、事前に聞く質問を考えさせる。けん玉を例にすると、

・どんな技がありますか。
・どうすればうまくなりますか。
・技のコツは何ですか。
・友達と仲良くするにはどうすればいいですか。(例) 順番を守る。励ます。
・友達と楽しくするにはどうすればいいですか。(例) 競争する。教え合う。

普段、あまり関わらない人と対話する貴重な機会である。

体育館や多目的室など、広い場所で交流を行う。遊びごとに場所を決めておく。1つの場所で、15分程度遊ぶ。時間が来たら、ローテーションする。高齢者の方にコツを教えてもらい、できるようになる子もたくさんでてくるだろう。

教えてもらったことを発表する

活動が終わったら、振り返りをする。左のようなことを書く。

・何の遊びをしたのか・何を習ったのか（コツ等）・できたこと・感想

グループや全員の前で発表する。発表の前に、「よかった発表を、３人選ぶよ」と指示をすることで、ただ聞く状態から、自分や友達と対話しながら聴く状態になるだろう。

（西村純一）

1月

音楽　わらべうたで遊ぼう

わらべうたには音楽的な要素だけでなく、コミュニケーションや身体機能をスムーズにする要素も多く含まれている。行事や季節に絡め、授業に取り入れる。新指導要領・幼稚園には、わらべうたの項が新設された。

わらべうたあそび

（1）せっせっせ

♪せっせっせーのよいよいよい　お寺のお尚さんが　カボチャの種をまきました。芽が出て膨らんで、花が咲いて枯れちゃって忍法使って空飛んで　雷ゴロゴロ　ジャンケンポン。

ペアで向かい合い、手遊びをしながら歌う。

タイミングが合わない子も、相手と一緒に行うことで動きが矯正される。

（2）たまりや

「ロンドンブリッジ」同様の遊びだ。

♪たまりやたまりや　おったまり　そら
ラララソラララソ　ミ　ソソラ　ラソ
にげろやにげろや　ねずみさん
ラララソラララソ　ミ　ソソラ

クラスを10人位のグループに分け、グループ毎2人の鬼を決める。つかまった人が次の鬼になる。

（3）茶摘みでお手合わせ

♪夏も近づく八十八夜～

３年生の教材であるが、テンポが遅いのでお手合わせの練習に適している。正中線を越える動作をゆっくりできるからだ。幼稚園児や祖父母との交流会でも大人気だ。初めに席についている子ども達と教師がお手合わせをし、次に順番に１人２秒くらいずつお手合せをしていく。拍に乗れない子、左右が分からない子などがわかる。逆転バイバイでお手合せする子、グーで手合せする子の有無も確認する。

（4）かごめ

♪かごめかごめ　かごの中の鳥は
いついつ出やる 夜明けの晩に 鶴と亀が滑った
後ろの正面だあれ？

５～６人のグループで行う。

鬼は目をつむってしゃがみ他の子は手をつなぐ。

歌いながら時計回りに回り、歌が終わった時に、鬼の後ろに来た子が誰か、皆で鬼に聞く。

C1 だーれだ　　　鬼……
C1　だーれだ　　　鬼　次郎君
皆　大正解！　次の鬼は、次郎君だよ。

（5）ストーリー仕立てのわらべうた

「花いちもんめ」「今年のボタン」「あぶくたった」「花いちもんめ」など、ストーリー性のあるわらべうたも楽しい。わらべうたには、こうでなければいけないといった動きや型はない。手遊びに加え、足の動きも入れると、手足の協応ができ、身体の動きがスムーズになる。

教室で使えるその他のわらべうた（例）

題名	出だしの歌詞
あぶくたった	あぶくたった煮え立った煮えたかどうだか食べてみよう
花いちもんめ	勝って嬉しい花いちもんめとなりのおばさん
今年のぼたん	今年のぼたんはよいぼたんお耳をからげてすっぽんぽん
十五夜さんのもちつき	十五夜さんの餅つきはぺったんこぺったんこ

（関根朋子）

1月

図画・工作　「紙版画（色つき）」
～わたしのすきなくだもの～

白黒の版画とカラフルなスタンピングの組み合わせで素敵な作品をしあげよう。

準備物

・画用紙（8つ切り）・色画用紙（8つ切りの半分）・はさみ・のり・版画用インク(黒)・版画用紙・新聞紙・スチレン版・ポスターカラー（赤、黄、緑、紫など）

顔と手を作る

子どもたちに「好きな果物なあに?」と尋ねると「いちご」「ぶどう」「みかん」と元気な声が返ってきた。「好きな果物を美味しそうに食べている私を紙版画にします」と言うと「できるかな」「難しそう」と初めての紙版画にちょっと不安そうだった。

色画用紙を配る。

T：画用紙に鉛筆で顔の形を描きます。できるだけ大きく描きます。描けたら先生に見せます。

教師が大きさをチェックする。

T：顔を指でちぎります。ゆっくりゆっくり親指と人差し指でちぎります。

教師が実演しながら一緒にちぎる。

次に画用紙を配る。顔の部品を次の順で作る。顔の部品ははさみで切る。

①鼻②白目③眉毛④上唇⑤下唇⑥頬

ここからは色画用紙で作る。

⑦鼻の穴⑧黒目⑨髪の毛

顔の全部品ができたら、のりでしっかりと貼りつけていく。

手を画用紙で作る。指でちぎってもはさみで切ってもよい。手のひらと5本の指を別々に作り、貼り合わせる。

顔と手を刷る

できた顔と手をどのように置くか、実際に動いてみて配置を考える。

T：どんな風に果物を食べるか、ちょっとやってみよう。

自分の動きに合わせて、顔と手を置かせた。その時、指を動きに合わせて折らせた。指の折りや配置が決まったら刷る。版にインクをつける作業は教師が行う。

スタンピングする

事前に教師がスチレン版で実の型を作っておく。型に筆でポスターカラーをつける。刷った紙にスタンピングする。

また教師は事前にたくさんの実をスタンピングしておき、子どもたちに自由に使わせる。仕上げに茎や葉をポスターカラーで描き込んだ。色画用紙の台紙に貼って完成した。

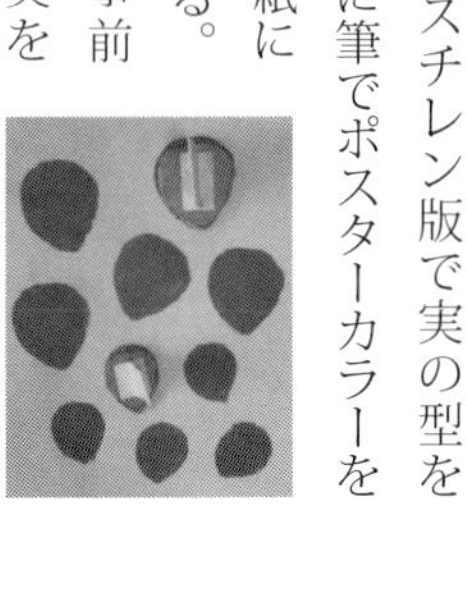

（井上和子）

1月

体育　跳べる喜びを生み出す連続長縄跳び

長縄跳びは1年生でも可能である。焦らず取り組み、全員で跳ぶ喜びを味わわせたい。以下にポイントを示す。

回し手と回し手の間を通ります。

これが、長縄跳び指導の「肝」である。跳べない子ほど、恐怖感のあまり、はやく縄から抜けたいという衝動にかられる。よって、縄に入ったら真横（90度）の方向へ抜けようとするのだ。これでは自分から回ってくる縄にひっかかってしまう。そこで、ひっかかる可能性の低い「通路」を指定するのだ。これが縄に対してできるだけ1直線に跳ばせる指導である。縄の回っている回転半径が大きいところで抜けるからひっかかる。回転半径の小さい回し手付近を抜けることが大切である。そして、回し手と教師の間を狭めていくことで、より1直線になり、跳びが変化するのだ。

電車ごっこです。右手で前の人の右肩をつかみなさい。

縄を跳ぶスピードが上がってくると、前後の子ども同士の距離が離れてくる。そうなると、縄にとびこむタイミングがずれて、ミスにつながることが多い。そこで、「前の子との距離を詰めなさい」と言っても定着はしない。自然とつめさせる手立てが必要である。この指示により、タイミングがずれてのミスが激減する。隊形も自然ときれいな0の字（円）になる。子ども達同士でも声をかけ始める。

次に連続跳びにつながるステップだ。

過ぎたら（1回目回し）
入る　　（2回目回し）
ぴょん（3回目回し）

最初から連続跳びは難しい。そのために空回しが必要である。2回空回しをしてタイミングを計り縄に入る。入れるようになったら跳ばせる。イメージ語で伝えると1年生でも縄に入ることができる。

縄が「過ぎたら」で、1回目の縄を見送る。「入る」で、2回目の縄を見送る。その見送った瞬間に縄に入り「ぴょん」で跳ぶ。という、一連の動きとなる。この「過ぎたら入る」という文字数がポイントで、縄のスピードも緩めやすい。焦って速く回すことを防ぐことになる。

全員が跳べるようになったら「はいっ、はいっ」となる。0回で跳べるようになったら、あとは徐々に縄の速度を上げていけばよい。

さらに長縄指導を支える教師の説明も大切である。「縄に引っかかったらドンマイ。縄にひっかかる子が悪いのではない。前の何人かのタイミングが遅れて、それがずれてくるのである。それを見れるのは先生だけ。だから、指導は先生がする。みんなは励ましの声かけをする」

以上のことから、4月からの積み重ねが必要であることが言える。体ほぐし運動の中で友達とのふれあいなどが自然にできるようにする。友達の失敗を励ませるクラスになると、休み時間に子ども達同士での教え合いなどが始まる。そうでないと縄にひっかかった時に不満の声が上がる。

主体的・対話的で深い学びの場となる。1分間で80回を超える成功体験が生まれてくる。

（桑原和彦）

1月

道徳　新しい年、前向きに考える

1月の道徳のポイント

新しい年がスタートし、多くの人が気持ちを新たに頑張ろうという1月。そこで、前向きになれる道徳の授業で3学期をスタートしたい。

学校では多くのクラスで新年の目標を立てるであろう。これは、低学年の場合、内容項目で言えばA項目の「個性の伸長」や「希望と勇気、強い意志」にあたる。

『小学校学習指導要領　特別の教科道徳編』に次のように書いてある。

> この時期の児童は発達の段階から、自分自身を客観視することが十分にできるとは言えない。児童が自分の特徴に気付く契機となるのは、他者からの評価によることがほとんどである。ほめられてうれしかったことが、自分のよさや長所につながることに気付いたり、叱られて注意されたことが、短所につながることに気付いたりすることがある。

先生からだけでなく、友達同士でよさを見つけ合える授業を行いたい。

1月のオススメ資料

東京書籍「ええところ」は、くすのきしげのり氏の絵本で、平成三十年度から教科書教材に選ばれた。

内容項目は、「A　個性の伸長」で、自分の特徴に気づき、長所を大切にしようとする心情を育てることをねらいとしている。

主人公の「あいちゃん」は、自分のよさが分からずに不安な気持ちになってしまう。クラスの中に少なからず、自分に自信がもてずにいる子供が存在するのではないだろうか。自分はダメだと思うことは非常につらいことである。

「あいちゃん」を救ってくれたのは「ともちゃん」という友達である。「ともちゃん」が「あいちゃん」の「ええところ」を教えてくれる。そして、「ともちゃん」の「ええところ」も認められること、自己有用感を感じられることはとても幸せである。

教師はどの子も自己有用感が高まるよう力を付けたり、励ましたりしている。しかし、何よりうれしいのは、仲間である友達に認められることである。

対話指導のポイント

「ともちゃん」は一晩かけて「あいちゃん」の「ええところ」を伝えられるようになった。一生懸命に考えたのである。

このことにはぜひ触れたい。

まずは、よい所探しをやってみる。

> 友達に「ええところ」を見つけてもらえるのは嬉しいことですね。みんなも、やってみましょう。
> 隣に座っている友達と
> 「あなたのいい所は○○です」
> と言い合いましょう。

すぐに言えたペアに発表させる。

> すぐに言えないところもありましたよね。「ともちゃん」も同じで、すぐにはいえませんでした。友達のよい所を一生懸命に考えることが、今日の勉強です。

名簿を配付して、友達のよい所をじっくり考えさせて書き込ませる。

（奥田嚴文）

1月

英語　「これなあに」　動物であそぼう

どの子も熱中!動物フラッシュカード

井戸砂織氏は、フラッシュカードを使った単語練習のポイントを 12 個挙げている。

①新出単語は、５つ前後。
②５つのうち、簡単な単語から提示する。
③どの子どもからもカードがよく見える位置に立つ。
④左手（利き手の反対の手）でカードを持ち、顔の右側で右手（利き手）でめくる。
⑤後ろから前へめくる。
⑥指でイラストを隠さない。
⑦笑顔でめくる。
⑧自信をもって声を出す。
⑨余計な言葉を省き、短い英語の指示で進める。
⑩変化のある繰り返し。
⑪目線はカードではなく、できるだけ子どもに向ける。
⑫子どものがんばりをほめる。

引用：『若いあなたがカスタマイズ出来る！９向山型スキル・小学英語の授業パーツ 100 選』

フラッシュカードを使って、全体を巻き込み、子供に「分かる」「言える」達成感を味わわせることができる。

動物当てゲーム　その１

使用する動物フラッシュカードは dog, cat, pig, cow, house の５枚。

基本のパーツは６つ、約１分間である。

（１）教師の後に続いて２回リピート。
（２）教師の後に続いて１回リピート。
（３）教師がカードをめくり、子供だけで発話。
（４）男子、女子に分かれて。
（５）いろいろな見せ方で単語練習。
（６）１人ずつ発話。

（５）の見せ方は、①カードをちらっと見せる、②上から少しだけ見せる、③右から少しだけ見せる、④ひらひら動かして見せる、⑤何か予想して当てる、の５種類である。一番早く当てた子供を見つけ「That' s right!」とほめることで、子供は熱中して取り組む。

動物当てゲーム　その２

視知覚トレーニングフラッシュカード（東京教育技術研究所）の「どうぶつあて」を英語で行うことができる。

「What's this?」「It's a lion.」と、日本語を英語にして尋ねたり、答えたりする。手作りの動物カードの上に、穴をあけた紙を当てても良い。穴は子供の実態に合わせて、１～３か所あけておく。順番に穴をあけていくことで、何の動物か分かりやすくなる。

子供が動物を描き、上に当てる紙の穴の位置を自分で決めることもできる。どこに穴をあけるとよいか主体的に考え、工夫することで子供の思考も深まり、楽しさも増していく。　（鈴木睦子）

2月

国語　「これは、なんでしょう」3ヒントクイズの作り方を指導する

教材解釈のポイントと指導計画

学校にあるものについて問題を作り、作った問題を出し合う学習である。

・3ヒントのクイズを作る。
・ヒントの順番を考える。

以上の2点が、指導のポイントである。

全4時間扱い。

> 第1時　問題の作り方を知る。
> 第2時　共通の題材でヒントを作る。
> 第3時　好きな題材で問題を作る。
> 第4時　問題を出し合う。

授業の流れのアウトライン

教科書では、「時計」が問題の例示に挙げられている。

最初に、全員で時計を答えとする問題のヒントを作らせる。

・まるい。
・3本のはりがある。
・校庭にもあります。
・すうじがかいてある。

などのヒントが挙げられた。

次に、自分の好きなものを選んでヒントを作らせる。共通の題材でヒントの作り方を経験しているため、無理なく問題作りができる。

ヒントを書かせた後、ヒントの順番を考えさせる。子どもは、思いつくままにヒントを並べる。

難易度を意識させて、すぐに答えがわからないようにする必要がある。

まずは、ヒントを箇条書きでたくさんノートに書かせる。

> なるべくたくさんのヒントを、ノートに「①、②……」と箇条書きしなさい。

その中から3個を選ばせ、赤鉛筆で丸囲みさせた。

次に、次第に答えがわかっていくようにヒントの順番を考えさせる。

すぐに答えがわかるヒントは後ろにし、答えがわからないヒントを前に持ってくるように指示した。

順番が確定したところで、ノートに問題を清書させる。

以下、子どもたちが作った問題である。

・かべとかやわらかいところにさせます。
上はひらべったくて、下はとんがっています。
きょうしつの中にあって、ファイルの中に入っているかみがおちないようにとめています。（画鋲）

・みんな1こはもっています。
えんぴつとかをしまいます。
いろんないろがあります。（筆箱）

・おもいです。
あしが4つあります。
おどうぐばこが入れられます。（机）

学習困難状況への対応と予防の布石

問題作りができない子には、口頭作文させる。子どもの言ったことから教師が作文して、ノートに書かせる。

また、何を発表したらよいのかわからなくなる子がいる。ノートに問題を書いて原稿とすることで、子どもは安心して出題できる。忘れてしまったら、ノートに書いてある通りに読むだけでよい。

人前での発表が困難な場合、ペアで協力して問題を出すことにする。どちらかが発表すればよいため、発表が苦手な子への配慮になる。

（植木和樹）

２月

算数　「ずをつかって考えよう」図を書かせ、式の意味を説明させる

単元指導のポイントは、基準を明確し、イメージさせることである。そのための手立てとして、だんご図を書かせる。だんご図を書くことで、子どもは文章を理解し、式の意味を説明できるようになる。本時の対話的活動とは、「式の意味を説明する活動」とする。

だんご図を書き、説明する

【問題】こどもたちがならんでいます。たけしさんのまえに２人います。たけしさんのうしろに３人います。ぜんぶでなん人ならんでいますか。

①問題文を読む。
②みんなで何人ですか。
（５人と６人で意見が分かれる）
③(○を書き）これは人です。この問題を絵に書いてごらんなさい。書けたらもってらっしゃい。
→たけしさんがわかるように書けていたら合格。
④式を書きなさい。（２＋１＋３）（２＋３＋１）

【ノートの例】
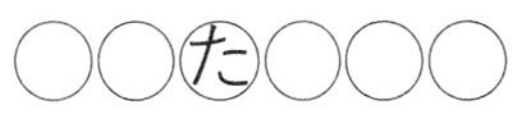

対話的活動①
⑤式の中の「２」と「３」は、それぞれ何を表していますか。近くの人に説明しなさい。
説明の例：「２」はたけしさんの前にいる人の数です。「３」は、たけしさんの後ろにいる人の数です。
⑥では、「１」は何を表していますか。近くの人に説明してごらん。
指名（たけしさんです）そう思った人？　すごいなあ、天才１年生だ！

⑦答えは何ですか。（６人です）

式を提示し、説明させる（変化のある繰り返し）

一度説明する活動を行っているからこそ、式の意味を説明することができるようになる。指導の「詰め」として、数字の配列を変えた式を次々と提示し、説明させる。

対話的活動②
①「２＋３＋１（板書する）これは、どのように計算していますか？　近くの人に説明してごらんなさい」
説明の例：最初にたけしさんの前にいる２人。次にたけしさんの後ろの３人、最後にたけしさんを足して計算しています。
②「じゃあこれは？（１＋３＋２）」と次々と問題を出し、説明させる。

このように問題文をよく読み、だんご図に書かせ、式の意味を説明させることが大切である。

参考文献：木村重夫『算数の教え方には法則がある』明治図書出版
「H29. 10. 22アクティブラーニングセミナー」木村重夫氏の講座

（津田奈津代）

2月

生活　ふゆをたのしもう

学校で冬探し（1月下旬～2月頃）

教室で、冬を探します。
例えば、どんなものがありますか。

・ストーブ　・手袋　・マフラー
・ジャンパー　・カイロなどが出る。

外に出て、冬を探します。
みつけたら先生の所へ来ましょう。

春は、教師と一緒に全員で移動し、1か所ずつ回って探していた。しかし、3学期でクラスのルールや学習の仕方も定着していることが増えているだろう。教室より、各自外に出て実際のものにふれて、五感を使って体験することが大切だ。

最後の行動まで示してから、子どもを動かす。

「チャイムが鳴ったら、教室へ入ります」「○時○分になったら、○○へ集合します」などと指示する。

秋と同じように、教師は外で場所を決め待っている。発見した子が一列に並んで次々に報告に来る。「氷があった」「雪があるよ」「つららがあった」「白い息が出るよ」。教師は、1人1人の意見に驚いてほめるとよい。

中には珍しいオオカマキリの卵（上写真）などを発見する子もいるかもしれない。虫好きなやんちゃ君は、カマキリは冬に卵を産むことを知っているかもしれない。大いにほめる。

他の子に、教師が「Aさんの意見にびっくりしちゃった！」というと、子ども達はAさんにどんなことを言ったのか聞きに行く。

1年生のときは、教師が児童と児童をつなぐ橋渡しをすることで対話をうむことも大切だ。

中には、秋と同じように手に何も持たずに並んでいる子もいるだろう。

「鉄棒を触るととても冷たかったよ」。目に見えるものだけではなく、見えないことにも気づいていく。

さらには、「春、夏、秋に比べて、冬はとても寒くなったよ。寒いのが冬だ」などと季節を比較することができるようになっていく。

この意見は冬でよいか？

中には、とても素晴らしい気付きをする子もいる。教室に戻ったあとで全員の前で取り上げる。

「虫がいない」という人がいました。冬は虫がいないということでよいですか。

「僕は、ありを見つけたよ。だから、冬でも虫はいます」「でも、秋にいたトンボやバッタは、いなくなっていると思いました」。1つの意見をきっかけに、児童は対話を始める。「虫はいるけど、秋と比べると少なくなっている」ということに気付くだろう。さらには、「そういえば、カエルもいなくなっていました」。教師が「どうしてだろう？」と聞くと、「寒いから、温かい土の中で眠っているんだよ」と答える児童がいるかもしれない。子どもの意見をきっかけに対話が広がることがある。

この後、公園に行ったり、外で遊んだり、冬の風で遊ぶおもちゃを作ったりする。五感を使う体験をさせ、自分と対話、教師と対話、友達と対話をすることで様々な気づきを引き出していく。

（西村純一）

2月

音楽　音楽の仕組み「呼びかけとこたえ」であそぶ

呼びかけと答えは、コール＆レスポンス、応答、といった言い方を含め音楽では頻繁に用いられる。相手とのやりとりや対話を通し、楽しみながら身につける。

「とんくるりん　ぱんくるりん」で踊る

ペアで向き合い
両手タッチ（とん）（くるりん）で回転
両手タッチ（ぱん）（くるりん）で逆回転
手をつなぐ（みんなで踊ろう）
回れ回れ楽しく（手をつないで回る）
「１番」はじめに戻る

２番は「波のように」の部分で、手を左右に動かす。ペアで活動→相手を変える→ペアで活動……と大勢の仲間と活動する。

まねっこ合戦

(1) 皆さんリズム

Ｔ　みなさん　　Ｃ　何ですか
Ｔ　こんなこと　こんなことできますか。
Ｃ　こんなこと　こんなことできますよ。
(山田俊之氏ＢＰまねっこリズムの追試)

教師は「こんなこと」で手や体を叩き、次の「こんなこと」で別な動きを作って、動きを示す。子どもは教師の動きをそのまま、真似る。

次に、指名された一人が全体の前でポーズを作り、皆に真似させる。

慣れてきたら、ペアで真似し合う。

(2) 「♪あいあい」で真似っこポーズ

教師　あいあい（動き）子ども　あいあい（真似）
教師　あいあい（動き）子ども　あいあい（真似）
　　　お猿さんだよ（お手合せ）～

教師が手本を示す。

次に、希望者を前に出し、教師に代わって動きを示させる。

やり方が分かれば、ペアをつくり活動させる。じゃんけんをし、先行を決めて始める。

Ａ　あいあい（動き）　Ｂ　あいあい（真似）
Ａ　あいあい（動き）　Ｂ　あいあい（真似）
　お猿さんだよ（お手合せ）～

２番では、A、B 入れ替えてまねっこする。遊びを通し、「呼びかけと答え」の楽しさを体感できるようになる。

やまびこあそび

Ｔ　先生の真似をして歌います。

「やまびこごっこ」を歌う。

「教師が歌い➡子どもが真似をする」を繰り返せば、あっという間に歌えるようになる。

Ｔ　やっほー　　　Ｃ全員　やっほー
Ｔ　なるほど！　元気なやまびこですね。
　　今度はみんなが先に言ってみて！
Ｃ全員　やっほー　　Ｔ　やっほー
Ｔ　いろいろなやまびこがあります。
　　これからペアでやまびこ遊びをします。

２人組を組み、課題に取り組ませる。

その後、何組かの子どもを指名し、歌わせる。

Ｔ　工夫したところを言います。

“やまびこは、ゆっくり返ってきます”
“やまびこは、小さな声で返ってきます”
様々な「呼びかけとこたえ」があっていい。
自分たちのイメージを、楽しく発表させる。

（関根朋子）

2月

図画・工作

「タオル筆を使って」
～だいこんを描こう～

冬の食材「だいこん」を教室に持ち込んで、タオル筆で大胆に描こう。

準備物

・画仙紙または画用紙・古タオル・割りばし・輪ゴム・ビニルテープ・墨汁・プリンカップ・新聞紙・クレパス・絵の具セット・大根・綿棒

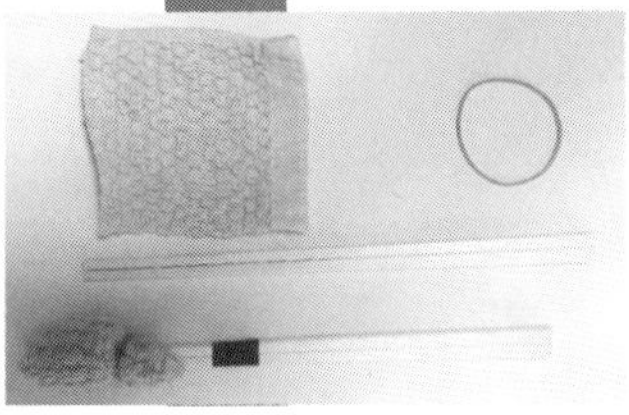

タオル筆を作る

①古タオルを8センチ四方に切る。
②3角形に折って、2等辺3角形の頂点を軸にして、くるくると巻いていく。
③割りばしを巻いたタオルの先に入れ込んで、輪ゴムでとめる。
④割りばしが割れないように、ビニルテープで巻く。

タオル筆でだいこんを描く

床に新聞紙を広げ、その上に画仙紙または画用紙を置く。その横に大根を1本置く。プリンカップの3分の1ぐらいまで墨汁を入れる。

T：タオル筆にこの墨をつけて、大根を描きます。葉がついているところからゆっくりゆっくりと描いていきます。

教師が説明しながら、実際に描いて見せる。

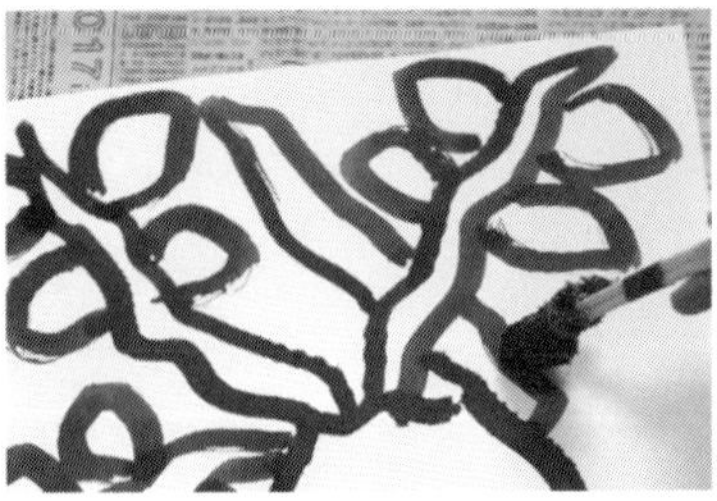

だいこんを塗る

タオル筆で大根が描けたら、クレパスで葉と茎を塗る。

T：クレパスで葉を1枚ずつ、茎を1本ずつ丁寧に塗っていきます。

C：色を変えてもいいですか。
T：もちろんいいですよ。

緑、黄緑、深緑、黄色などの色を使って塗る。塗り終わったら綿棒でクレパスを優しく伸ばす。

葉と茎が塗れたら、絵の具で大根の部分を塗る。

T：黄緑と黄色と白の絵の具をたっぷりの水で溶かします。大きな筆でさっと塗ります。

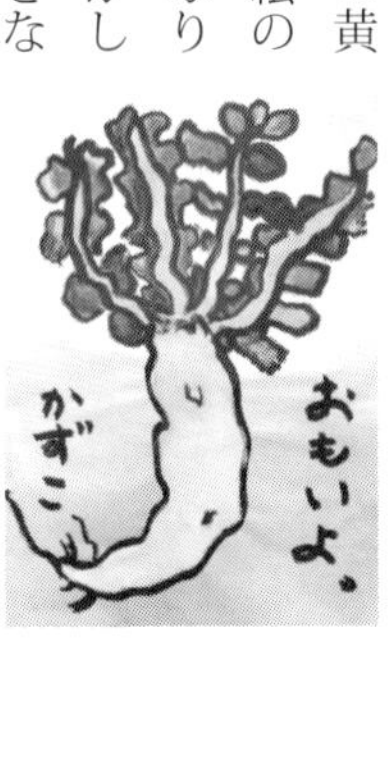

C：上の方は黄緑で塗ればいいね。
C：下の方は黄色と白だね。

全部塗り終えたらタオル筆で一言メッセージと名前を書いて完成。

仕上がった作品を掲示板にズラリと並べて貼ると迫力がある。

参観日に作品を見た保護者に「上手ですね」「凄いですね」と大好評だった。

（井上和子）

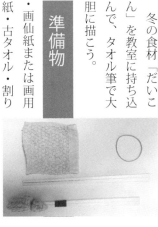

2月

体育

災害時にも必要となる動きを体験する肋木運動

肋木で付けさせたい力は「跳び下り」と「腕支持」とする。高い所から飛び降りるという経験は、子どもたちにとって稀である。

膝を曲げた柔らかい着地は、災害時の避難など、命を守ることにもつながる。腕支持は、跳び箱運動や鉄棒運動、器械運動において自分の体を支えるために必要となってくる。そのためにも低学年から意図的に経験させる必要がある大変重要な運動である。

肋木での運動を30種類挙げる。

1　登り下り
2　ぶらさがり（前・後ろ）
3　跳び下り（高さを変えて）
4　懸垂自転車こぎ
5　逆立ち
6　横歩き
7　ジグザグ移動
8　大の字バランス
9　懸垂もも上げ
10　片足かけ跳躍
11　懸垂バタ足
12　懸垂足左右回し
13　懸垂跳び上がり
14　ハイハイよじ登り
15　足のせ横歩き
16　あおむけ横歩き
17　足支持腕立て伏せ
18　足支持腕移動
19　倒立─転向（むきかえ）
20　足でよじ登る倒立
21　片腕ブランコ
22　手放し拍手
23　長座からの胸そらし
24　ひらいて、そろえて（２人組）
25　倒立くぐり（２人組）
26　通りゃんせごっこ（２人組）
27　ウルトラＣごっこ～足抜き周り３人組）
28　懸垂ジャンケン
29　懸垂ボール取り～足
30　懸垂ボール取り～片手

この29と30では、持ち方をレースごとに変化させても面白い。「両手に持つ」「わきに抱える」「首に挟む」「片手で持つ」などである。

> 今度は肋木に登ったら、ボールを次の人に投げます。肋木から降りて、タッチをしたら交替です。

ボールは柔らかくキャッチしやすい大きさのものを使う。

１年生だと投げるのも難しいが、片手を離せることが目的なので、「取れたらすごい！」「投げる人も上手！」と活動を楽しんでやることに焦点を当てる。

発展技として、ボールを足でキャッチをする。足（靴）でキャッチがＡＡ、ふくらはぎキャッチがＡ、太ももで挟んでキャッチがＢなど、多様に取り組ませる。

（桑原和彦）

道徳　改めて自分を見つめなおす

2月の道徳のポイント

学年の終わりに向けて、改めて自分自身を見つめなおすのがこの時期である。『小学校学習指導要領　特別の教科　道徳編』に次のように書いてある。

> この段階においては、発達的特質から、特に自分自身の言動を他者から叱られたり笑われたりすることから逃れようとする気持ちが働くことが少なくない。そのために、うそを言ったりごまかしをしたりして暗い心になることが見受けられる。いけないことをしてしまったときには素直にその非を認め、あやまることができるとともに、人の失敗を責めたり笑ったりしないようにし、正直で素直に伸び伸びと生活できる態度を養うようにすることが求められる。

大人でも、失敗から逃れようとしてしまうことがある。1年生であればなおさらである。誰でもそういう弱い気持ちがあることを自覚させ、正直に生活するよさを伝えていきたい。

2月のオススメ資料

東京書籍の「あのね」は、「A　正直、誠実」で、うそをついたりごまかしたりしないで、素直にのびのびと生活しようとする心情を育てることをねらいとしている。

主人公の「チッチ」は森で拾った車のおもちゃをつい自分のものにしてしまう。それが「トービー」のものだと知っても、正直に言いだすことができない。

その時の表現が、

> むねが　ちくちく　いたい。
> とげが　ささった　みたいに。

である。

嘘をついたり、後ろめたいことがあったりすると、胸が痛いということを具体的に表現した場面である。

正直になれた後には、

> もう　ちくちくしないね。

とすっきりしている。このような感覚を大切にさせたい。

対話指導のポイント

負の感情を話し合わせるときには配慮が必要である。

この授業では「嘘」を扱うので、子供の糾弾にならないよう気を付けたい。

> 「チッチ」の胸にはとげが刺さったのですね。大変です。病院に行かないといけません。

子供達は必死になって反対する。

> 本当に刺さっていないなら、どうして胸がちくちくするのですか。予想して隣の人と話し合ってごらん。

2月になると、ペア学習に慣れてきており、すぐに話し合いを始められるようになっている。

もちろん、配慮が必要な子供もはっきりわかっているので、全体に指示を出したら、すぐにサポートに向かう。

二択でなくても、話し合いができるこの時期には発問の精選が必要である。

（奥田嚴文）

2月

英語 「これなあに」 スポーツであそぼう

動物当ての後、単語を動物からスポーツに変え、スポーツ当てゲームをする。単調な練習にならないように子供が熱中する仕組みをつくる。

新出単語はジェスチャーあてゲームで

新出単語は、教師の後に続いて２回、１回リピートした後、子供だけで発話させる。

教師がジェスチャーをし、何のスポーツか当てるゲームをする。代表の子供にさせたり、隣同士であてっこさせたりする。

次は、スポーツで使う道具の一部を見せ、何のスポーツか当てるゲームをする。単語だけでも十分に盛り上がる。

ダイアローグ口頭練習は男女対抗で

ダイアローグ口頭練習で、男女対抗を取り入れると、お互いに負けないようにと盛り上がる。

初めは、声も小さく低い点数を付けられた男子の声は、次には教室が割れそうなくらいの大きな声に変身する。いつもは小さな声の女子も、この時ばかりは大きな口を開けて頑張る姿が見られる。

最後は、男女ともに10点満点にして次へ進む。

【尋ね方練習のバリエーション】

①教師に続いて尋ね方の練習をする

②男女に分かれて練習する

T: Boys, boys, boys stand up.

T: What's this?　　男子 : What's this?

T: What's this?　　男子 : What's this?

T: Boys　5 point.　　Girls stand up.

T: What's this?　　女子 : What's this?

T: What's this?　　女子 : What's this?

T: Girls　8 point.　　Boys　once more!

T: What's this?　　男子 : What's this?

T: What's this?　　男子 : What's this?

T: Boys　10point. WOW!!　Girls stand up.

T: What's this?　　女子 : What's this?

T: What's this?　　女子 : What's this?

T: Girls 10point.　Very Good!!

③子供が尋ね、教師が答える

④１人ずつ尋ね、みんなが答える

スポーツ当てゲーム

尋ねるダイアローグと単語のジェスチャーを組み合わせてスポーツ当てゲームをする。

２人組をつくる。

A: What's this?（ジェスチャーをする）

B: Soccer.　　A: That's right!

B: What's this?（ジェスチャーをする）

A: Swimming.　　B: OK!

当たったら１ポイントゲットできる。

友達３人とゲームをして戻ってくる。

当たっても当たらなくても、笑顔になり、盛り上がるゲームである。

（鈴木睦子）

3月

国語　「だってだってのおばあさん」引用を用いた発表方法を指導する

教材解釈のポイントと指導計画

第1学年、最後の物語文の学習である。1年間の学習を通して、自分の意見を書いたり発表したりできるようになっている。

活動を多く取り入れることで、一層力を伸ばすことができる。

・意見を書いて発表させる。

・自分の好きなところを作文させる。

以上の2点が指導のポイントである。単元最後の「物語の中で好きなところを作文する」ところで「引用」を指導する。

全8時間扱い。

第1時　範読　音読　初発の感想書き
第2時　題名　作者　登場人物の検討
第3時　主役の検討
第4～6時　登場人物の行動の検討
第7・8時　お話の好きなところ作文

授業の流れのアウトライン

「初発の感想を書く」ことが、物語文指導の導入としてよく行われる。

物語を読んだ感想を書くことが難しい子もいる。

ノートに書く前に、周囲の友達と交流して声に出させたり、友達の意見を参考にさせたりすることが支援になる。

以下、子どもたちから出た感想である。

・99さいだとおもったら、5さいだったのがふしぎだった。

・おばあさんが、ついつい「だって」というところがおもしろかったです。

・おばあさんがどうしてねこに「5本だってないよりましさ」といったのかなとおもいました。

この感想は、単元最後の「自分の好きなところを作文に書く」ことに繋がる。

学習の最後に、物語の中から自分の好きなところを選んで作文を書かせる。

この時に「引用」の仕方を教える。

引用は、本文と自分の意見を結び付けて書く時に、便利な技能である。

子どもによっては「○ページの△行目に□と書いてあるから」と自然と引用を使うことができている。

全員が使いこなせるようにやり方を教える。

まず、本文の「自分の好きなところ」にサイドラインを引かせる。サイドラインを引いたところをそのまま文型に当てはめて書かせる。

これで全員が無理なく作文することができる。初発の感想で挙げたところを使っても良い。

・ぼくがすきなところは、5さいのおたんじょう日おめでとうのところです。なぜなら、ほんとうのおたんじょう日だったらおもしろいからです。

・わたしがすきなところは、わたしは5さいだもののところです。なぜなら、おばあさんは5さいじゃないのに5さいだったところがおもしろいからです。

・ぼくがすきなところは、「5さいってなんだかとりみたい」のところです。なぜなら、川のところから川におちないでとんだからです。

学習困難状況への対応と予防の布石

1年間でできることが増えているが、個人差も大きい。

例示や個別指導を忘れずに対応し、全員が活動に参加できるようにする。

（植木和樹）

3月

算数　「ばしょをあらわそう」型をもとに場所を説明する

ここでは、物の位置を言葉で説明できるようにする。説明の型を教え、全員ができるようにさせたい。

問題を読み、説明の型を理解する

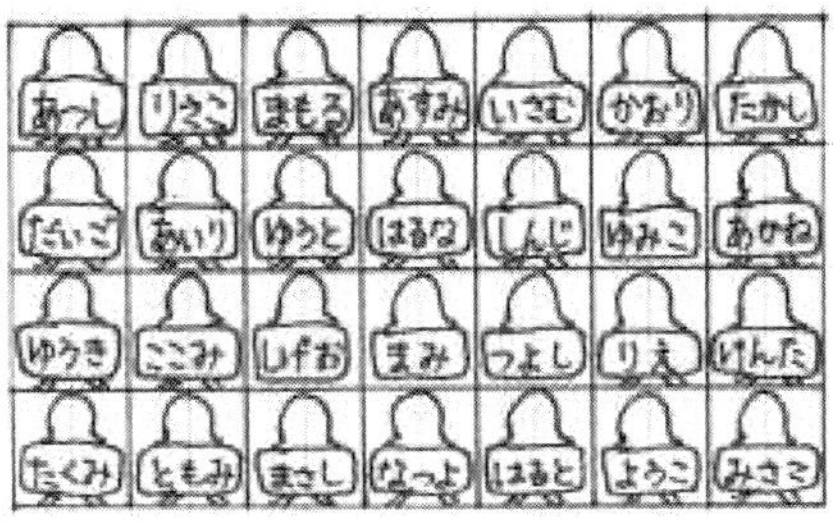

りえさんのロッカーのばしょをいいましょう。

教師：問題を先生の後に続けて読みます。（追い読み）
　教：りえさんのロッカーはどこにありますか？
　　　指差してごらん。（確認する）
　教：りえさんのロッカーは上から何番目にありますか？（子：３番目です）
　教：りえさんのロッカーは右から何番目にありますか？（子：２番目です）
　教：りえさんのロッカーの場所をこう言います。

りえさんのロッカーは、上から３番目、右から２番目です。【説明の型】

　教：まもる君のロッカーの場所はどこですか？　同じように言いましょう。
　子：まもる君のロッカーは、上から１番目、右から５番目です。

上からでも下からでも、右からでも左からでもどちらでも良いことを教える。

説明をする【本時の対話的活動】

　教：名前を聞いて「場所」を言いましょう。
　　　※時間をとって十分問題を出し合い、全員が正しく聞き、答えられるようにする。

聞く人　：ここみさんのロッカーは、どこですか。
答える人：ここみさんのロッカーは、上から３番目、左から２番目です。

　教：今度は、場所を聞いて「名前」を言いましょう。

聞く人　：上から３番目、右から４番目のロッカーは誰ですか
答える人：まみさんです。

最後に全体で問題を出し合う。教室のロッカーで問題を出し合うと盛り上がる。　（津田奈津代）

3月

生活　あたらしい1年生をしょうたいしよう

幼稚園児に小学校を紹介する

園児を小学校に招待する計画を立てる。

　4月から小学校に入学する幼稚園の友達を招待する会を開きます。小学校について教えてあげたいことは何ですか。

　グループで話し、対話の中で友達の意見を参考にできるようにする。

・学校はたくさんの友達ができるよ。
・勉強して賢くなれるよ。
・運動場が広くて、いっぱい遊べるよ。
・できないことができるようになるよ。

　「賢く」とか「できるようになる」という言葉を、もっと具体的にしていく。

　教科ごとに振り返るとよい。「国語は、ひらがなや漢字が書けるようになるよ」「音楽は、鍵盤ハーモニカで○○が吹けるようになるよ」。こうした児童の発言を、教師がまとめて学校を紹介する内容を作っていく（1人1個のセリフ）。音楽などは、実際に鍵盤ハーモニカを吹くなど、寸劇をやってもよい。

「背面掲示」で一年間を紹介

月ごとに1枚絵を描いていく。例えば、4月は入学式。桜の木の下に学生服を着た子どもの絵などを描く。児童数によって、2人1組や3人1組で描く。話し合いで、4つ切画用紙にどんな絵を描くか決める。同時に、描き始めるのが難しいので、1人1枚8つ切り画用紙を配っておく。人の絵は8つ切り画用紙に描いて切りとって貼る。こうすると、背景と同時進行で作業を進めることができる。クラスで12か月の絵ができる。会では、この絵を元に学校の1年間を紹介する。

「アイスブレーキング」

　当日は、1年生とペアにして、アイスブレーキングを行う。楽しい雰囲気の中でなかよくなり、自然と対話を引き出していく。

1　人数集めゲーム

　手を叩いた数の人数でグループを作る。集まったら座る。

先生が「せーの」と言ったら、1回拍手します。2回目の「せーの」で2回拍手します。途中で先生が「集まれ」と言います。その時の拍手の数の人数で集まります。集まったら座りましょう。

　グループになれなかった子どもは簡単な自己紹介をするとよい。

2　よろしくじゃんけん

友達とじゃんけんしましょう。最初に「よろしくお願いします」と言って、握手します。「最初はグーじゃんけんポイ」と言います。時間は、1分間です。用意、始め。

　もう少しやりたいという時間で区切る。2回目は、幼稚園の子は、小学生とだけする。3回目は、男の子は、女の子とだけするというように条件を決める。

3　じゃんけん列車

音楽が止まったら、近くにいる友達とじゃんけんします。負けた人は、勝った人の後ろについて、肩に両手をかけます。じゃんけんに勝ち続け、チャンピオンになるのは誰でしょうか。

　音楽を準備しても、教師が歌ってもよい。走ると危ないし、列が乱れるので、歩くようにする。

（西村純一）

3月

音楽　入学式に向けて　１年生の総決算

鑑賞曲「ラデツキー行進曲」

指示　音楽を聴きます。「曲の感じ」を答えます。

わくわくする、楽しい、嬉しくなる、元気が出る等、様々だ。

「自分がどう感じているかを言えることがすばらしい」と伝える。

指示　音楽に合わせて手を叩きます。

ＣＤの音が聴こえなくならないよう、軽く手を打ち合わせるように叩かせる。

Ａ　タンウンタンウン｜タンタンタンウン

Ｂ　タンタンタンタン｜タンタンタンウン

上記２種類を織り交ぜて叩かせる。

音が大きくなったら、わざと大きなジェスチャーで叩き、小さくなったら人差し指で叩く。

指示　途中曲の感じが変わったら、手を打つのを止めます。

曲の感じ（強弱）に注目しながら、曲の構成を考えさせることができる。

小犬のマーチ（主旋律奏）

歌詞をつけて歌う。４月の入学式で一度聴いている曲である。

「歌えたら座ります」と言って立たせれば、すぐに歌える。

指示　「♪よちよち小犬」この部分を鍵盤で吹けた人は聴かせにいらっしゃい。

歌った音を手掛かりに子どもに音を探らせる。

この時の子どもの集中を何に例えたらよいのだろう。夢中になって音を探そうとするのだ。

指示　吹けた人は教科書にある楽譜を見つけます。

「ミドミド　ミソソ」

たかがこれだけの音だが、自力で探し出す喜びは大きいようだ。

問　今、皆が弾いた音はなんですか。

（みどみどみそそ）

指示　教科書「小犬のマーチ」を開きます。最初の音に指を置いて。一緒に歌っていきます。

教科書にはひらがなで階名が記してある。

子供達は集中して、階名をよんでいった。

階名がスラスラ歌えれば、鍵盤はすぐに吹ける。一本指でよいからまず、押さえるべき音がわかるようにし、その後、指使いを整えていく。

小犬のマーチ（旋律とバッテリー奏）

指示　この曲に伴奏を付けます。タンバリンパートを演奏します。

Ａ　タンウンタンウン｜タンタンタンウン

Ｂ　タンタンタンタン｜タンタンタンウン

「ラデツキー行進曲」でリズム打ちしたＡ、Ｂのリズムを叩いていく。楽譜は見せずに感覚でとらえさせる。

全員でタンバリンのリズム打ちをした後、教室を左右に分け、タンバリンパートと鍵盤パートに２分して演奏する。（入れ替える）

同様に、カスタネットパートと鍵盤パートに分け演奏する。（入れ替える）

大体演奏できるようになったところで、教科書を見せ、楽譜を見て演奏できるよう指導する。

発表に向け

入学式等の定番曲だ。最終的に楽器を固定する必要があるだろう。

だが、全員が一通りの楽器に触れ、全員ができるようにしておく。

（関根朋子）

3月

図画・工作　紙皿を使って「思い出フォトプレート」作り

1年間の記念に紙皿を素敵に飾って「思い出フォトプレート」を作ろう。

準備物

・紙皿・はさみ・のり・色画用紙・写真・ひも

授業の流れ（全2時間）

①T「1年生最後の図工の授業は『思い出プレート』を作ります（見本を見せる）」

T「1年生の記念になるように真ん中に写真を貼ります。周りにはどんな飾りをつければよいですか?」

C「お花の飾り!」

C「1ねん1くみって書くといい!」

C「ぼくは星がきれいと思う」

たくさん意見を出させる。

4㎝×4㎝の正方形に切った色画用紙を5枚配布。色は水色や黄緑などきれいな薄めの色がよい。

T「鉛筆で大きな丸を書きます。その中に黒ペンで大きく1と書きます」

同様に「年」「1」「く」「み」も書いて「1年1くみ」とする（クラスの実態に合わせて「1の3」「2くみ」などと3枚でもできる）。

はさみで丸く切り、のりで紙皿に貼りつける。

②周りの飾りを作ってのりで貼る。

4月から色画用紙が少し余ったら切れ端のきれいな部分だけを袋に入れてとっておく。これがここで役に立つ。いろいろな色のたくさんの色画用紙を自由に使っても良いのだ。子ども達の目は輝く。

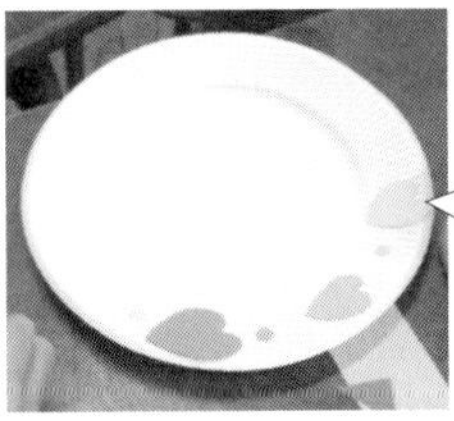
ハートや丸など
いろいろな形を
組み合わせるときれい

お花のフォトプレート。
かわいさ抜群。

「どうぶつの顔にしたい!」と言ったAさん。

素敵なフォトプレートが出来上がった。

いろいろなアイデアを大いに褒める。

③真ん中に写真を貼り、後ろにひもをつけて壁にかけて飾れるようにする。

世界に1つしかない、自分だけの思い出フォトプレート。おすすめ!

（寺田真紀子）

3月

体育　イメージ語を取り入れたダンス

ダンス指導で重要なことは「動きのイメージをもたせること」である。ここでは「ニャティティソーラン２０２０」のダンスを取り上げる。

このニャティティソーランは、アフリカの独特なリズムにのって楽しく踊ることができる。

ライオンのポーズでガオー

ダンスの冒頭部分。しゃがみこんだ姿勢から立ち上がるパーツがある。これを「勢いよく立ち上がり、両手を広げます」と、指示するよりも、「ライオンのポーズ」と指示を出した方が1年生にはイメージがしやすく動きやすい。

このような「イメージ語」をたくさん入れることでダンス全体の構成も頭に入りやすい。他に私がアレンジしたイメージ語は次のようになる。

①両手を広げるパーツ→花がふわり

②両手を上下に動かすパーツ→鳥の羽「ばさばさばさとします」

③しゃがんで立ち上がる連続パーツ→1年生には難しく「ゴリラのポーズ」にアレンジ。胸を叩くように両腕を動かす。

④同じく連続パーツ→「ゾウのポーズ」にアレンジ。片手をゾウの長い鼻に見立てて下から上へ大きく動かす。

⑤両手を上に挙げながら前進、後進→「青空・大地」と見る方向と感じる対象物を指示する。

どれも、完璧にさせようとは思わず、

何度も踊るうちにできるようになる

という考えを教師が持つことが大切である。

動きを、イメージできる言葉にして伝えることは、どの子にとっても有効な指導である。このように、子どもにとって難しいところはスモールステップで組み立て、あとは真似させていくと、ニャティティソーランの踊りは一通り完成する。

全体の中での個別指導を行う。

足の動きが難しいパーツだとすると、全体には、その踊りを繰り返し練習させておく。その間に、1人1人の「足の動きだけ」をさっと見ていく。そして、上手にできている子、全体の手本となる子をほめたり、時には全員の前で踊らせたりしていく。このように、上手だった子を前に出して模範を示させると、他の子たちも俄然張り切って踊り始める。子どもによる相乗効果である。

ニャティティソーランには、「みんなで動きを合わせる」という概念がない。多少タイミングがずれようが、隣の子と動きがあってなかろうが、リズムにのっていればよい。

1年生が楽しく踊るだけで観客は微笑ましく見るものだ。

（桑原和彦）

3月

道徳　新学年への期待をもたせる

3月の道徳のポイント

いよいよ、最終月。

1年間を締めくくるとともに、新しい学年に向けて期待に胸を膨らませる時期である。

その時に、特に大切になるのが担任の教師の存在である。

『小学校学習指導要領　特別の教科道徳編』に次のように書いてある。

> この段階の児童にとって、教師から受ける影響は特に大きい。そこで、教師が児童一人一人と愛情のある触れ合いをすることによって、教師を敬愛しようとする心が育まれるようにすることが大切である。また、様々な学習活動を通して上級生に親しみをもったり、学校生活を支えている人々との関わりを深めたりしながら、敬愛の心を育て、学級や学校の生活を自分たちで一層楽しくしようとする態度を育てる必要がある。

教師が誠実な態度で振る舞うことが、そのまま、子供達の範になる。

3月のオススメ資料

東京書籍「もうすぐ二年生」は、「Cよりよい学校生活、集団生活の充実」で、友達といっしょに自分たちの学級を大切にする心情を育てることをねらいとしている。

この資料は、新しく入学してくる2年生のために、一致団結して合奏を成功させようとする話である。

どの子も前向きで明るく活動していることが伝わってくる。

この中で大きな存在が担任の「たなかせんせい」である。

「たなかせんせい」の投げかけに賛同し、先生のように振る舞う子供を中心にしながら、みんながまとまっていく。

このように敬愛される存在でありたい。

どこの学校でも、1年生を迎えるための準備が3学期の間に行われるのではないだろうか。

1年生は、1年間、お世話をしてもらってきたので、「おにいさん、おねえさん」になるということに大きな憧れを持っている。そういう、前向きなやる気を活かしていきたい。

対話指導のポイント

> このクラスの素敵なところは何ですか。ノートに書いてごらん。

発表させた後に次のように投げかける。

> 先生は、みんなのクラスも負けないくらい素敵だと思います。クラスのいい所探しをしましょう。

ワークシートに例が書いてある。

・みんなやさしい

・おもしろいひとがいる

・だれとでもあそべる

これを参考に隣同士で話をさせたり、発表させたりする。

前向きな言葉が教室をよい雰囲気にしていく。そして、活動につなげる。

> もうすぐ、2年生になる皆さん。新しい1年生にどんなことがしてあげたいですか。一緒に考えましょう。

（奥田嚴文）

3月

英語 英語で自己紹介をしよう

１年間学習した自己紹介のダイアローグをつなげていくと、２人でやりとり（会話）、１人でスピーチ発表ができるようになる。

まずは、フラッシュカードのようにＡとＢに分かれて会話するやりとりができるようになる。そして、やりとりをなくすと自己紹介スピーチができるようになる。

10往復のやりとりができる１年生

小学校に入学し、学校の英語授業だけで 10 往復のやりとりができるようになった子供の会話を紹介する。

【Ａ児とＢ児のやりとりテープ起こし】

A: Hello.	B: Hello.
A: I'm A.	B: I'm B.
A: Nice to meet you.	B: Nice to meet you, too.
A: How are you?	B: I'm fine.
B: How are you?	A: I'm happy.
A: I'm seven.	B: I'm seven.
A: I like Mt.FUJI.	B: I like sushi.
A: Do you like Mt.FUJI?	B: Yes.
B: Do you like sushi?	A: Yes.
A:Bye.	B: Bye.

児童Ａは、入学前は人前で話をすることが苦手だった。今では「Any challengers?」の掛け声に真っ先に手を挙げる。学校で一番好きな勉強は「英語」。学芸会では全校の前で英会話を話す役に立候補し、友達と一緒に大きな声で堂々と英会話を披露した。

日常生活で英会話を話す１年生

給食の時間、おかずを落としてしまった子供が「Oh! No!」と叫んだ。隣の子と好きなおかずで盛り上がった子供が「I like KARAAGE.」と話した。

子供は、日本語と英語の垣根を越えて、友達とコミュニケーションを取っている。語彙が増え、ダイアローグが増えていけば、この対話はもっと増えていくことだろう。

つなげて話す

「Do you like ○○?」と相手に尋ねたとき、相手の答えが「Yes」か「No」かの違いにより、つなぐ会話を考え、既習ダイアローグをつなげて長く話すことができるようにする。

【色の好みを尋ねよう】

A: Do you like red?

B: No.

相手の答えが No だったら

A: What do you like?

B: I like blue.

相手の答えに合わせて、語彙や表現を選び、尋ねたり答えたりすることができる判断力を育てたい。

（鈴木睦子）

きれいに　さいてね

月《がつ》　　日《にち》（　　）

たねを　まこう

なまえ

？　もじを なぞって、がくしゅうする ことを たしかめましょう。

あさがおのたねを
まこう。

★ あさがおのたねはどれでしょう。　あかえんぴつで○をつけましょう。

ヒント

ほうせんか このなかで、いちばんちいさいたねだよ	**おくら** まるくてちいさいたねだよ
ひまわり しましまもようがおしゃれだよ	**あさがお** おつきさまがはんぶんになったかたちだよ
ふうせんかずら ハートのもようがかわいいよ	**おしろいばな** つぼのようなかたちをしているよ

★ たねをまくじゅんばんに　ばんごうを　かきましょう。

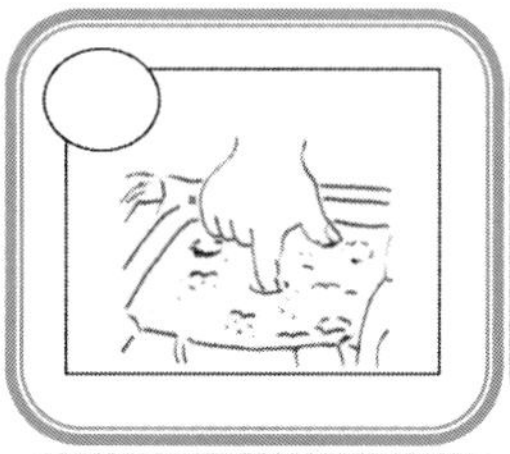

あなをあける

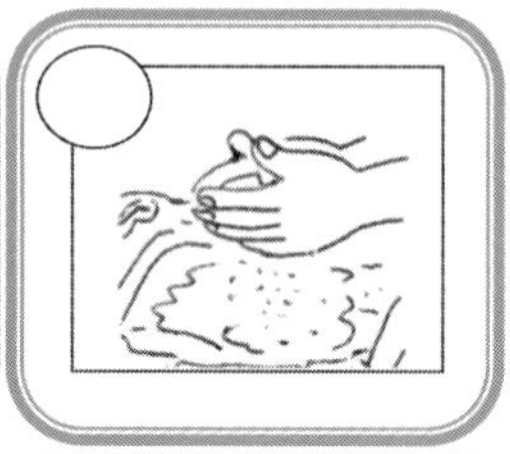

土をかぶせる

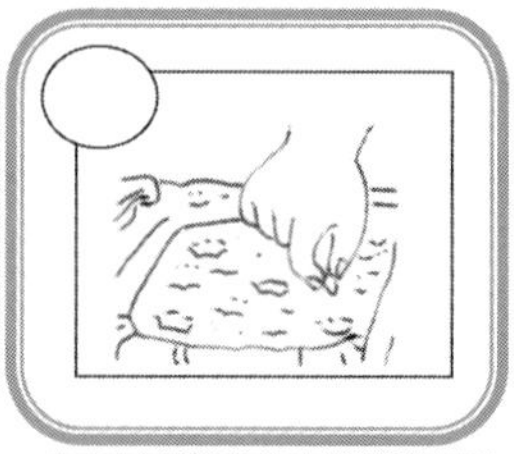

たねをまく

水をかける

◆ あさがおのたねを　よくかんさつして、カードにきろくしましょう。

月《がつ》　日《にち》　曜日《ようび》

あさがおのたね

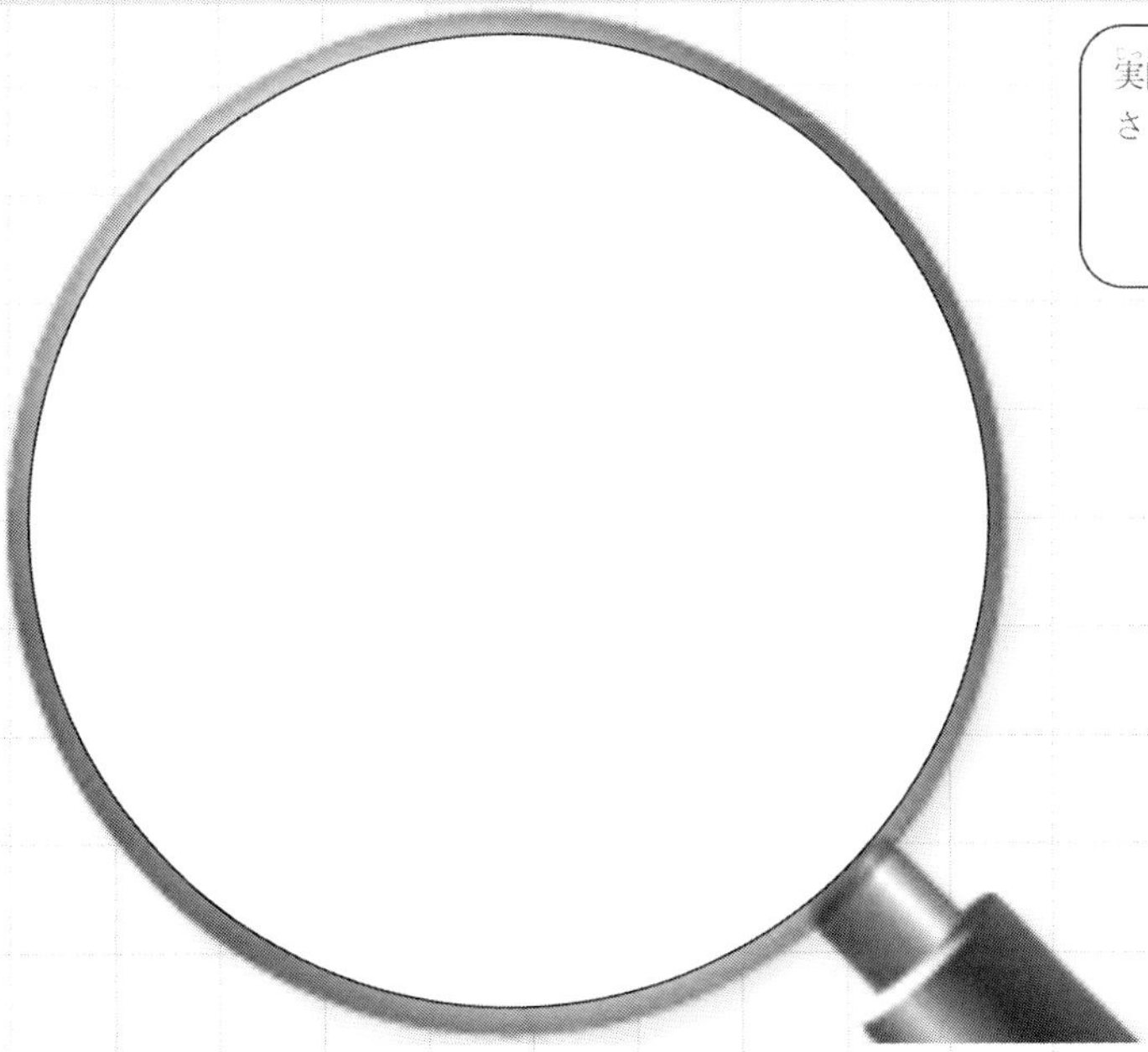

実際《じっさい》の大きさ

名前《なまえ》

ていねい度《ど》チェック　☆　☆　☆

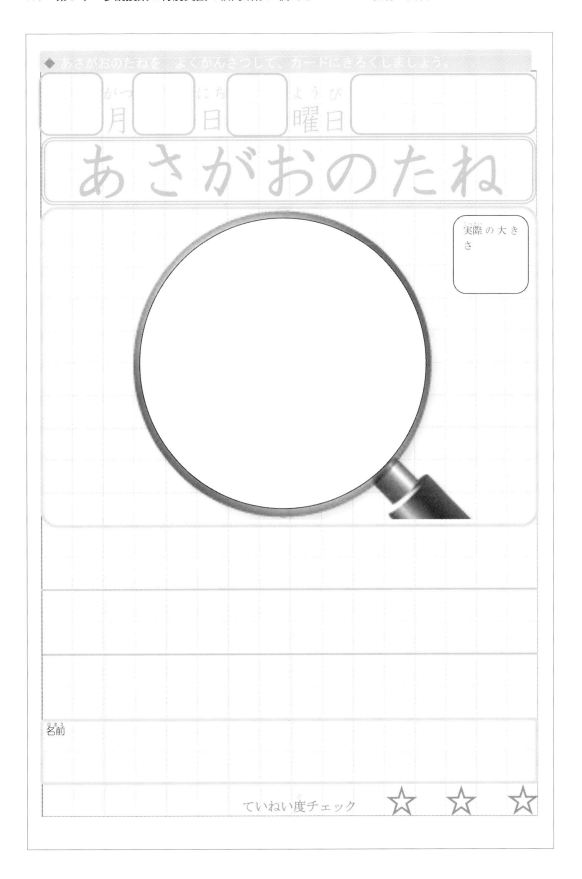

すぐコピーして使えるFAX集 国語一年

一ついれて、ことばをつくろう

まん中にことばをいれると、ことばができるよ。

（れい）

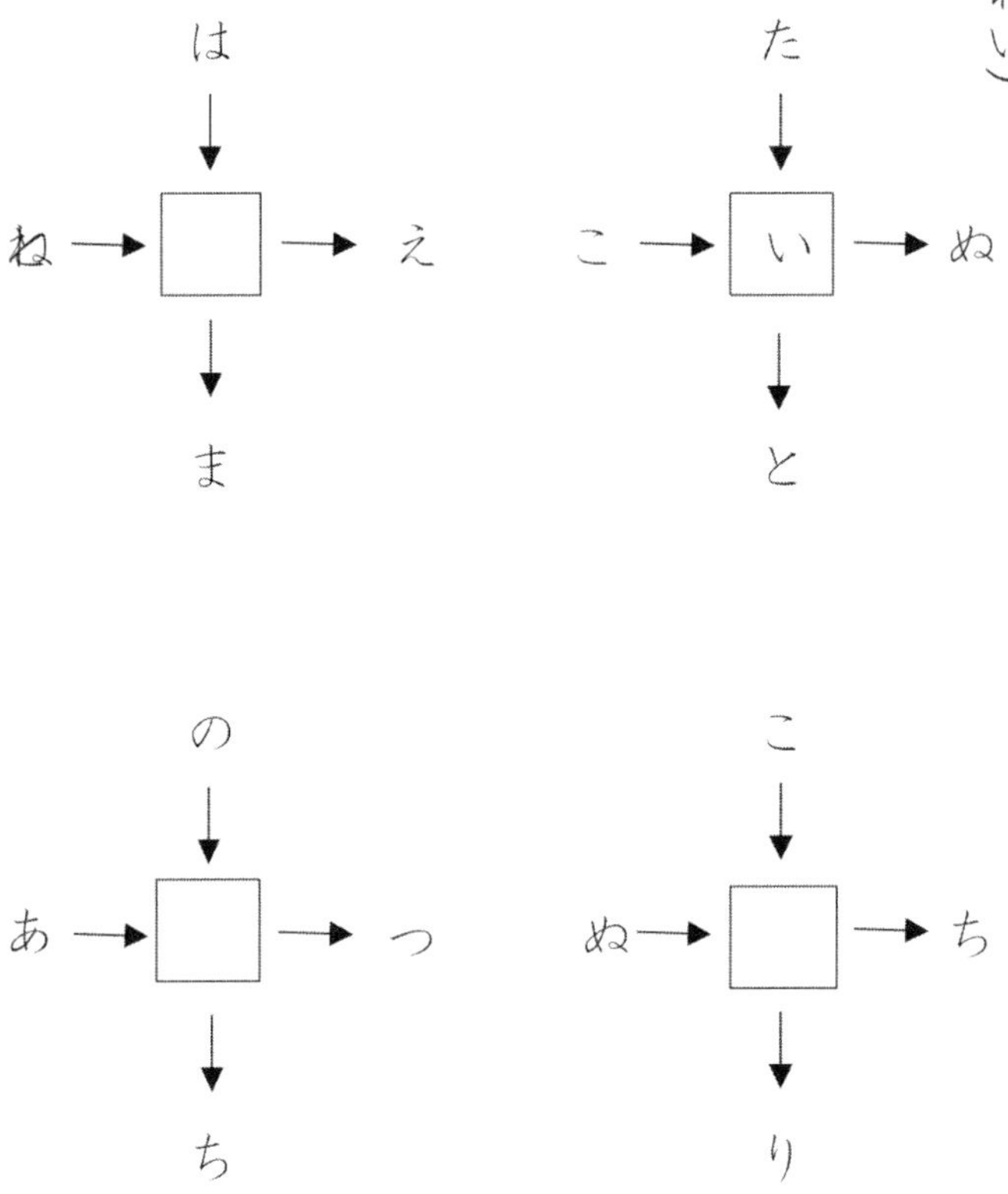

なまえ

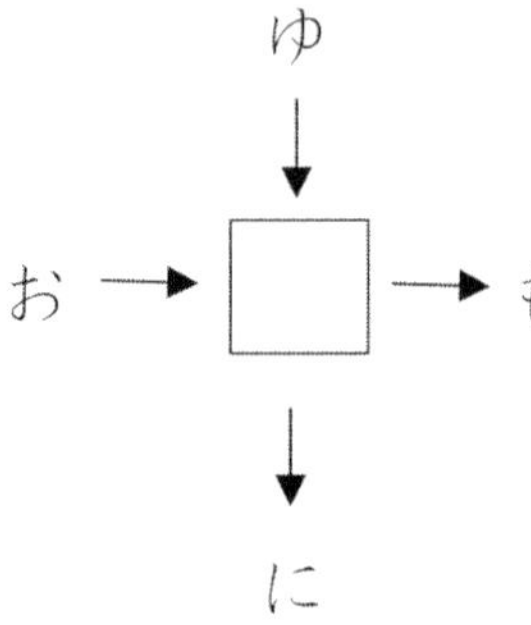

ヒント
み こ か ま

おわった人は、やってみよう

もんだいをつくってみよう。

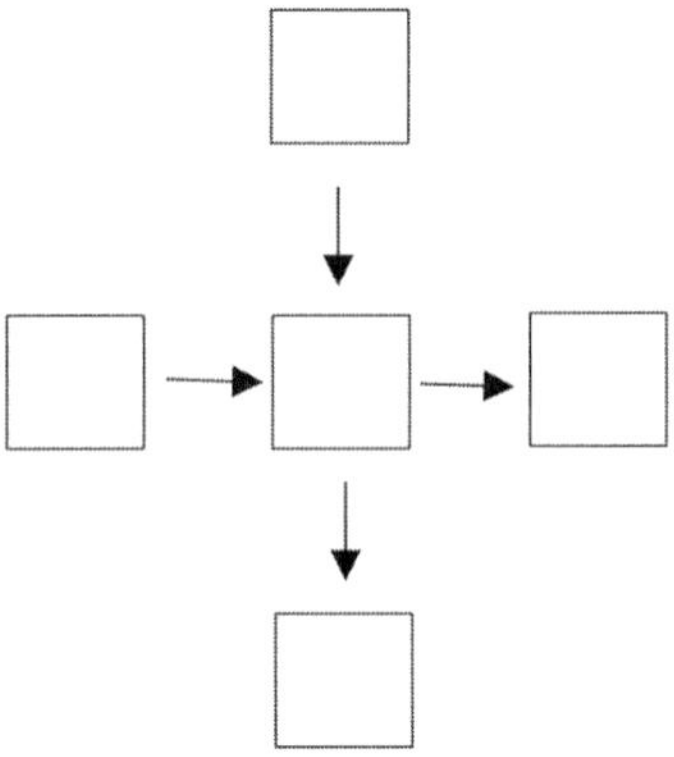

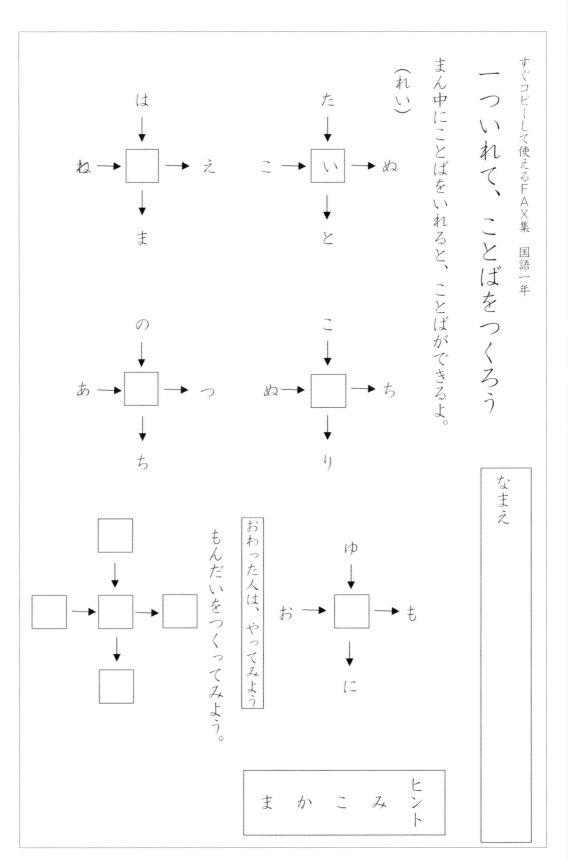

すぐコピーして使えるプリント集　国語一年

くっつきの「が」「に」「を」

なまえ

もんだい　「が」「に」「を」は言葉《ことば》と言葉《ことば》をくっつけて文《ぶん》をつくります。
□に「が」「に」「を」のどれかを書《か》いて文《ぶん》をつくりましょう。

① 水《みず》［を］のむ。

② 海《うみ》［に］いく。

③ 美《み》香《か》［が］話《はな》す。

④ 木《き》□きる。

⑤ ここ□いる。

⑥ 一《いち》郎《ろう》□わらう。

⑦ 山《やま》□のぼる。

⑧ 紙《かみ》□書《か》く

⑨ 犬《いぬ》□歩《ある》く。

⑩ 花《はな》□見《み》る。

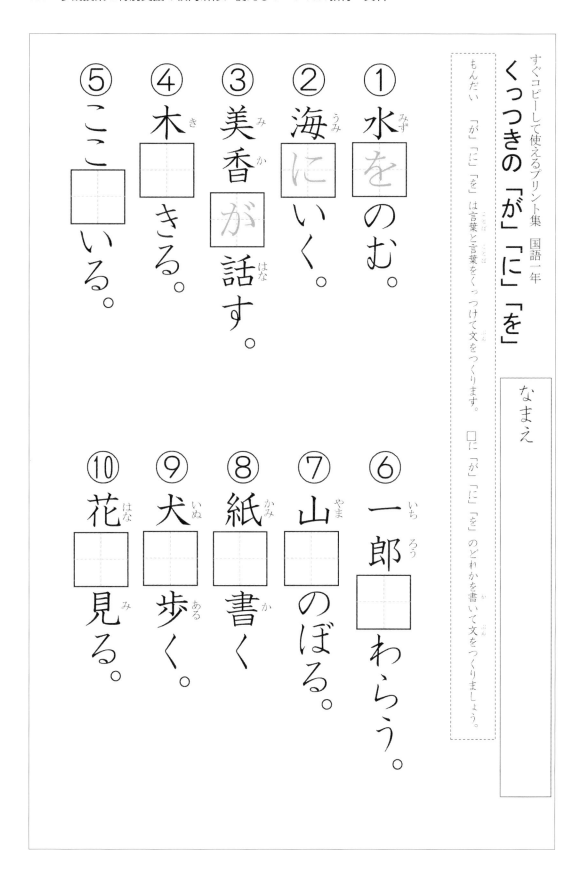

1年生《ねんせい》　難問《なんもん》

もんだいが５もんあります。１もんだけえらんでときましょう。

1　１０えんだまは、なんこあるでしょう。

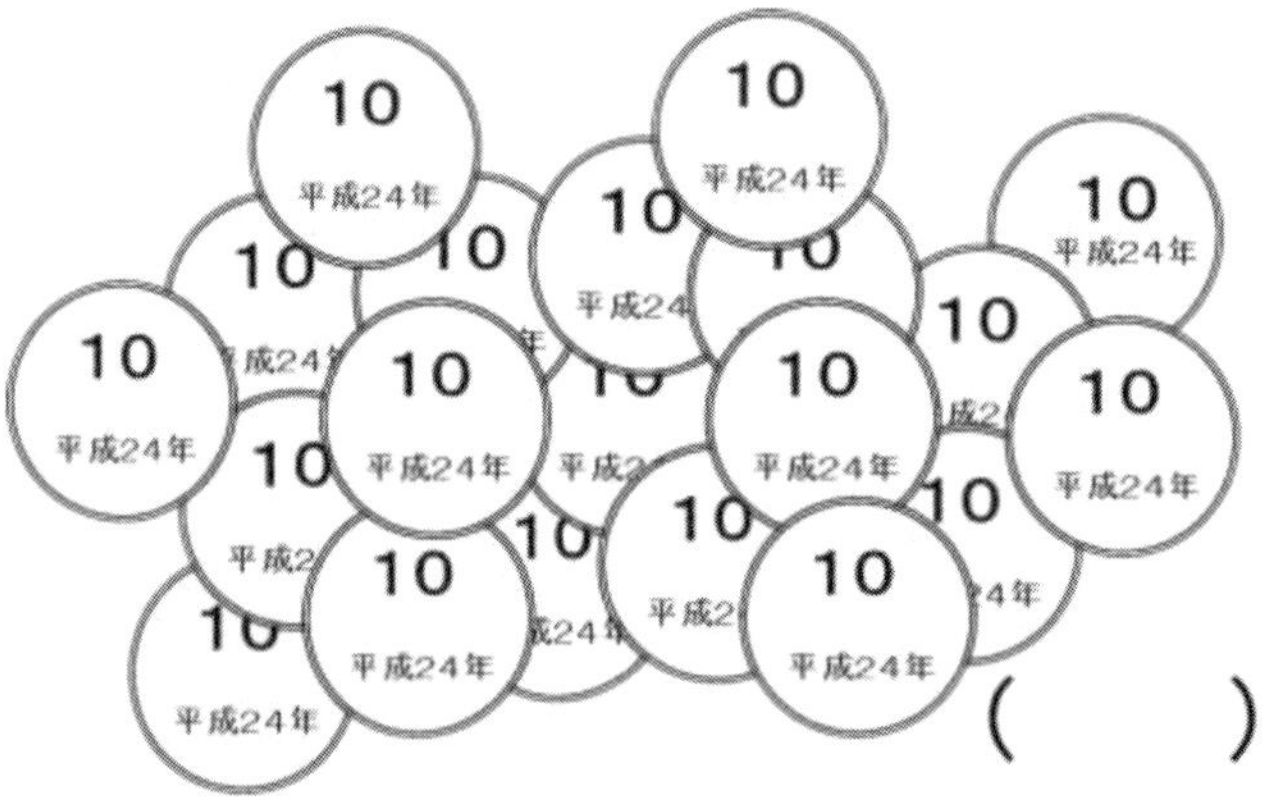

（　　）こ

2　あきらくん、ともみさん、よしこさんがクッキーをもっています。それぞれなんこもっているでしょう。

あきらくん（　　）こ　　ともみさん（　　）こ　　よしこさん（　　）こ

3　まっちぼうで、かたちをつくりました。
それぞれなん本《ほん》のまっちぼうでつくったでしょう。

(1)
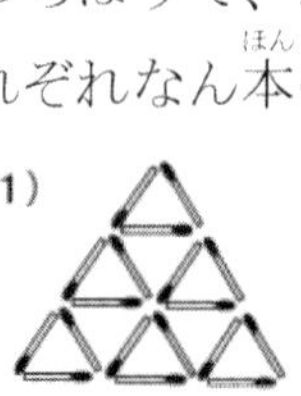
（　　）本

(2)
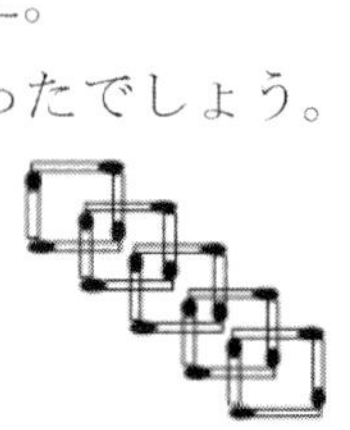
（　　）本

(3)
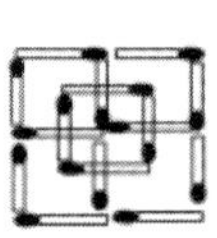
（　　）本

(4)
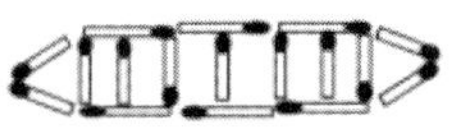
（　　）本

（　　）月（　　）日　名前《なまえ》（　　　　　　　　　　　）

4　１から５０までのかずでひとつだけぬけているものがあります。
なにがぬけているのでしょう。

1	30	39	22	4	41	15
25	10	48	8	45	24	38
13	34	20	19	27	49	32
42	17	2	31	11	7	40
5	26	21	14	35	47	36
33	6	9	50	3	28	29
18	44	37	12	46	23	16

こたえ（　　　　　　　　）

5　かずがきまったじゅんにならんでいます。
しかくのなかにかずをかきましょう。

(1)　1 － 4 － □ － 10 － 13

(2)　26 － 21 － □ － □ － 6

【解答】

問題1　20こ　1枚ずつ違う色を塗って数えると分かりやすい。

問題2　あきらくん11こ　ともみさん9こ　よしこさん8こ

問題3　（1）18本　（2）20本（にじっぽん）（3）16本　（4）17本

問題4　43

問題5　（1）7（3ずつ増える）（2）16、11（5ずつ減る）

【出典】

TOSSメディア収録『難問・良問＝5題1問選択システム』

『もう一つの向山型算数　教室熱中！難問一問選択システム一年』向山洋一・木村重夫編（明治図書）

『向山型算数・子ども熱中の"楽しい先生問題"』向山洋一監修TOSS岡山サークルMAK編著（明治図書）

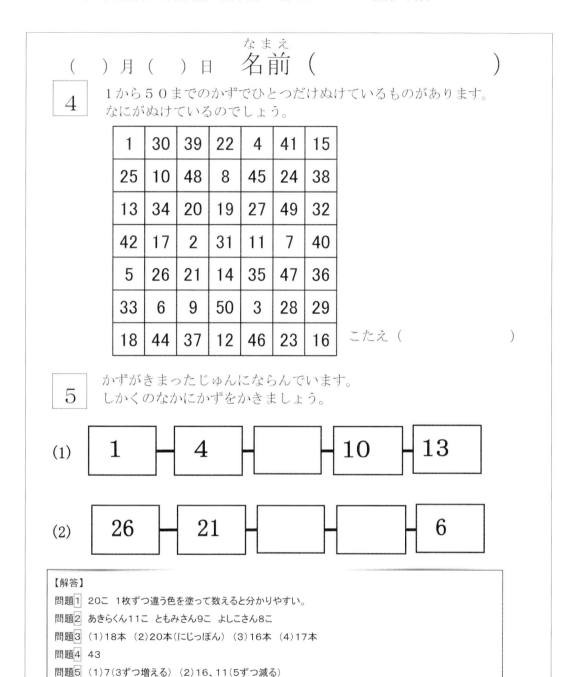

年　月　日　校時　教科　　年　組　授業者

重点		評　価　項　目	評価 1～5	備考
	1	教師の指示に正対している		
	2	適切な時に発言をしている		
	3	声の大きさが適切である		
	4	教科書をもつ姿勢がよい		
	5	足の裏が床についている		
	6	手に物を持たず教師の説明を聞いている		
	7	鉛筆の持ち方が正しい		
	8	下敷きをしいている		
	9	ノートに日付を書いている		
	10	丁寧に書こうとしている		

自由記述

記入者（　　　　　　　　　　　　）

年　　月　　日　　年　　組　授業者

ねらい

内容項目	具体的に身につけさせたいこと

児童の課題

評価項目	評価	備　　考
導入は適切か		
発問は適切か		
ねらいの達成		
自由記述		

記入者（　　　　　　　　　　　　）

特別支援教育研修：１年生で身につけさせておきたいライフスキル

次の場面は１年生の教室でよく見られる場面です。
具合的にどのように対応すればよいのか，考えてみましょう。

場面 1　**A君は机やロッカーの中がいつもぐちゃぐちゃです。**
毎日のように「片付けなさい。」と言ってもできるようになりません。

★なぜA君は片付けができないのでしょうか。

★どのような支援を行えば良いでしょうか。下に書きましょう。

場面 2　**B君は，先生がクラス全体に話している途中に，思いついたことを話したり，質問したりしてしまいます。注意してもなかなか改善されません。**

★なぜB君は途中で話し出してしまうのでしょうか。

★どのような支援を行えば良いでしょうか。下に書きましょう。

特別支援教育研修：１年生で身につけさせておきたいライフスキル

●整理整頓が苦手な子

原因　片付け方が分からない

「片付けましょう。」「きれいにしましょう。」

これだけでは，子どもたちの机の中やロッカーはきれいにはなりません。


片付ける方法を教えることが大切です。

１年生の子どもたちには言葉で言うよりも，絵や写真で示した方が分かりやすいです。
片付け方の絵や写真を掲示しておくとよいでしょう。
そうすることで，子どもたちはいつでも振り返ることができます。
また，できていない時に，
「（絵や写真を）見てごらん。」
と声をかけることで，自分で気がつくようになっていきます。
しかし，それでも片付けができない子がいます。

そのような子には，教師が正しいモデルを見せることが大切です。


そして，それをそっくりそのまま，まねをさせましょう。

最初は教師が片付けてあげてもよいでしょう。

少しでも自分でできるようになったら，そのことをほめてあげましょう。

１年間をかけて，少しずつできるようになればよいのだというイメージです。

●途中で話し出してしまう子

原因①　自分が話したいときに，「待つこと」が苦手

教師が子どもたち全体に向かって話をしていると，途中で口をはさんでくる子がいます。

これは，言いたいことがある時に，「待つこと」が苦手なことが原因です。


まずは，教師の話が長くならないよう手短に話すことが大切です。

しかし，どうしても話が長くなってしまうときもあります。

そのような時でも待てるようにするために，次のような言い方をするとよいでしょう。

「今から３つ，話をします。１つ目は，・・・。２つ目は，・・・。３つ目は，・・・。」

このように話すと，子どもたちは話の見通しをもつことができます。


最初に話の見通しをもたせると，最後まで話を聞きやすくなります。

原因②　自分が話していることに気づいていない

授業中に，いつも途中で話し出してしまう子がいます。

教師から注意を受けると，一瞬とまどうような表情になることがあります。


これは，自分の行動に気がついていないことが原因です。


気づいていないのだから，気づかせてあげればよいのです。

例えば，次のように言ってみてはどうでしょうか。

「B君，お話ししてますよ。」

このように言うと，ハッとして「いけない！」という表情になります。

または，目が合ったときに「シッ」と口に手を当ててもよいでしょう。


注意する前に気づかせてあげるようにしてみましょう。

1学期　成長の様子を具体的に褒める

初めての通知表でたくさん褒める

1年生にとって初めての通知表。保護者は、我が子の成長の様子を期待している。

入学してから3ヶ月間の成長の様子を具体的に褒めることが大切である。

大きな行事があるときに子ども達の様子をメモしておく。

1学期は、国語と算数が中心になってくる。平仮名が書けるようになったこと、数の足し算ができるようになったことなどを分かりやすく書いていく。

成長の様子を具体的に褒めるのだ。

学習の様子の具体例

【国語】

・物語や言葉の学習に興味をもち、いつも進んで発表することができました。「おむすびころりん」の学習では、友達と意見が違っても堂々と発表していました。その姿はクラスの良い手本となっています。

・国語の学習では、「あいうえおで遊ぼう」の詩を大きな声で丁寧に読むことができました。音読練習を毎日続けてきた成果がでています。

・自分から手を挙げ、堂々と発表することができました。音読練習を何度も行い、上手に読めるようになりました。

・平仮名の学習では、注意された文字を必ずやり直して提出し、粘り強く取り組むことができました。

・平仮名の学習では、いつも丁寧に字を書き、形の整った字を書くことができました。黙々と集中して学習に取り組む姿や話を聞く姿勢は、クラスの良い手本となりました。

・国語の「おおきなかぶ」の学習では、かぶを引っ張る登場人物の気持ちを考えながら読むことができました。

・平仮名の学習では、手本を見ながら丁寧に字を書いていました。少しずつ字が上手になってきました。黙々と集中して学習に取り組むことができました。

【算数】

・算数の足し算、引き算の学習では、計算問題に進んで取り組み、何度も自分の答えを黒板に書くことができました。問題にじっくりと取り組み、正確にできることが多くなってきました。

・算数では、計算スキルやプリントに進んで取り組みました。誰よりも速く正確に問題を解くことができました。

・算数の計算カードの練習に進んで取り組んでいました。答えが同じカード集める学習では、工夫して机の上に並べることができました。

【生活】

・朝顔の観察では、朝顔の手触りなど細かいところまで丁寧に記録することができました。

・生活科の「水で遊ぼう」では、友達と協力して遊び方を考え、仲良く遊ぶことができました。

・毎朝、登校すると朝顔の水やりをしていました。朝顔が成長する様子を記録用紙に丁寧に書くことができました。

【音楽】

・歌の練習では、明るい笑顔で大きな声で歌えました。進んで、前に出て発表していました。

【体育】
・水泳では、バタ足が上手にできていて、クラスの良い手本になっています。

生活の様子の具体例

【友達】
・本が好きで友達と一緒によく図書室に本を借りに行くことができました。
・友達が困っていると「大丈夫。手伝ってあげようか」と声をかけていました。誰に対しても優しく接することができています。
・図工や生活では、友達と協力して仲良く作品作りをする様子が見られました。
・とても優しい性格で、困っている友達がいると声をかけることができていました。学級の良い手本となっています。

【学習の準備】
・授業の始まりには、いつも席について次の学習の準備をしていました。学校のルールをしっかり守ることができました。

【挨拶】
・朝、登校するといつも大きな声で挨拶してくれました。○○君の気持ちの良い挨拶は、クラスの良い手本となっています。
・毎朝、自分から「おはようございます」と挨拶し、健康観察の時には、「はい」と元気よく返事をしました。○○君の声は、クラスに活気を与えてくれました。

【朝顔の世話】
・字を丁寧に書くことができました。朝顔の世話を毎日欠かさずにできました。いつも丁寧に書いている観察記録はクラスの良い手本となりました。

【清掃】
・保健室の清掃では、隅々まで丁寧に掃除をすることができました。いつでもよいと思ったことを率先して行えるのが、○○さんの良さです。

特別活動（係活動・行事）の具体例

【係活動】
・号令係　授業開始の挨拶を大きな声で言うことができました。いつも忘れずに仕事をしてくれました。
・電気係　授業が始まる前に、書画カメラやオルガンを友達と協力して準備することができました。朝の歌の準備も素早くできました。
・黒板係　授業が終わると、忘れずに黒板をきれいにすることができました。椅子を使って、丁寧に消している○○君に感心しました。
・窓係　帰りの会が終わると、友達と協力して窓を閉めてくれました。手を一生懸命伸ばして鍵を閉めてくれました。
・学習連絡係　音楽や書写の時間に、友達と一緒に先生を呼びに行くことができました。係の仕事をしたいという気持ちがよく伝わりました。

【行事】
・「生き物を探そう」の行事では、ザリガニを捕まえた様子を細かいところまで丁寧に観察カードに書くことができました。
・運動会では、ダンスの練習に黙々と取り組むことができました。当日も上手に踊れました。

（山口浩彦）

2学期　成長の様子を名前を入れて描写する

成長の様子を具体的に描写する

1年生の2学期は、校外学習、学校祭など初めての行事がたくさん行われる。

学級の友達と仲良く協力できるようになってきた様子を具体的に描写する。

褒めるときは、できるだけ名前を入れると、保護者も嬉しい内容になる。

学習の様子の具体例

【国語】

・国語の学校を紹介する作文では、大好きなブランコのことを分かりやすく書くことができました。句読点を使って、1文を短く書くことを友達にも教えることができました。○○君が毎日欠かさず日記を2ページ書いてきた成果が表れていました。

・国語では、図書の時間を心待ちにし、楽しんで読書をしていました。本を通して、自分の興味を広げ、知的好奇心の強さを感じました。クラスで一番多くの本を借りたのも、○○さんでした。

【算数】

・算数の10個のおはじきを並べる問題では、自分の考えを書画カメラを使って分かりやすく説明することができました。よく手を挙げ、発表することができました。

・算数の足し算、引き算の計算が速く正確にできていました。黒板に自分の答えを書いて発表することができました。

【生活】

・生活科のまつりでは魚釣りやさんを希望し、友達と店作りをしていました。他学年の友達とも交流できるようになりました。また、あさがおの種のプレゼントを優しく高齢者の皆さんに渡していました。

・生活科のまつりでは、2年生と協力してまとあてゲームやさんを作ることができました。自分のアイディアを積極的に話して取り入れていました。大きな声でお客さんに呼びかけをしていました。

・生活科のまつりでは、2年生と協力しておみくじやさんの店作りをしていました。友達と一緒に集めた材料を使って賞品を作っていました。大きな声で呼びかけもできました。

【図工】

・図工の「花火を作ろう」では、1枚1枚の絵を手で丁寧にちぎりながら作品を完成させることができました。課題が分かると、集中して取り組めました。

・図工の「モンスターを作ろう」では、目や口の形を細かいところまで工夫しながら作ることができました。課題が分かると、自分がイメージしたモンスターを集中して作っていました。

【体育】

・体育の持久走の練習に熱心に取り組み、素晴らしい結果を出すことができました。毎日、休み時間に校庭を走る姿が見られました。練習で走るとタイムを聞きに来ていました。高い目標にむかって努力することができました。

・いつも元気いっぱいの○○さんは、いつも大きな声で準備運動をすることができました。縄跳び検定にも進んで取り組み、登校すると友達と一緒に練習することができました。

・体育の跳び箱の学習では、着地も正確にできていて、友達の良い手本となりました。縄跳びでは、あやとび練習に進んで取り組み、短期間で習得することができました。目標を見つけ、努力することができていました。

・体育の鉄棒遊びでは、連続逆上がりを上手に何回も繰り返してできていました。休み時間に何度も練習していました。前に回ったり、下りたり、ぶら下がったりすることがとても上手です。クラスの良い手本となりました。

生活の様子の具体例

【友達】

・休み時間になると、1人でいた友達に声をかけて遊ぶことができました。思いやりをもって行動することができました。

・友達が休んだ時には、その子の机を運んだり、プリントをしまったりするなど、○○君の優しさが見られました。誰に対しても優しく接することができています。

・給食当番の友達が休んだ時には、いつも進んで仕事を引き受けてくれました。立派な行動で友達の良い手本となりました。

【朝の会】

・日直で朝の会の司会をするときは、いつも大きな声でできました。クラスのリーダーとして活躍しました。

【清掃】

・清掃では、図書室の清掃に進んで取り組みました。率先して、教室の隅々まで清掃することができました。

【生き物の世話】

・生活科の時間に珍しい蝶を捕まえて、観察していました。授業が終わると、蝶を逃がしていました。生き物を大切にしている様子が見られました。

【日記】

・毎日の日記も欠かさず書いていました。楽しかった勉強について分かりやすく丁寧な字でまとめていました。友達との交流も増え、明るく生活できました。

特別活動（係活動・行事）の具体例

【係活動】

・電気係　授業が始まる前に、書画カメラやオルガンを友達と協力して準備することができました。

・学習連絡係　体育の時間に大きな声で整列の号令をかけたり、準備運動をしたりすることができました。

・配り係　プリントや連絡帳を友達と協力して配ることができました。名前を見ながら、素早く配ってくれました。

【行事】

・学校祭では、2年生と発表の練習を繰り返し、上手に発表できました。

・集会では、昔遊びをしながら、高齢者の皆さんと楽しそうに話すことができました。

・集会で渡すメダルを丁寧に作り、高齢者の皆さんに渡していました。

・高齢者の方のメダルのプレゼント作りを友達と協力して丁寧に作ることができました。

（山口浩彦）

3学期　次年度に向けて意欲を持たせる

頑張った成果を保護者に伝える

3学期の通知表は、2年生に向けて意欲がもてる内容にしていく。

3学期は、生活科を中心に、新入生を迎える準備をしている。

さらには、初めての卒業式もまっている。

学校生活の中から、1人1人の成長を保護者が感じ取れる文章にすると良い。

文の最後に「進級おめでとうございます」「○○君の2年生での活躍を期待しております」の言葉を入れると、保護者も子ども達も、さらに次年度に向けての意欲が持てる。

2月に入ったら、指導要録の作業も始める。

これまで書いてきた通知票の所見から、特徴的な内容を選んでいく。

データ化してある文章から選んでいくと、短時間でできる。

通知表の所見では、敬体になっている。

要録では、文章を常体にしていけばいい。

評定と文の内容が合っているか終了後に確認する。

学習の様子の具体例

【国語】

・国語の1年間の思い出作文では、楽しかった出来事を分かりやすくまとめることができました。毎日続けている日記は、1日に2ページ以上書き、9冊目に入りました。クラスで一番多くの冊数でした。良い手本となりました。

・国語の漢字の学習では、漢字テスト合格を目指して、進んで練習することができました。似ている漢字の学習でも、辞書を使い、習っていない漢字からも探すことができました。

・国語では、漢字の練習を毎日続け、まとめテストでは、満点を取ることができました。毎日の努力が成果として表れてきました。

【算数】

・算数の計算が速く正確にできました。真面目な授業態度でよく話を聞くことができました。友達が分からないと優しく教えていました。

・算数の計算に進んで取り組み、速く正確に解くことができました。黒板に自分の答えを書いて、何度も発表していました。学習への意欲が高まってきました。

【生活】

・生活科の昔遊びでは、凧の揚げ方を友達と話し合い、空高く揚げることができました。友達と共に技を向上させようとする姿が見られました。クラスで一番高く揚げ、良い手本となりました。

・生活科の昔遊びでは、お手玉や剣玉で遊んだ様子を丁寧にまとめ、発表することができました。休み時間も友達と一緒にお手玉をしながら、楽しむことができました。

・生活科では、保育園との交流学習の様子を丁寧にプリントにまとめ、大きな声で発表することができました。保育園の子ども達にも優しく話すことができました。

【図工】

・図工の「ゆめのまちさんちょうめ」では、自分の住んでみたい家を工夫して作ることができました。エレベーターなど自分で考えたアイディアを形にしていました。

【音楽】

・鍵盤ハーモニカの学習に進んで取り組めました。指使いやタンギングにも気をつけた演奏をすることができました。

【体育】

・体育の縄跳びでは、休み時間に繰り返し、技能跳びの練習をしていました。二重跳びなど新しい技をできるようにし、友達にも教えることができました。

生活の様子の具体例

【友達】

・休み時間は、縄跳びや一輪車の練習をしていました。特に縄跳びでは、友達と競争しながら、二重跳びの回数を増やしていました。めあてに向かって努力できました。

・男女関係なく友達と遊ぶことができていました。いつも明るい○○君は、クラスの友達に信頼されていました。

・休み時間になると、いつも元気に友達と外で遊ぶことができました。男女関係なく遊べるところが○○君のいいところです。

・勉強で困っている友達がいると、進んで教えることができました。困っている子がいると、すぐに駆けつけることができる○○さんの行動がクラスの良い手本となりました。

【清掃】

・清掃では、自分の担当だけではなく、自分で考えて汚れているところをきれいにしていました。とても立派な態度でした。努力の様子がクラスの良い手本となりました。

・清掃では、上級生の指示を良く聞いて、黙々と昇降口をきれいにしてくれました。

【返事・挨拶】

・朝の健康観察では、いつも大きな声で返事をしていました。クラスの良い手本となりました。

・朝、教室に入るときに大きな声で挨拶をしていました。○○君の大きな声がクラスの友達の目標になりました。

【当番活動】

・給食当番では、当番の子が使いやすいように配膳台を素早く用意してくれました。手の足りない仕事を見つけて、手伝っていました。友達のために行動する姿が良い手本となりました。

特別活動（係活動・行事）の具体例

【係活動】

・配り係　日記や連絡帳などの配布物を友達と分担して配ることができました。

・窓係　帰るときに窓の鍵が閉まっているか確認することができました。

・黒板係　授業が終わると、友達と協力して黒板をきれいにすることができました。

【学校行事】

・卒業式では、別れの言葉の呼びかけに進んで立候補し、大きな声で練習、発表することができました。

・卒業式の別れの言葉の呼びかけに立候補し、6年生に心をこめて言葉を言うことができました。

・保育園との交流学習では、チームの中心となり、楽しくドッジボールをしていました。

・6年生へのメッセージ作りでは、折り紙を使い、楽しい飾りを考え、友達に教えることができました。

（山口浩彦）

保護者からの問い合わせにどう対応するか。信頼関係を築く連絡帳対応

1年生担任は、保護者対応が重要である。連絡帳での問い合わせも迅速に丁寧に対応することで信頼関係を築ける。

対応の基本ポイントは

①連絡帳のお礼・訴えを受け入れる
②対応する、伝える
③事後観察・事後指導

これが、再発防止と信頼につながる。

ケース1　他の子からちょっかいを出される子

> 隣の子がたびたびちょっかいを出してくるようで、悪気はないと思うのですが、娘が困って家で話をします。授業中だけでなく、休み時間や先生がいないときにされると言っています。たたいたり、服をひっぱたりするのは、やめさせてもらえませんか。

①連絡帳のお礼と　まずは受け入れる

「教えていただきありがとうございました。それは、かわいそうなことをしました。○○さん辛い思いをしましたね。休み時間や掃除中など気付かなくて申し訳ございません」

気づかないところでの出来事があったことは、詫びる。

②対応を伝える

「すぐに本人、相手にも話を聞き、状況を確かめます」周りの子にも確かめ、観察する。

③対応する

両方の話を聞き指導する。いつもその子なのか、誰にでもちょっかいを出すのか。けがにつながるほどなのか、お互いふざけの延長なのか見極める。

「○○さんから話を聞きました。楽しいときもあるけれど、ちょっかいが過ぎると、悲しくなってしまうと話してくれました。隣の子には、○○さんがとても悲しい思いをしていることを伝え、謝らせました。一緒におしゃべりして楽しく過ごせることもありますので、本当は仲良くしたいようです。これからも様子を見ていきますが、困っているようなことがご家庭でも見られたらお知らせください」

対応したことを連絡帳、または電話で知らせ安心させる。

④相手への連絡

相手がいる場合は、相手の保護者にも指導したことを口頭で伝えておいたほうがいい。保護者会などで会ったとき、知らなかったということがないように溝が浅いうちに、伝える。

「（先に頑張っている様子を伝えつつ）実は、隣の席の○○さんへちょっかいが過ぎることがありまして、教室では見つけた時は、注意をしたり、関わり方を教えたりしていましたが、見ていない所でも服を引っ張ったり、物を取ったりしていたようです。○○さんも何度も繰り返されるので家でも泣くようになったと親御さんが心配されていました。事情を聞いて、悪気はないけどついやりすぎてしまったと本人も素直に謝ってまいりました。よくあることですが、学校でも指導して、様子を見ていきます。

⑤事後観察・事後指導

1週間後、その後の家での様子を聞くと保護者は、我が子を気にとめ、見ていてくれたのだと安心する。また、相手の子にもちょっかいを出さないことを褒めて、周りの子ども達にも相手の子の変化を伝える。

ケース2　持ち物の管理ができない子

> 学校で物をなくしてくるようで、筆箱の中

身がいつもありません。給食袋も持ち帰らないようで、机の中にあるかと思います。声をかけていただけますか。

①連絡帳のお礼とまずは、受け入れる

「ご連絡ありがとうございます。○○君のものが教室に落ちていることがあります。お母さんが1つ1つに名前を書いてくださっているので、本人に最後は戻ります。ありがとうございます」

お母さんの努力も認めてねぎらう。

②対応を伝える

「1時間の授業の中で、出した鉛筆は、筆箱に入れること、机の上を片付けた人から休み時間にするなど学級全体でも約束しておりますが、○○君には再度声をかけると、気付いてやるようになりました」

学校で工夫していること、全体への指導と個別の声かけや促しの様子を伝える。

③対応する

具体的な手立てとして

・筆箱の中に番号を付け、鉛筆の入れる場所を決めて、片付け方を意識させる。

・1時間に使う鉛筆を1本出して、筆箱は机の中にしまわせる。

④事後観察・事後指導

・帰りに確認できるチェック表を作る。

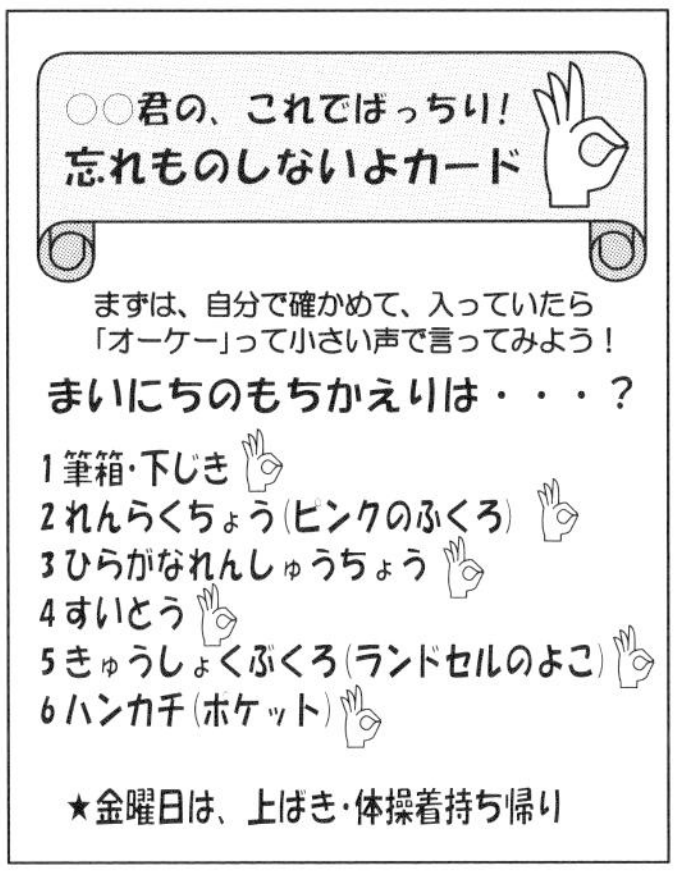
○○君の、これではっちり！
忘れものしないよカード
まずは、自分で確かめて、入っていたら
「オーケー」って小さい声で言ってみよう！
まいにちのもちかえりは・・・？
1筆箱・下じき
2れんらくちょう(ピンクのふくろ)
3ひらがなれんしゅうちょう
4すいとう
5きゅうしょくぶくろ(ランドセルのよこ)
6ハンカチ(ポケット)
★金曜日は、上ばき・体操着持ち帰り

「しばらくは、筆箱に全部入っていたときには、当たり前でなく、力強く褒めてくださいね。身に付くまでには時間がかかることを覚悟して、一緒に頑張りましょう。チェック表も自分で意識できるようになるまで、見守っていきます」

家でしてもらいたいことを具体的に伝え、1週間後、1ケ月後、定期的に、子供の頑張りやお母さんの努力を伝えていくと習慣になりやすい。

ケース3　宿題をやろうとしない子

いつも□□が、お世話になっております。毎日、宿題をさせようと思いますが、気が散ってしまい、なかなか机に向かえません。無理やりさせると、しまいには泣きながらやる始末。毎日、苦労しています。今日は、途中までしかできていませんが、そのまま出します。

①連絡帳のお礼とまず受け入れる

「毎日、宿題を見ていただいてありがとうございます。1年生ですから集中力が短いのは、当たり前です。10分できれば、いいでしょう」

一生懸命やっていること、家で苦労していることをねぎらう。

②対応する

「環境が整えられると、やる気が出せることもあります。決まった時間にテレビを消す、お母さんも一緒に本を読む、机の上は宿題だけにするなど、家ではどのように取り組んでいるでしょうか。また、ほんの少しの成長を褒めるのも効果的です。『この字が上手だね』『これなら先生に○もらえるね』『今日は、1回言っただけで、座れたね』褒め言葉は結果でなく、行動を褒めるといいですね」

具体的にやる気にさせる例を教えつつ、家庭での情報をもらう。

宿題がその子にとって問題はないか、量的な問題なのか、内容の理解の問題なのか配慮が必要なのか、見極める必要がある。

③事後観察・事後指導

「お母さんのご苦労分かります。根比べですね。学校でも、「よく頑張ったね。毎日えらいなあ」と○○君の努力を認め、励ましていきますね。少しでも自分からできたら大いに褒めてあげてください」

家庭でのフォローの方法を伝える。また、学校でもどう対応しているかを知らせていく。

ケース4　やんちゃで友達に迷惑をかけている子

保護者の方から、迷惑をかけていないかと気にかけている場合。

> いつもお世話になっております。息子の○○は、毎日学校が楽しいと、元気に通っております。お調子者で、楽しいことは大すきな子ですが、あまりに元気すぎて、ご迷惑をおかけしていないでしょうか。

やんちゃで、すぐ友達に手を出し、けんかが絶えない。他の親からのクレームも多く、幼稚園から謝罪することが多かった保護者から先に連絡をいただいた場合。

①連絡帳のお礼とまず受け入れる

「ご連絡ありがとうございます。○○君は、本当に元気で、エネルギッシュです。朝の支度を終えると真っ先に校庭に飛び出し、ジャングルジムで遊んでいます」

保護者が言うように、学校での元気な様子を伝え、同じ見方をしていることを理解してもらう。

②対応する

「お友達との関わり方で、自分でもどうしてもうまくいかないことがあるようです。悪気はないのに、ちょっかいを出したことで、けんかになることもあります。少し時間をおくと素直に謝ることができます。また「ついやってしまう」ということもあります。周りの子へは、刺激になるようなことを言わない、悪気はなかった、素直に謝っている、本当は仲良くしたいことなど伝えています。」

トラブルになってしまった原因や指導したことなど伝える。相手がいる場合は、あくまでも一方的でなく原因があるので、話を聞き、うまく表現できないところは代弁してあげる。

③事後観察・事後指導

「○○君の困り感を少しでも理解したいと思います。○○君の興味・関心のあることや家での対応などおうちの方と共通理解していきたいと思います。面談でお話を伺えますか」

保護者の方からこのように書いてくる場合は、話したい、相談したいと思っている。連絡帳や電話連絡だけでなく、面談をして、直接話を伺うとよい。経過観察し、手を出すことが減ったり、他の行動ができてきたら、（特によい方向で）褒めるための連絡帳や一筆箋を利用して意識して伝えていく。

ケース5　おとなしくて表現できない子

> 幼稚園のころから、おとなしくて、なかなか自分の気持ちを表現することができません。学校もたのしいのかな？と心配になる時があります。朝、時々涙ぐんで支度をなかなかしないことがあり、門まで送ることがあるのですが、このままでよいでしょうか。学校では、どんな様子でしょうか。

①連絡帳のお礼とまずは受け入れる

「○○さんの様子をお知らせいただき、ありがとうございます。お母様のご心配も分かります。涙を流していたら、どうしたのかと心配になりますね。○○さんの朝の登校への促しもありがとうございます」

保護者の心配を受け止め、子供を励まして、学校に行けるように促してくださることに感謝する。

②対応する

「休み時間は、５、６人の友達とジャングルジムや鉄棒のところで、遊んでいる姿が見られます」「生活の時間には、友達と一緒に折り紙コーナーを担当していました。来たお客さんに率先して教えていました」など楽しく学校生活を送っていることを伝える。

「みんなに注目されると緊張のためか声が小さくなり、涙目になることがあります」
「同じ班の友達と何の遊びをするか決めるとき、なかなか自分の意見が言えず黙っている様子が見られました。本来は、とてもよい発想をしているので自信をもって言えるよう、学校でも励まし、声をかけていきます」

　子供の楽しく過ごしている場面、困っている場面を伝え、さらに子供に働きかけていること、指導していることを具体的に伝える。

③事後観察・事後指導

「登校の時、不安がっているようでしたら、学校まで送ってきてください。いつまでも続くわけではありません。ほんの少し、甘えたい時があるのでしょう。慣れるまで様子を見ましょう。学校に来たら、こちらで対応します」

　登校渋りは、学校や友達が全ての原因ではない。お母さんのことが心配だったり、甘えたかったりするので、様子を観察して、1週間、1ケ月と学校での様子を伝えるとよい。

ケース6　提出物を出していない子

うちの子は、宿題をちゃんと出しているのでしょうか。家では、宿題をやらせているのですが、毎日出していないようです。ランドセルに入れっぱなしになっていたら、声をかけてくれますか。
また、連絡帳を書いているのか分からないので、チェックしていただけたら、忘れ物もなくなるとおもいます。よろしくお願いします。

せっかく家で苦労してやらせたのに、先生が見てくれた形跡がないと保護者も残念に思う。「先生、うちの子ちゃんと見てください」という意図が含まれている。

①連絡帳のお礼とまずは受け入れる

「宿題提出の件、御連絡ありがとうございます。お母さんも毎日の宿題を見ていただき、○○君も一生懸命努力しているのが分かります。ありがとうございます」

②対応する

「宿題は、朝登校したら、教卓のカゴに出すことになっています。なるべくその日のうちに目を通して返すようにしていますが、全員提出したか確認しないことがありました。○○くんも朝の支度後、友達と遊びに夢中になりつい忘れてしまうことがあるようです。確認の声をかけると、出せるようになっています。こちらも注意して見ていきたいと思います。また、明日の予定は、給食後（○○の時）書くことになっていますので、書けたら先生にチェックをもらいます。再度確認していきたいと思います」

　学校で工夫していることや全体への指導と個別への声かけや促しの様子を伝える。

　全員書かせるならチェックシステムを作る。

・隣の子が書いてある人に手を挙げさせる。
・書けた子から先生にサイン（スタンプ）をもらい、帰りの支度をする。

③事後観察・事後指導

　しばらくは、提出箱の人数確認をしたり、個別の声かけをし、忘れ物がないか意識していく。

　1週間後、1ケ月後など努力している子供の様子を連絡帳で知らせる。

「○○君は、毎日丁寧に宿題をやってきて感心します。おうちでのフォローもありがとうございます。自信も付いてきたようで、授業中は自分から発言する場面も増えました。成長が楽しみです」

　保護者は、我が子を見てくれているという安心感と認められたという満足感で、教師と信頼関係を築くきっかけとなる。

（瀧尾恵美子）

〈国語〉

「くっつきの『を』」をフローチャート化

くっつきの助詞を教えるのに、「たおるを　いれた、と書くのですよ」というように、簡単に教えないのが、この授業のポイントである。

今年度、4度目の1年生の担任をしている。もちろん、今年もこの実践を追試した。

「たおるをいれた」として、「をいれた」と一気に読んだ時の、子供たちの熱狂度は、向山洋一氏が書かれた文章のままとなる。「先生違うよ!」「そうじゃない!」の大合唱となる。小さい「っ」の授業と同様に、1年生に必ず授業したい内容である。

向山氏は授業後の分析で、この授業の区切りは18あるとされている。次の18である。

1　2行に「たおる」「いれた」と書いて、助詞の「を」補わせる
2　「を」を「いれた」につけて、「をいれた」と読む。
3　「を」を「たおる」「いれた」の中間に入れて読む。
4　「を」を述語からはなし、「たおるを」とした。
5　「え」「をかく」で復習した。
6　「ほん」「をよむ」で復習した。
7　「くっつきのを」を説明する。
8　「おか」「うえ」を出して、「の」を補わせる。
9　「おか」「のうえ」を勉強する。
10　「はる」「あめ」を出し、「の」を補わせる。
11　「はる」「のあめ」を勉強する。
12　「はる」「の」「あめ」を3行に書いて勉強する。
13　「はるの」「あめ」を読む。
14　「くっつきの『の』」を説明する。
15　「はる」「のあめ」と1行に書いて勉強する。
16　「おか」「のうえ」1行に書いて勉強する。
17　「おかのうえ」を1ますもあけずに書く。
18　「おか」「のうえ」を再度勉強する。

「たおるをいれた」以外にも、「えをかく」「ほんをよむ」でくっつきの「を」を教え、「はるのあめ」「おかのうえ」でくっつきの「の」を教えている。変化のある繰り返しで定着をはかる授業のお手本となる授業である。ただ、これだけ子供たちにくっつきの字が印象付けされても、正しく書けなかったり、「ほんおよむ」等、「を→お」「へ→え」「は→わ」と書いてしまったりする子がいるのが、普通である。そのたびに、「これはくっつきの字」と一緒に唱えて、正すことを繰り返すのが、教師の仕事である。（松山英樹）

これこそ向山氏の１年生国語授業の代表実践。
教師の演出で子供たちを熱中させる！

１年生の学習内容はとても基本的なことであるので、一言で教えてしまうことはできる。しかし、それでは芸が無さすぎる。教師がわざと間違える演出と、変化のある繰り返しで、くっつきの助詞の定着をはかる授業。

向山洋一氏が1年生を担任した5月に実践した「くっつきの『を』」の授業フローチャートである。教師が真面目に本気で、間違える（とぼける）ことで、子供たちが大熱狂する授業となる。

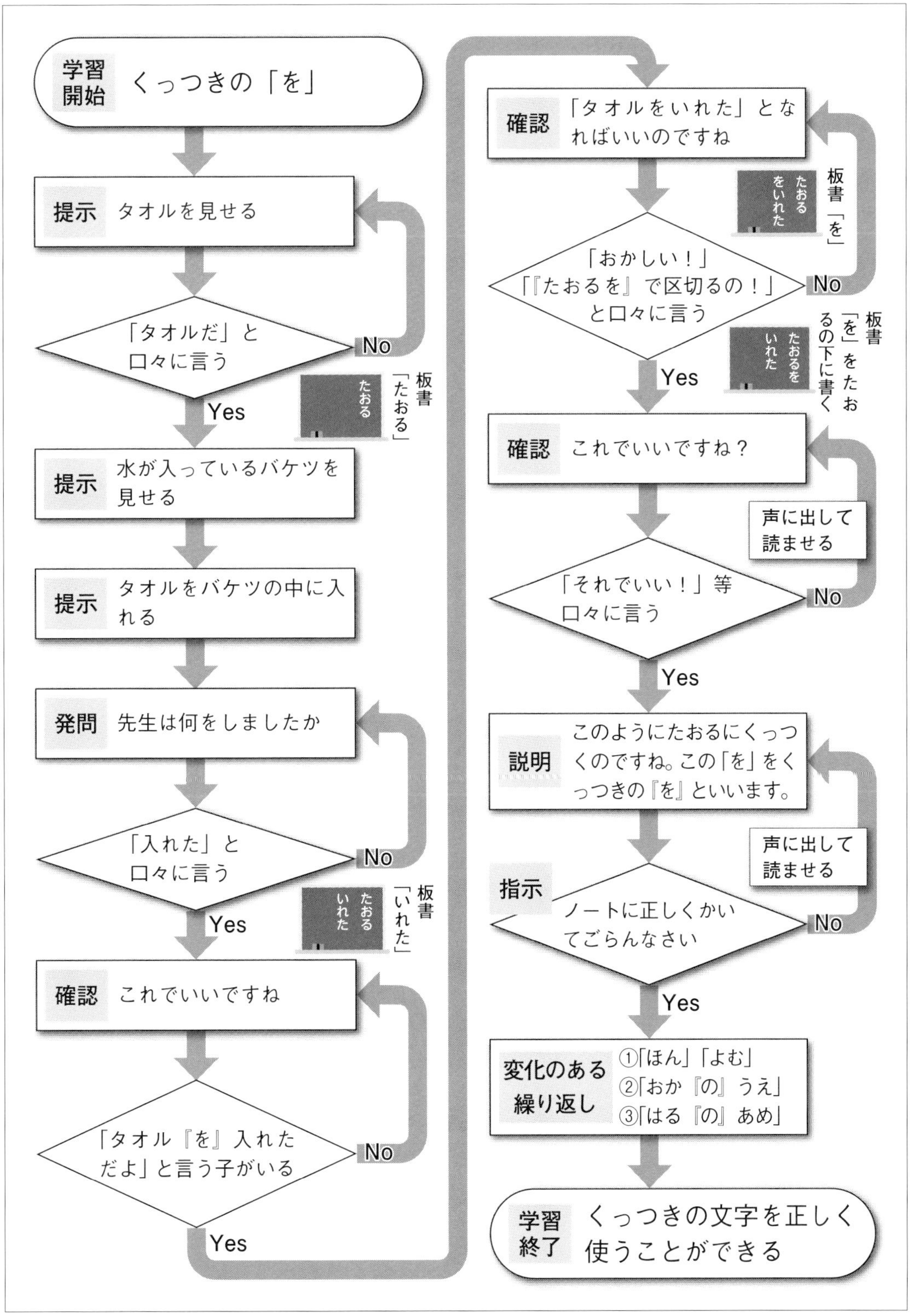

〈体育〉「向山式開脚跳び」をフローチャート化

これまで跳び箱が跳べなかった子供たちが、次々と跳び箱が跳べるようになっていく。その瞬間、感動があふれる。

向山洋一氏は、「跳び箱を跳ばせる技術はあるのです。しかも、誰でもできるのです」と著作に書いている。

向山氏は、跳び箱を跳べない理由は「腕を支点とした体重移動がうまくできないから」と主張している。さらに、「それは未知の感覚で、自転車に乗れない子が、乗っている感覚がわからないのと似ています。泳げない子が水に浮く感覚が分からないのと似ています」と述べている。

跳び箱を跳ばせる原理は「腕を支点とした体重移動を体感させること」である。

その方法として、向山式A式とB式とがある。

【向山式跳び箱指導法　A式】

1① 子供を跳び箱にまたいで座らせる。
② 最初は、前の方に座らせる。
③ 次第に後ろの方に座らせていく。
④ ②と③を5～6回繰り返す。

2① 跳び箱の端に手をつかせる。
② 手に体重をかけて跳びおりさせる。
③ 「跳び箱を跳ぶというのは、このように両腕で体重を支えることなんだよ」と説明する。
④ 「体重のかかり方がかわるだろう」とゆっくり跳びおりさせる。
⑤ これを5～6回繰り返しさせることで、両腕で全体重を移動させるという体験を初めてできる。

向山式跳び箱指導法A式で腕を支点とした体重移動をしっかり体験させてからB式を行う。子供のつまずきを見抜く力が必要である。つまずきを見つけたら対応する手立てを考える。A式では①手のつき方　②手をつく場所　③お尻の位置　④ひじは曲がっていないか　を見ると良い。

【向山型跳び箱指導法　B式】

① 跳び箱の横に教師が立つ（利き腕が助走をしてくる子供の方に来るように立つ）
② 子供には、2～3メートル手前から助走させる。
③ 子供がふみ切ると同時に、教師は右手で子供の右上腕をつかみ、左手で子供のおしりか太ももを支えながら（左手で持ち上げるような感じで）、子供を跳ばせる。
④ しだいに、教師の手にかかる子供の体重が少なくなってくる。頃合いを見計らって補助を外す。

跳べたらもう1度すぐやらせる。A式、B式の方法でやれば、ほとんどの子は跳び箱を跳べるようになる。向山氏の経験でいうと成功率は95%を超えるという。

（許鐘萬）

跳び箱はだれでも跳ばせられる技術がある。
「腕を支点とした体重移動」をつかませよう。

向山式跳び箱指導法A式とは？
腕を支点とした体重移動の感覚をつかませよう。
跳び箱が苦手と思っている子たちには、跳び箱に座った時点で褒めよう。

A

B

向山式跳び箱指導法B式とは？
補助によって跳び箱を跳ぶ感覚をつかませよう。

本フローチャートで紹介した開脚跳びの指導法（A式･B式）は、向山洋一氏の発案によるものである。「向山式跳び箱指導法」と呼ばれ、NHKやテレビや新聞等で紹介された。向山氏は「跳び箱を全員跳ばせられることが、なぜ教師の世界の常識にならなかったのか？」と問い、様々な教育技術を教師の共有財産にしていった。このチャートの通りに指導（補助も含む）できたなら、跳び箱が跳べなかった子達が続々と跳べるようになり、大歓声があがる授業となる。

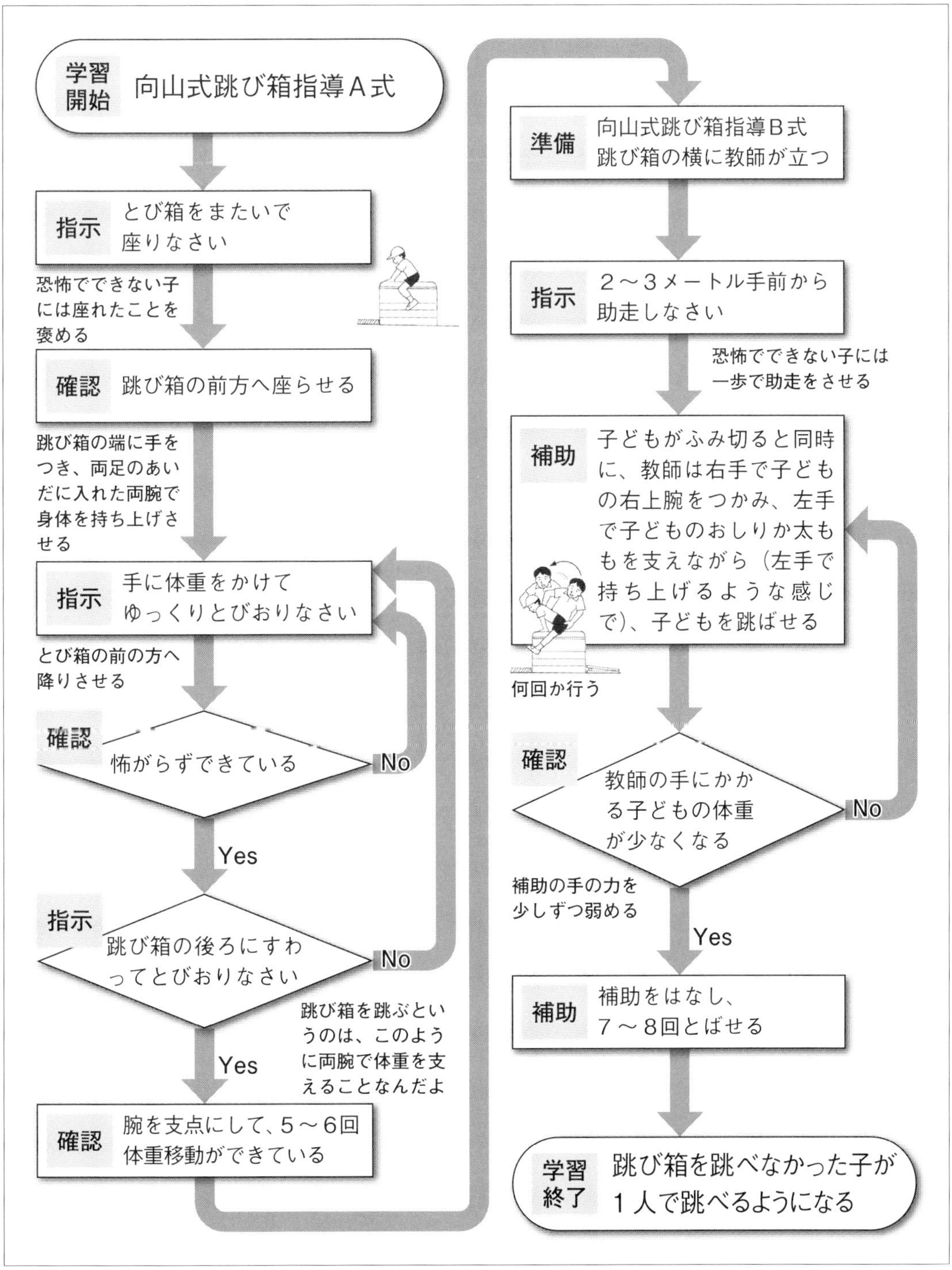

企画統括／監修／執筆者一覧

〈企画統括〉
向山洋一　日本教育技術学会会長／TOSS代表

〈監修〉
谷和樹　玉川大学教職大学院教授

〈各章・統括者一覧〉
井手本美紀　東京都公立小学校
小野隆行　岡山県公立小学校
橋本信介　神奈川県公立小学校
石坂陽　石川県公立小学校
雨宮久　山梨県公立小学校
平山靖　千葉県公立小学校
千葉雄二　東京都公立小学校
太田政男　島根県公立小学校
小嶋悠紀　長野県公立小学校
渡辺喜男　神奈川県公立小学校
河田孝文　山口県公立小学校
村野聡　京都公立小学校
木村重夫　埼玉県公立小学校
甲本卓司　岡山県公立小学校
関根朋子　東京都公立小学校
上木信弘　福井県公立小学校
桑原和彦　茨城県公立小学校
井戸砂織　愛知県公立小学校
松崎力　栃木県公立小学校
鈴木恭子　神奈川県公立小学校
谷和樹　玉川大学教職大学院教授

◎執筆者一覧

〈刊行の言葉〉
谷和樹　玉川大学教職大学院教授

〈本書の使い方〉
村野聡　東京都公立小学校
千葉雄二　東京都公立小学校
久野歩　東京都公立小学校

〈グラビア〉
井手本美紀　東京都公立小学校
吉田真弓　岡山県公立小学校
尾池奈緒美　香川県公立小学校
手塚明美　富山県公立小学校

〈第1章〉
小林淳子　山梨県公立小学校

〈第2章〉
金崎麻美子　千葉県公立小学校

〈第3章〉
千葉雄二　東京都公立小学校

〈第4章〉
太田政男　島根県公立小学校
三島麻美　島根県公立小学校
藤林優徳　島根県公立小学校

〈第5章〉
原良平　長野県公立小学校
小嶋悠紀　長野県公立小学校

〈第6章〉
高橋優　神奈川県公立小学校

〈第7章〉
奥田嚴文　山口県公立小学校

〈第8章〉
植木和樹　東京都公立小学校
津田奈津代　埼玉県公立小学校
吉田真弓　岡山県公立小学校
中越正美　大阪府公立小学校
寺田真紀子　大阪府公立小学校
桑原和彦　茨城県公立小学校
奥田嚴文　山口県公立小学校
鈴木睦子　愛知県公立小学校
関根朋子　東京都公立小学校
勇和代　大阪府公立小学校
西村純一　岡山県立特別支援学校
井上和子　徳島県公立小学校

〈第9章〉
千葉雄二　東京都公立小学校（p.178～179）
小林淳子　山梨県公立小学校（p.180～181）
津田奈津代　埼玉県公立小学校（p.182～183）
奥田嚴文　山口県公立小学校（p.184～185）
土師宏文　岡山県公立小学校（p.186～187）

〈第10章〉
山口浩彦　栃木県公立小学校

〈第11章〉
龍尾恵美子　東京都公立小学校

〈附章〉
松山英樹　神奈川県公立小学校
許鐘萬　兵庫県公立小学校

[企画統括者紹介]　向山洋一（むこうやま・よういち）

東京都生まれ。1968年東京学芸大学卒業後、東京都大田区立小学校の教師となり、2000年3月に退職。全国の優れた教育技術を集め教師の共有財産にする「教育技術法則化運動」TOSS（トス：Teacher's Organization of Skill Sharingの略）を始め、現在もその代表を務め、日本の教育界に多大な影響を与えている。日本教育技術学会会長。著書に『新版　授業の腕を上げる法則』をはじめとする「教育新書シリーズ」（全18巻）、同別巻『向山の教師修業十年』、全19巻完結セット『向山洋一のLEGACY BOX（DVD付き）』、『子どもが論理的に考える！——"楽しい国語"授業の法則』、『そこが知りたい！　"若い教師の悩み"　向山が答えるQA集1・2』、『まんがで知る授業の法則』（共著）など多数。総監修の書籍に「新法則化」シリーズ（全28巻）がある（以上、すべて学芸みらい社）。

[監修者紹介]　谷和樹（たに・かずき）

玉川大学教職大学院教授。北海道札幌市生まれ。神戸大学教育学部初等教育学科卒業。兵庫県の加東市立東条西小、滝野東小、滝野南小、米田小にて22年間勤務。その間、兵庫教育大学修士課程学校教育研究科にて教科領域教育を専攻し、修了。教育技術法則化運動に参加。TOSSの関西中央事務局を経て、現職。国語、社会科をはじめ各科目全般における生徒指導の手本として、教師の授業力育成に力を注いでいる。『子どもを社会科好きにする授業』『みるみる子どもが変化する「プロ教師が使いこなす指導技術」』（ともに学芸みらい社）など、著書多数。

若手なのにプロ教師！　新学習指導要領をプラスオン
小学1年生　新・授業づくり&学級経営
365日サポートBOOK

GAKUGEI MIRAISHA

2018年4月15日　初版発行

企画統括　向山洋一《むこうやまよういち》
監修　谷和樹《たにかずき》
編集・執筆　「小学1年生 新・授業づくり&学級経営」編集委員会
発行者　小島直人

発行所　学芸みらい社
〒162-0833　東京都新宿区箪笥町31　箪笥町SKビル
電話番号：03-5227-1266
http://www.gakugeimirai.jp/
E-mail：info@gakugeimirai.jp

印刷所・製本所　藤原印刷株式会社
装丁　小沼孝至
本文組版　村松明夫／目次組版　小宮山裕
本文イラスト　げんゆうてん
企画　樋口雅子／校正　（株）一校舎

乱丁・落丁本は弊社宛にお送りください。送料弊社負担でお取替えいたします。

ISBN978-4-908637-61-2 C3037

学芸みらい社　既刊のご案内　〈教科・学校・学級シリーズ〉

※価格はすべて本体価格（税別）です。

書　名	著者・編者・監修者ほか	価　格
学級づくり／学力づくり		
中学校を「荒れ」から立て直す！	長谷川博之	2,000円
生徒に『私はできる！』と思わせる超・積極的指導法	長谷川博之	2,000円
中学の学級開き――黄金のスタートを切る3日間の準備ネタ	長谷川博之	2,000円
“黄金の1週間”でつくる学級システム化小辞典	甲本卓司	2,000円
若手教師のための主任マニュアル	渡辺喜男・TOSS横浜	2,000円
小学校発ふるさと再生プロジェクト――子ども観光大使の育て方	松崎力	1,800円
アクティブな授業をつくる新しい知的生産技術	太田政男・向山洋一・谷和樹	2,000円
フレッシュ先生のための「はじめて事典」	向山洋一・木村重夫	2,000円
まんがで知る授業の法則	向山洋一・前田康裕	1,800円
めっちゃ楽しい校内研修――模擬授業で手に入る“黄金の指導力”	谷 和樹・岩切洋一・やばた教育研究会	2,000円
みるみる子どもが変化する『プロ教師が使いこなす指導技術』	谷和樹	2,000円
教員採用試験パーフェクトガイド「合格への道」	岸上隆文・三浦一心	1,800円
教員採用試験パーフェクトガイド 面接編 DVD付	岸上隆文・三浦一心	2,200円
そこが知りたい！“若い教師の悩み”向山が答えるQA集1 ――授業づくり“よくある失敗”175例～勉強好きにする改善ヒント～	星野裕二・向山洋一	2,000円
そこが知りたい！“若い教師の悩み”向山が答えるQA集2 ――学級づくり“よくある失敗”113例～勉強好きにする改善ヒント～	星野裕二・向山洋一	2,100円
特別支援教育		
ドクターと教室をつなぐ医教連携の効果　第1巻――医師と教師が発達障害の子どもたちを変化させた	宮尾益知・向山洋一・谷和樹	2,000円
ドクターと教室をつなぐ医教連携の効果　第2巻――医師と教師が発達障害の子どもたちを変化させた	宮尾益知・向山洋一・谷和樹	2,000円
ドクターと教室をつなぐ医教連携の効果　第3巻 ――発達障害の子どもたちを支える医教連携の「チーム学校」「症例別」実践指導	宮尾益知・向山洋一・谷和樹	2,000円
トラブルをドラマに変えてゆく教師の仕事術――発達障がいの子がいるから素晴らしいクラスができる！	小野隆行	2,000円
トラブルをドラマに変えてゆく教師の仕事術――特別支援教育が変わるもう一歩の詰め	小野隆行	2,000円
トラブルをドラマに変えてゆく教師の仕事術――喧嘩・荒れ とっておきの学級トラブル対処法	小野隆行	2,000円
トラブルをドラマに変えてゆく教師の仕事術――新指導要領に対応した特別支援教育で学校が変わる!	小野隆行	2,000円
特別支援の必要な子に役立つかんたん教材づくり㉙	武井恒	2,300円
国語		
国語有名物語教材の教材研究と研究授業の組み立て方	向山洋一・平松孝治郎	2,000円
国語有名物語教材の教材研究と研究授業の組み立て方〔低・中学年／詩文編〕	向山洋一・平松孝治郎	2,000円
国語テストの“答え方”指導――基本パターン学習で成績UP	遠藤真理子・向山洋一	2,000円
どもが論理的に考える！――“楽しい国語”授業の法則	向山洋一	2,000円
先生も生徒も驚く日本の「伝統・文化」再発見	松藤司	2,000円
先生も生徒も驚く日本の「伝統・文化」再発見2 行事と祭りに託した日本人の願い	松藤司	2,000円
生と子どもたちの学校俳句歳時記	星野高士・仁平勝・石田郷子	2,500円
子どもが一瞬で書き出す！　“4コマまんが”作文マジック	村野聡	2,100円
学テ国語Ｂ問題――答え方スキルを育てる授業の布石	椿原正和	2,000円
算数・数学		
数学で社会／自然と遊ぶ本 日本数学検定協会	中村 力	1,500円
早期教育・特別支援教育　本能式計算法――計算が「楽しく」「速く」できるワーク	大江浩光・押谷由夫	2,000円
学テ算数Ｂ問題――答え方スキルを育てる授業の布石	河田孝文	2,000円
社会		
子どもを社会科好きにする授業	谷和樹	2,000円
中学社会科“アクティブ・ラーニング発問”174――わくわくドキドキ地理・歴史・公民の難単元攻略ポイント	峯明秀	2,000円
アクティブ・ラーニングでつくる新しい社会科授業――ニュー学習活動・全単元一覧	北俊夫・向山行雄	2,000円
教師と生徒でつくるアクティブ学習技術――「TOSSメモ」の活用で社会科授業が変わる！	向山洋一・谷和樹・赤阪勝	1,800円
クイズ主権者教育――ウッソー？ホント！楽しい教材71	河原和之	2,000円
新社会科討論の授業づくり――思考・理解が深まるテーマ100選	北俊夫	2,000円
有田式“発問・板書”が身につく！　社会科指導案の書き方入門	沼澤清一	2,000円
新中学社会の定期テスト ――地理・歴史・公民 全単元の作問技法&評価ポイント	峯明秀	2,100円
理科		
子どもが理科に夢中になる授業	小森栄治	2,000円
簡単・きれい・感動!!――10歳までのかがくあそび	小森栄治	2,200円
英語		
教室に魔法をかける！　英語ディベートの指導法 ――英語アクティブラーニング	加藤心	2,000円
音楽		
子どもノリノリ歌唱授業――音楽＋身体表現で“歌遊び”68選	飯田清美	2,200円
図画・美術		
丸わかりDVD付！　酒井式描画指導の全手順・全スキル（絵画指導は酒井式　パーフェクトガイド）	酒井臣吾・根本正雄	2,900円
酒井式描画指導法――新シナリオ、新技術、新指導法（絵画指導は酒井式で！パーフェクトガイド）	酒井臣吾	3,400円
ドーンと入賞！“物語文の感想画”――描き方指導の裏ワザ20	河田孝文	2,200円
どの子も図工大好き！――酒井式“絵の授業” よういスタート！ここまで描けるシナリオ集	寺田真紀子・酒井臣吾	2,200円
酒井式描画指導で“パッと明るい学級づくり”1巻――低学年が描くイベント・行事＝親が感動する傑作！題材30選	酒井臣吾・神谷祐子	2,200円
酒井式描画指導で“パッと明るい学級づくり”2巻――中学年が描くイベント・行事＝描けた！達成感ある傑作！題材30選	酒井臣吾・上木信弘	2,200円
酒井式描画指導で“パッと明るい学級づくり”3巻――高学年が描くイベント・行事＝学校中で話題の傑作！題材30選	酒井臣吾・片倉信儀	2,200円
体育		
子供の命を守る泳力を保証する――先生と親の万能型水泳指導プログラム	鈴木智光	2,000円
運動会企画――アクティブ・ラーニング発想を入れた面白カタログ事典	根本正雄	2,200円
全員達成！　魔法の立ち幅跳び ――「探偵！ナイトスクープ」のドラマ再現	根本正雄	2,000円
世界に通用する伝統文化――体育指導技術	根本正雄	1,900円
発達障害児を救う体育指導――激変! 感覚統合スキル95	根本正雄・小野隆行	2,300円

書　名	著者・編者・監修者ほか	価　格
道徳		
子どもの心をわしづかみにする「教科としての道徳授業」の創り方	向山洋一・河田孝文	2,000円
「偉人を育てた親子の絆」に学ぶ道徳授業 ＜読み物・授業展開案付き＞	松藤 司＆チーム松藤	2,000円
あなたが道徳授業を変える	櫻井宏尚・服部敬一・心の教育研究会	1,500円
中学生にジーンと響く道徳話100選――道徳力を引き出す"名言逸話"活用授業	長谷川博之	2,000円
「授業の新法則化」シリーズ　全28巻		
「国語」基礎基本編	向山洋一・TOSS「国語」授業の新法則編集執筆委員会	1,600円
「国語」1年生編	向山洋一・TOSS「国語」授業の新法則編集執筆委員会	1,600円
「国語」2年生編	向山洋一・TOSS「国語」授業の新法則編集執筆委員会	1,600円
「国語」3年生編	向山洋一・TOSS「国語」授業の新法則編集執筆委員会	1,600円
「国語」4年生編	向山洋一・TOSS「国語」授業の新法則編集執筆委員会	1,600円
「国語」5年生編	向山洋一・TOSS「国語」授業の新法則編集執筆委員会	1,600円
「国語」6年生編	向山洋一・TOSS「国語」授業の新法則編集執筆委員会	1,600円
「算数」1年生編	向山洋一・TOSS「算数」授業の新法則編集執筆委員会	1,600円
「算数」2年生編	向山洋一・TOSS「算数」授業の新法則編集執筆委員会	1,600円
「算数」3年生編	向山洋一・TOSS「算数」授業の新法則編集執筆委員会	1,600円
「算数」4年生編	向山洋一・TOSS「算数」授業の新法則編集執筆委員会	1,600円
「算数」5年生編	向山洋一・TOSS「算数」授業の新法則編集執筆委員会	1,600円
「算数」6年生編	向山洋一・TOSS「算数」授業の新法則編集執筆委員会	1,600円
「理科」3・4年生編	向山洋一・TOSS「理科」授業の新法則編集執筆委員会	2,200円
「理科」5年生編	向山洋一・TOSS「理科」授業の新法則編集執筆委員会	2,200円
「理科」6年生編	向山洋一・TOSS「理科」授業の新法則編集執筆委員会	2,200円
「社会」3・4年生編	向山洋一・TOSS「社会」授業の新法則編集執筆委員会	1,600円
「社会」5年生編	向山洋一・TOSS「社会」授業の新法則編集執筆委員会	1,600円
「社会」6年生編	向山洋一・TOSS「社会」授業の新法則編集執筆委員会	1,600円
「図画美術」基礎基本編	向山洋一・TOSS「図画美術」授業の新法則編集執筆委員会	2,200円
「図画美術」題材編	向山洋一・TOSS「図画美術」授業の新法則編集執筆委員会	2,200円
「体育」基礎基本編	向山洋一・TOSS「体育」授業の新法則編集執筆委員会	1,600円
「体育」低学年編	向山洋一・TOSS「体育」授業の新法則編集執筆委員会	1,600円
「体育」中学年編	向山洋一・TOSS「体育」授業の新法則編集執筆委員会	1,600円
「体育」高学年編	向山洋一・TOSS「体育」授業の新法則編集執筆委員会	1,600円
「音楽」	向山洋一・TOSS「音楽」授業の新法則編集執筆委員会	1,600円
「道徳」	向山洋一・TOSS「道徳」授業の新法則編集執筆委員会	1,600円
「外国語活動」（英語）	向山洋一・TOSS「外国語活動（英語）」授業の新法則編集執筆委員会	2,500円
「教育新書」シリーズ　全18巻・別巻1・完結セット（DVD付き）		
1　新版　授業の腕を上げる法則	向山洋一	1,000円
2　新版　子供を動かす法則	向山洋一	1,000円
3　新版　いじめの構造を破壊する法則	向山洋一	1,000円
4　新版　学級を組織する法則	向山洋一	1,000円
5　新版　子供と付き合う法則	向山洋一	1,000円
6　新版　続・授業の腕を上げる法則	向山洋一	1,000円
7　新版　授業研究の法則	向山洋一	1,000円
8　小学一年学級経営　教師であることを畏れつつ	向山洋一	1,000円
9　小学二年学級経営　大きな手と小さな手をつないで	向山洋一	1,000円
10　小学三年学級経営　新卒どん尻教師はガキ大将	向山洋一	1,000円
11　小学四年学級経営　先生の通知表をつけたよ	向山洋一	1,000円
12　小学五年学級経営　子供の活動ははじけるごとく	向山洋一	1,000円
13　小学六年学級経営　教師の成長は子供と共に	向山洋一	1,000円
14　プロを目指す授業者の私信	向山洋一	1,000円
15　新版　法則化教育格言集	向山洋一	1,000円
16　授業力上達の法則1　黒帯六条件	向山洋一	1,000円
17　授業力上達の法則2　向山の授業実践記録	向山洋一	1,000円
18　授業力上達の法則3　向山の教育論争	向山洋一	1,000円
別巻　向山の教師修業十年	向山洋一	1,800円
全19巻完結セット（DVD付き）――向山洋一のLEGACY BOX	向山洋一	28,000円
教室ツーウェイNEXT		
教室ツーウェイNEXT創刊記念1号――特集：アクティブ・ラーニング先取り体験！	教室ツーウェイNEXT編集プロジェクト	1,500円
教室ツーウェイNEXT創刊2号――特集：非認知能力で激変！子どもの学習態度50例	教室ツーウェイNEXT編集プロジェクト	1,500円
教室ツーウェイNEXT3号――特集：新指導要領のキーワード100	教室ツーウェイNEXT編集プロジェクト	1,500円
教室ツーウェイNEXT4号――特集："合理的配慮"ある年間プラン&教室レイアウト63例	教室ツーウェイNEXT編集プロジェクト	1,500円
教室ツーウェイNEXT５号――特集："学習困難さ状態"変化が起こる授業支援60	教室ツーウェイNEXT編集プロジェクト	1,500円
教室ツーウェイNEXT６号――特集 考える道徳授業 熱中討論のテーマ100	教室ツーウェイNEXT編集プロジェクト	1,500円
教育を未来に伝える書		
向山洋一からの聞き書き　第1集	向山洋一・根本正雄	2,000円
向山洋一からの聞き書き　第2集	向山洋一・根本正雄	2,000円
すぐれた教材が子どもを伸ばす！	向山洋一・甲本卓司&TOSS教材研究室	2,000円
かねちゃん先生奮闘記――生徒ってすごいよ	兼田昭一	1,500円
教師人生が豊かになる『教育論語』――師匠 向山洋一曰く 125の教え	甲本卓司	2,000円
バンドマン修業で学んだプロ教師への道	吉川廣二	2,000円
国際バカロレア入門――融合による教育イノベーション	大迫弘和	1,800円
教育の不易と流行 江部満 編集者の歩み――ギネスで世界一に認定された編集長	TOSS編集委員会	2,000円
向こうの山を仰ぎ見て――自主公開授業発表会への道	阪部保	1,700円

小学校教師のスキルシェアリング
そしてシステムシェアリング
―初心者からベテランまで―

授業の新法則化シリーズ

＜全28冊＞

企画・総監修／向山洋一 日本教育技術学会会長 TOSS代表

編集 執筆 **TOSS授業の新法則** 編集・執筆委員会

発行：学芸みらい社

1984年「教育技術の法則化運動」が立ち上がり、日本の教育界に「衝撃」を与えた。そして20年の時が流れ、法則化からTOSSになった。誕生の時に掲げた4つの理念はTOSSになった今でも変わらない。

1. 教育技術はさまざまである。出来るだけ多くの方法を取り上げる。（多様性の原則）
2. 完成された教育技術は存在しない。常に検討・修正の対象とされる。（連続性の原則）
3. 主張は教材・発問・指示・留意点・結果を明示した記録を根拠とする。（実証性の原則）
4. 多くの技術から、自分の学級に適した方法を選択するのは教師自身である。（主体性の原則）

そして十余年。TOSSは「スキルシェア」のSSに加え、「システムシェア」のSSの教育へ方向を定めた。これまでの蓄積された情報をTOSSの精鋭たちによって、発刊されたのが「新法則化シリーズ」である。

日々の授業に役立ち、今の時代に求められる教師の仕事の仕方や情報が満載である。ビジュアルにこだわり、読みやすい。一人でも多くの教師の手元に届き、目の前の子ども達が生き生きと学習する授業づくりを期待している。

（日本教育技術学会会長　TOSS代表　向山洋一）

学芸を未来に伝える
学芸みらい社
GAKUGEI MIRAISHA
株式会社 学芸みらい社（担当：横山）
〒162-0833 東京都新宿区箪笥町31 箪笥町SKビル3F
TEL:03-6265-0109（営業直通） FAX:03-5227-1267
http://www.gakugeimirai.jp/
e-mail:info@gakugeimirai.jp

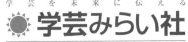

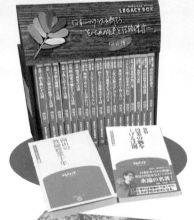

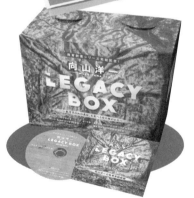

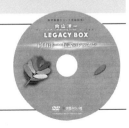